EXCEL
데이터분석

한상태 · 강현철 · 원형묵 지음

자유아카데미

머리말

인공지능(AI; Artificial Intelligence) 시대로 불리는 새로운 시대를 살아가는 우리에게 빅데이터, 인공지능, 데이터 과학, 통계자료분석은 이제 대중적인 용어가 되었으며, 우리는 뉴스 보도, 유튜브, SNS의 다양한 정보, ChatGPT 활용 등 쏟아지는 데이터 혁명 속에서 살아가고 있다.

따라서 지금은 통계학 전공자뿐만 아니라 비전공자들도 데이터 분석에 대한 기본 소양을 갖추는 것이 매우 중요해졌다. 이러한 관점에서 통계학 입문 수준의 과목만 수강하고 졸업하는 학생들이나 일반 독자들이 각자 맡은 분야에서 필요한 기본적인 데이터 분석 능력을 기를 수 있도록 이 책을 집필하게 되었다.

특히, 사회 각 분야에서 널리 활용되고 있는 사무용 프로그램인 마이크로소프트(Microsoft) Excel을 활용하여 학습함으로써 데이터 분석에 대한 첫인상을 흥미롭게 받아들일 수 있을 것으로 기대된다(이 책에서는 Excel 2024를 사용하고 있다). 또한, Excel의 통계분석 도구인 데이터 분석 메뉴(대화상자)와 통계함수 등을 적절히 활용하여 독자가 직접 실습할 수 있도록 구성하였으므로, 이를 통해 Excel을 이용한 기본적인 데이터 분석 능력을 충분히 기를 수 있을 것이다.

이 책은 총 9개의 장과 부록으로 구성되어 있다. 1장은 통계학을 왜 배우는가에 대한 의미를 다루었고, 2장에서는 데이터 분석을 위한 준비 단계로서 Excel의 기본 사용법과 분석 도구를 소개하였다. 3장에서는 자료의 탐색적 단계로서 기술 통계에 관한 내용을 자세히 다루었는데, 이 장만 잘 이해해도 실제 자료에 대한 정리, 요약, 그래프 표현 등을 충분히 수행할 수 있으리라 생각된다. 4장과 5장에서는 통계학적 추론의 기초가 되는 확률 개념, 주요 확률분포와 표본분포, 추정과 검정의 개념을 소개하고, 이를 실습으로 직접 확인할 수 있도록 구성하였다. 6장부터 9장까지는 응용 단계로서 실제 자료분석에 자주 활용되는 두 집단 비교, 분산분석, 상관분석과 회귀분석, 범주형 자료분석 등을 다루었다. 마지막으로, 부록에는 Excel을 활용한 자료분석에서 자주 쓰이는 함수들을 정리해 두었으므로, Excel 함수 사용에 익숙하지 않은 독자들은 부록에서 소개된 내용을 잘 활용해 주길 바란다.

좋은 책을 위해 최선을 다하였지만 부족한 부분이 있을 수 있다. 이 점은 양해를 바라며 출간 후 나올 수 있는 수정사항 등은 자유아카데미 홈페이지(www.freeaca.com) 자료실에 제공할 예정이니 참고하기를 바란다. 아무쪼록 이 책이 데이터 분석을 처음 접하는 독자들에게 흥미롭게 다가가서 책을 다 읽은 후에 생동감 있는 기쁨이 남아 있기를 기대한다.

2025년 6월

한상태 · 강현철 · 원형묵

차례

제 1 장

통계학의 개요

이 책은 통계적 자료분석에 필요한 제 이론과 Excel을 이용하여 실제 자료를 분석하는 과정을 다루고 있는데, 이 장에서는 먼저 통계학이 무엇이고 어떻게 구분되는지 등에 대해서 간단히 살펴보도록 하자.

1.1 통계학이란?

인공지능(AI) 시대라고 불리는 새로운 시대를 살아가는 우리들의 생활 속에서 통계라고 하는 용어는 이제 더 이상 낯선 용어가 아니다. 신문 기사에서 늘 접할 수 있는 각종 통계 결과 및 그래프들(주가의 변화, 각종 경제지표, 각종 여론조사 결과, 시청률 조사 결과 등), TV 뉴스와 각종 SNS에서 접하는 각종 통계 관련 보도들(흡연 사망률, 교통사고 사망률, 선거 여론조사, 현 정부의 정책에 대한 국민의 의식조사 등), 각 기업에서 생산되는 제품들에 대한 소비자 만족도 조사 결과, 각 회사의 품질 만족 경영(6−시그마), 매년 발표되는 가구소득 분포 및 수능시험 성적분포 등 이루 말할 수 없이 많은 통계정보 속에 우리는 살아가고 있다.

또한 대부분 기업에서 자사가 보유하고 있는 데이터베이스(Data Base)를 이용하여 고객관계관리(CRM: Customer Relationship Management)를 활용하는 사례(통신사, 카드사, 보험사, 증권사, 백화점, 인터넷 쇼핑몰, Coupang을 비롯한 여러 배송업체 등)와 스마트팩토리로 대변되는 제조업에서의 데이터 활용 등, 통계가 우리 생활 속의 기본 교양뿐만 아니라 기업의 과학적 기업경영에까지 필수 불가결한 요소라 해도 크게 지나치지 않을 것이다.

그렇다면 왜 이렇게 통계가 우리의 생활 속에서 자주 접하게 되는 것일까? 이에 대한 대답은 현 사회에 있어 국가나 사회, 기업, 학교 등의 조직들은 점점 방대해지는데, 이들이 도대체 어떻게 돌아가는지를 파악하기 위해서는 각종 통계가 필요하기 때문이다. 즉 수치적 표현을 이용하면 복잡한 현상을 단순하고 명확하게 서술할 수 있는데, 이러한 목적을 위해 수집되고 계산된 수량적 자료를 통계자료 또는 통계(統計)라고 한다.

예를 들어, 우리나라의 경기 동향을 알기 위해서는 무엇을 보아야 할까? 아마도 경기종합지수, 경제성장률, 실업률, 종합주가지수, 가용외환보유액 등과 같은 것을 보면 될 것이다. 이를 위해서는 통계청에서 작성되는 한국통계월보를 참조하면 될 것이다(통계청 홈페이지: http://www.kostat.go.kr).

통계학(統計學)은 영어로 statistics라고 하는데, 이 statistics라는 단어는 라틴어 status(state,

國家)에서 유래된 것이다. 이는 고대국가에서 인구, 주택, 재산 등에 대한 통계자료가 국가에 수집되고 이러한 자료가 국가를 운영하는 데 활용되었다는 것과 관계가 있다. 고대 바빌로니아나 이집트 등에서 인구조사를 시행하였다는 기록이 있으며, 우리나라에서도 통일신라시대에 호구 수의 실태를 파악하기 위하여 장정(帳籍)을 제정하고 3년마다 촌락 단위로 인구, 경작지, 동식물 등을 조사하여 군정(軍丁), 부역(賦役), 조세(租稅) 등의 자료로 활용하였다는 기록이 남아 있다.

그러면 통계(통계학)는 어떤 분야에 필요한 것인가? 이에 대한 대답에 앞서 통계가 사용되고 있는 분야를 언급해 보면, 경제통계, 경영통계, 사회통계, 교육통계, 의학 통계, 보건 통계, 행정통계, 공업통계, 농업통계, 인구통계, 스포츠 통계, 건축통계 등 이루 헤아릴 수 없이 많다. 즉, 통계가 사용되지 않는 분야가 거의 없다고 해도 과언이 아니다. 그러면 왜 이렇게 모든 분야에 통계학이 적용되어 사용되는 것일까? 이에 대한 대답은 통계학은 데이터(수량적 자료)를 다루는 분야이기 때문이다. 즉, 분야와 관계없이 데이터가 있는 곳은 모두 다 통계가 적용된다고 보는 것이 맞는 말일 것이다. 따라서 마음속에 이렇게 정리해 두면 편할 것이다. 의학이 인체를 다루는 학문이고, 화학이 물질의 속성을 다루는 학문이라면, "통계학은 데이터(data)를 다루는 학문이다"라고(더 정확하게는 데이터를 얻어내는 과정을 포함한다고 해야 할 것이다).

그러므로 통계학을 배우는 학문 분야가 어떤 분야이건 통계학이 우리 분야에 필요한가 하는 궁금증은 버리는 것이 올바른 태도일 것이다. 왜냐하면, 각각의 전공 분야에서 얻어지는 데이터를 정리하고 분석하기 위해서는 과학적 방법론의 도구인 통계적 방법론이 필수적이기 때문이다. 이제 통계학이 적용되는 사례를 몇 가지만 살펴보도록 하자.

- **소아마비용 쇼크 백신**: 1954년 백신 실험은 엄격한 통제하에 약 40만 명의 어린이들에게 실시되었다. 그 결과에 대한 훌륭한 통계적 분석은 백신의 효능을 확실하게 믿게 하였으며, 오늘날 소아마비는 거의 사라졌다.
- **챌린저호 폭발**: 1986년 우주왕복선 챌린저호가 폭발하여, 7명의 우주비행사가 사망하였다. 이것은 우주선이 낮은 온도에서도 그 기능을 제대로 수행하는지에 대한 자료분석도 없이 우주선 발사를 결정한 결과였다.
- **종이 헬리콥터의 설계**: 미국의 저명한 통계학자이며 산업기술 컨설턴트인 박스 교수가 제시한 종이 헬리콥터의 설계 문제에 있어 설계 파라미터인 날개길이, 몸체 길이, 몸체 폭을 얼마로 설계하여야 종이 헬리콥터가 가장 오래 날 것인가를 알아보는 문제에 있어, 날개길이와 몸체 길이가 체공시간에 가장 큰 영향을 준다는 것을 통계분석의 결과 발견하게 되었다. 따라서 이를 이용하여 체공시간에 맞는 헬리콥터를 설계할 수 있을 것이다("통계적 개념·방법·응용", 허명회, 1997).

- **품질향상**: 많은 기업은 초우량(Best-In-Class)기업의 달성 기준을 산업표준으로써 6-시그마(sigma) 수준을 설정하고 있다. 이는 품질에 있어 99.9999998%가 결함이 없는 프로세스이다. 통신산업의 예를 들면 10년 동안 2.6분 서비스가 중단되는 것과 같을 정도로 완전무결한 수준을 유지한다는 것이다.
- **고객만족도 조사**: 고객만족도 조사를 통해 현재 소유하고 있는 TV에 대한 만족도, 광고인지도, TV 선택 시 중요 요인, 라이프스타일, 인구학적 특성 등을 조사하여 제품개발, 브랜드 충성도 분석, 향후 포트폴리오 전략 수립, GAP 분석, 포지셔닝(positioning) 분석 등에 활용한다.
- **사회여론조사**: 대통령 선거나 국회의원 선거 등과 같은 중요 정치 상황에 대해 선거를 하기 전에 유권자들의 여론 방향을 조사하고, 또한 실제 선거에서 당선자를 예측해 낸다.
- **기타 예**: 가전제품(냉장고 등)에 대한 수명 추측, 체중 감량을 위한 식이요법의 비교, 각종 농산물의 생산량 추정, 휴대전화기 수요 예측, 보험사의 고객 이탈률 예측, 금융기관에서의 고객들에 대한 신용 점수 산출, 주택 내에서의 고령자 안전사고에 관한 조사 연구, 광고대행사의 소비자 라이프스타일 조사, 운동선수들의 각종 기록을 근거로 최적의 훈련 방법 개발 및 우수 선수발굴, 스포츠마케팅, 스마트팩토리 분야, ChatGPT 활용, AI가 활용되는 여러 분야 등.

지금까지 통계학의 여러 적용 예를 살펴봄으로써 통계학을 왜 배워야 하는지에 대한 의미 부여가 어느 정도는 되었을 것으로 생각된다. 그러면 과연 통계학은 어떤 학문인지 간단하게나마 정의해 보도록 하겠다.

먼저 쉬운 예를 생각해 보자. 올해 약 52만 명의 수능 성적자료가 얻어졌다고 해 보자(**자료수집**). 이때 이 자료를 전부 들여다보아도 이 시험에 대한 실상을 이해할 수가 없을 것이다. 이에 대해 이 시험에 대한 평균만을 구해보아도 전년도의 결과와 비교해 어느 정도 시험이 쉬웠는지 또는 더 어려웠는지에 관한 생각을 할 수 있을 것이다. 좀 더 나아가 출제된 문항에 대해 난이도나 변별도 분석을 해 봄으로써 출제된 문항에 있어 문제가 있었던 문항은 없었는지 등의 여러 가지 정보를 우리가 알게 될 것이다(**자료의 정리 및 분석**). 이러한 자료를 정리하고 분석한 결과를 활용하면 다음 연도 수능시험의 출제력 향상에 도움이 되도록 정보를 제공해 줄 수 있을 것이다(**최적의 의사결정에 도움이 되도록 정보를 제공**).

한 가지 예를 더 들어 본다면, 제품개발에 있어 소비자 선호도조사를 실시하여 자료를 수집하고(**자료수집**), 조사된 자료에 대한 적절한 자료분석을 통해 얻은 결과를(**자료의 정리 및 분석**) 활용하여 소비자들이 요구하는 제품이 무엇인지를 파악함으로써 새로운 제품을 개발하는 정책 결정에 도움이 되도록 정보를 제공해 주는 과정을 생각할 수 있을 것이다(**최적의 의사결정에 도움이 되도록 정보를 제공**).

이처럼 **통계학**은 **"관심의 대상이 되는 집단으로부터 자료를 수집하고 이를 과학적으로 정리분석하여 최적의 의사결정을 할 수 있도록 정확한 정보를 제공해 주는 방법론을 체계적으로 연구하는 학문"**이라고 할 수 있다.

1.2 통계학의 구분

앞 절에서 살펴본 바와 같이 통계학은 매우 다양한 분야에서 활용되고 있는데, 통계학은 크게 기술통계학(記述統計學, descriptive statistics)과 추측통계학(推測統計學, inferential statistics)으로 구분할 수 있다.

1.2.1 기술통계학(Descriptive Statistics)

수집된 방대한 데이터는 요리되지 않은 날 것인 자료(raw data)이기 때문에 직접 그대로는 사용할 수 없고 이를 잘 정리 요약하여야 쓸모가 있는 것이 된다. 예를 들어 건축에 쓰이는 원자재는 원형 그대로는 사용 목적에 부합되지 않고 이를 적절히 사용하여 건물을 지어야만 효용이 있고, 논에서 잘 익어 있는 벼도 수확의 여러 과정을 거쳐 밥상 위의 밥이 되어야만 우리의 목적에 부합되게 되는 것이다. 더군다나 수만 명을 대상으로 하여 얻은 설문조사 결과는 수만 장의 페이지를 들여다보아도 그 실상을 이해할 수가 없으며 그대로 쓰이는 것은 더욱더 아니다. 따라서 분량을 축소하는 자료정리(data reduction)를 거쳐서 양적으로 단순화시킨 후에야 이를 이해하게 되는 것이다. 이런 경우, **기술통계학(記述統計學)**은 **"방대한 자료를 그래프나 표 또는 몇 개의 숫자로 요약하여 주어진 자료의 전반적인 내용을 쉽고 빠르게 파악할 수 있는 기법을 다루는 통계학"**을 말한다. 이는 이 책의 3장에서 다루어질 내용이다.

1.2.2 추측통계학(Inferential Statistics)

다음으로 추측통계학에 대해 생각해 보도록 하자. 예를 들어, 우리나라 성인 전체에 대한 흡연율을 알아보고자 한다고 해 보자(이는 가끔 신문에서 발표되는 예이기도 하다). 이때 우리는 우리나라 성인 전체에 대해 조사를 시행하지는 않는다. 왜냐하면, 조사비용이 너무 많이 들고(현재 전화조사의 경우 하나의 표본당 비용이 10,000원 정도로 알려져 있음), 더구나 현실적으로 불가능한 경우가 많다. 이에 대한 대안으로 우리나라 성인 중 약 1,500명 정도를 뽑아서 이들에 대해 흡연율을 조사해 보고 이를 근거로 하여 우리나라 성인 전체에 대한 흡연율을 짐작(또는 추측)하는 것이다.

이처럼, **"관심의 대상이 되는 전체 집단(모집단, population)으로부터 모집단 일부(표본, sample)를 뽑아서 관측된 내용(통계량, statistic)을 근거로 하여 모집단의 특성(모수, parameter)을 짐작(추측)하고 검정하는 방법을 다루는 통계학"**을 추측통계학(推測統計學)이라 한다(위의 흡연율의 예에서 우리나라 성인 전체가 모집단이고, 뽑힌 성인 1,500명이 표본, 1,500명 중의 흡연율이 통계량, 우리나라 성인 전체에 대한 흡연율이 모수이다.). 이는 이 책의 4장 이후에서 다루어질 내용이다.

이때 통계학에서의 추측이나 예측은 반드시 확률적 서술이 따르게 되어 있다. 왜냐하면, 점쟁이의 예언에서와 같은 예측은 이 예측 결과가 어느 정도의 확실성을 갖는지를 계산할 수 없으므로 신뢰성을 주지 못하지만, 통계학에서의 추측이나 예측은 확률이라는 단위로 추측의 확실성 또는 불확실성의 정도(비가 올 확률 80%, 여론조사 결과 95% 신뢰수준에서 오차의 한계 ±3%p, 한 보험사에서 보험계약자의 해약 확률 18% 등)를 나타내 주기 때문에 신뢰성을 가지고 이용될 수 있기 때문이다. 따라서 통계학에서 확률을 배우는 이유는 확률이 추측통계학의 기반을 제공해 주기 때문이다.

지금까지 통계학을 왜 배워야 하는지의 의미 부여를 위해 다소 길게나마 준비 과정을 가져 보았다. 이제 다음절에서는 실제로 데이터를 분석하는데 꼭 알아야 할 자료의 형태에 대해 살펴보도록 하겠다.

1.3 자료의 형태

기술통계학(descriptive statistics)의 목적은 간단히 말해서 자료가 가진 특성과 모습을 잘 정리하고 요약해 놓는 것이다. 이를 제대로 하기 위해서는 어떠한 기준에 따라 자료가 수집되었는지를 구분해 주어야 한다. 예를 들어 통계학을 수강하는 학생 50명의 성별을 조사하고 남자를 1 그리고 여자를 2로 부호화하여 자료를 입력하였을 경우, 이러한 자료에 대하여 산술 계산을 이용하여 평균을 구해보았더니 '성별의 평균이 1.2이다' 라고 말하는 것은 우스꽝스러운 말이 되는 것이다. 이보다는 수강생 중 40명(80%)은 남성이고 10명(20%)은 여성이라고 말하는 것이 옳을 것이다. 따라서 보다 정확한 자료 기술을 위해서는 자료 기술 이전에 자료의 형태가 어떠한 형태인지를 아는 것이 필요할 것이다.

자료의 형태는 다음과 같이 크게 질적자료(정성적 자료: qualitative data)와 양적자료(정량적 자료: quantitative data)로 구분된다.

1.3.1 질적자료(Qualitative Data)

질적자료는 성별(남, 여), 혈액형(A, B, AB, O), 순위(1등, 2등, 3등) 등과 같이 어떤 속성을 나타낸 자료를 말하며, 이와 같은 질적자료에는 일반적으로 사칙연산을 적용할 수 없다. 질적자료는 다시 명목형 자료와 순서형 자료로 구분된다.

명목형(名目形, nominal) 자료는 성, 지역, 직업 등과 같이 자료값의 크기나 순서에 대한 의미가 없고 단지 자료값 자체의 이름만 의미를 부여할 수 있는 변수이다. 때로는 명목형 자료의 각 속성에 대하여 편의상 숫자를 대응시켜 사용하기도 하는데, 이 경우 숫자는 기호의 역할을 할 뿐이다. 예를 들면, 성별에 있어 남성을 '1'로 여성을 '2'로 표현했다면 이때 숫자는 집단의 속성을 나타낸 것뿐이다. 이러한 명목형 자료의 예로는 혈액형, 종교, 운동선수의 번호, 인종 등이 있다.

이에 반해, **순서형**(順序形, ordinal) 자료는 어떤 기준에 따라 자료값들의 순서에 의미를 부여할 수 있는 자료이다. 예를 들어, 마라톤 경주에서 결승점에 도착하는 순서에 따라 1위, 2위, 3위 등으로 순서를 매긴 경우가 여기에 해당한다. 이러한 순서형 자료에서 각 숫자는 순서를 나타낼 뿐 차이나 비율에는 의미가 없다. 즉, 마라톤 경주에서 1위는 2위보다 결승점에 먼저 도착했다는 뜻이지 2의 숫자는 1의 숫자의 두 배이므로 2위가 1위보다 2배 늦게 도착했다는 뜻은 아니다. 순서형 자료의 예로는 연비에 대한 등급, 성적에서의 수, 우, 미, 양, 가 등이 있다.

명목형 자료(때로는 순서형 자료를 포함하여)를 **범주형**(範疇形, categorical) 자료라고도 하는데, 이러한 범주형(질적) 자료의 특성을 파악하기 위해서는 범주별 빈도를 계산하는 등 양적자료와는 다르게 처리해야 한다.

1.3.2 양적자료(Quantitative Data)

양적자료는 길이, 무게, 자동차 생산 대수 등과 같이 많고 적음을 나타내는 수치로 된 자료를 말하며, 따라서 양적 자료에 대해서는 사칙연산이 가능하다. 양적 자료는 다시 계수형 자료와 연속형 자료로 나누기도 하고, 비율형 자료와 구간형 자료로 나누기도 한다.

먼저, 양적 자료를 계수형 자료와 연속형 자료로 구분할 때의 의미를 살펴보자. **계수형**(計數形, count) 자료는 자료가 셀 수 있는 정수 형태인 경우를 말한다. 예를 들어, 형제의 수, 자동차 보유 대수, 입사 지원자 수, 보험 해약 건수 등이 여기에 속한다. 이러한 계수형 자료는 범주형 자료의 경우처럼 이산적인 값을 갖기 때문에 이들을 한데 묶어 **이산형**(離散形, discrete) 자료라고도 한다.

이에 반해, **연속형**(連續形, continuous) 자료는 자료의 측정이 셀 수 없는 소수점을 포함하는 키, 무게, 길이 등과 같은 자료를 말한다.

이제, 양적 자료를 구간형 자료와 비율형 자료로 구분할 때의 의미를 살펴보자. **비율형**(比率形, ratio) 자료는 수치들 사이의 차이뿐만 아니라 비율에도 의미를 부여할 수 있는 변수이다. 예를 들어, 어떤 냉장고 A의 무게가 200kg이고 B의 무게가 100kg이라고 할 때 냉장고 A와 B의 무게 차이는 100kg이고 A의 무게는 B의 두 배라고 말할 수 있다. 또한 이 경우 0은 무게가 없다는 것을 의미한다(즉, 절대영점을 가진다).

반면, **구간형**(區間形, interval) 변수는 수치들 사이의 차이(구간)에는 의미를 부여할 수 있지만, 비율에는 의미를 부여할 수 없는 변수이다. 예를 들어, 섭씨 20도는 −10도에 비해서 온도가 30도 높다고 할 수 있지만, 온도의 비율이 20/(−10)=−2배라고 할 수는 없다. 또한 온도가 0도라고 하는 것은 온도가 없다는 의미는 아니다(즉, 상대 영점을 가진다). 따라서 구간형 자료에 대해서 덧셈과 뺄셈은 의미가 있지만, 곱셈이나 나눗셈에 의한 결과는 큰 의미가 없게 된다.

지금까지 통계학의 의미, 통계학의 구분, 자료분석을 올바르게 하기 위한 자료 형태의 구분 등에 대하여 알아보았다. 이제 2장에서는 Excel의 기본적인 기능과 데이터 분석 도구의 사용법을 익힌 후에, 3장에서부터 실제적인 자료분석을 위한 분석방법론을 배우고 Excel을 이용한 자료처리 및 분석 등을 직접 수행해 보도록 하자.

1.4 연습문제

1-1 우리 주위에서 접할 수 있는 기술통계학의 예를 구해보고, 그 예에 관해서 설명해 보아라.

1-2 표본조사는 무엇이고 왜 필요한가? 그리고 우리나라에서 5년에 한 번씩 실시하는 '인구주택 총조사'는 어떤 조사인가?

1-3 다음 그림들은 각각 통계청, 한국은행, 문화체육관광부 등 주요 국가기관의 웹사이트 중 일부이다. 이들 기관에서 조사, 작성, 발표하고 있는 통계에는 어떤 것들이 있는지를 알아보아라.

그림 1.1 통계청 웹사이트(www.kostat.go.kr)

그림 1.2 한국은행 웹사이트(www.bok.or.kr)

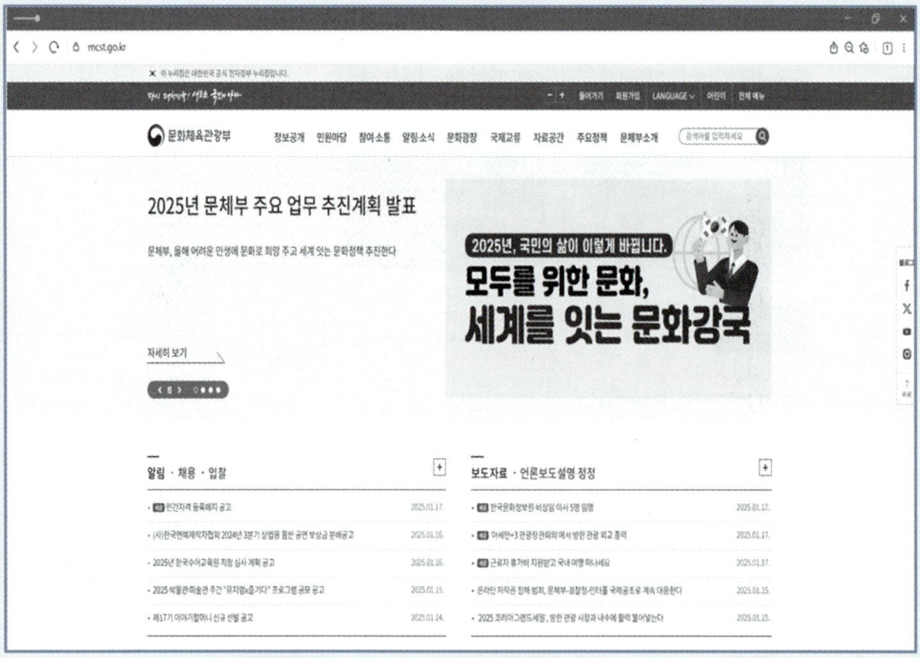

그림 1.3 문화체육관광부 웹사이트(www.mcst.go.kr)

제 2 장

Excel 데이터 분석 도구

Excel(엑셀)은 마이크로소프트(Microsoft)사에서 만든 통합문서 프로그램으로, 편리한 사용자 환경과 다양한 계산 및 그래프 작성 기능이 있어서 가장 널리 사용되는 사무용 프로그램 중 하나이다(이 책에서는 Excel 2024를 이용하였다).

이 장에서는 Excel의 기능 중 통계분석을 수행하기 위해 유용하게 사용되는 '데이터 분석' 메뉴(대화상자) 및 통계함수의 사용법에 대해서 간단히 살펴볼 것이다. Excel의 사용법에 대한 보다 자세한 사항은 시중에 출판된 여러 종류의 입문서 및 활용서를 참조하기를 바란다.

2.1 Excel의 시작과 종료

Excel을 구동하는 방법은 다른 윈도즈용 응용프로그램을 사용하는 것과 같다. 즉, 바탕화면에서 **'시작→ 프로그램 → Microsoft Excel'**을 연속적으로 클릭하면 된다. 다음 <그림 2.1>은 Excel의 초기화면을 보여 주고 있는데, 일반적인 윈도즈용 응용프로그램과 마찬가지로 **풀-다운 메뉴** 또는 **도구모음**을 통해 원하는 작업명령을 선택할 수 있다.

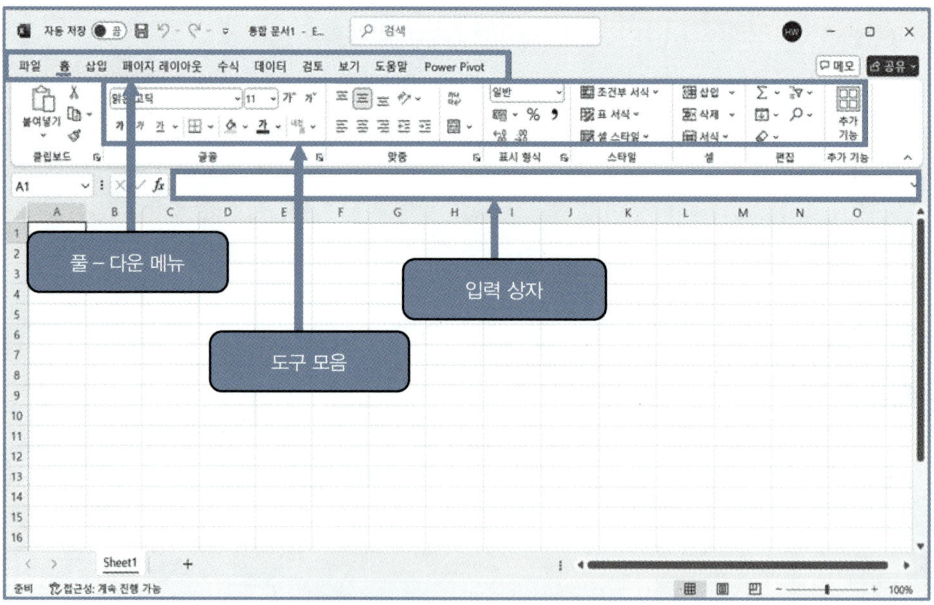

그림 2.1 Excel 초기화면

Excel에서의 작업은 주로 워크시트(workseet)라고 불리는 작업공간 내에서 이루어진다. 워크시트는 <그림 2.2>에서와 같이 문자 및 숫자 그리고 수식 등을 입력할 수 있는 행과 열로 이루어져 있으며, 하나의 Excel 통합문서 안에는 여러 개의 워크시트가 존재할 수 있다.

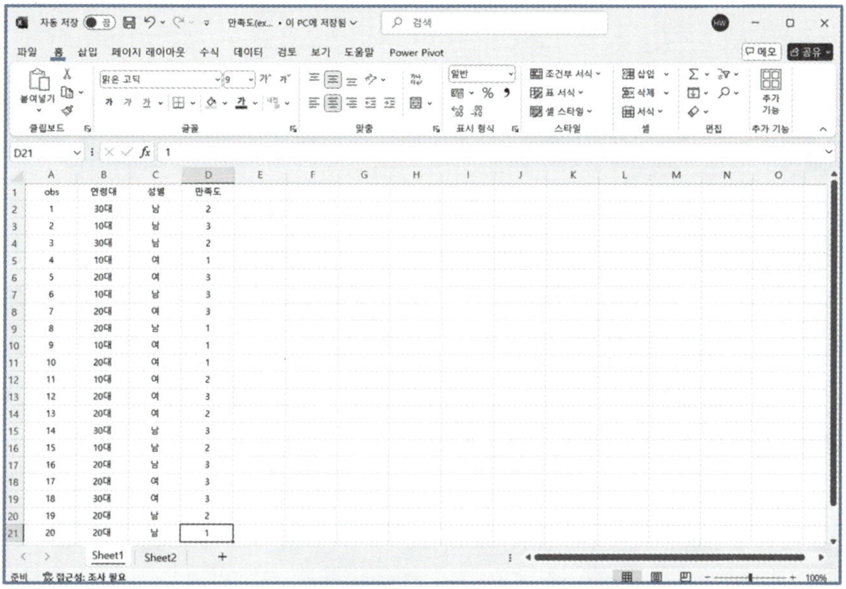

그림 2.2 자료의 입력

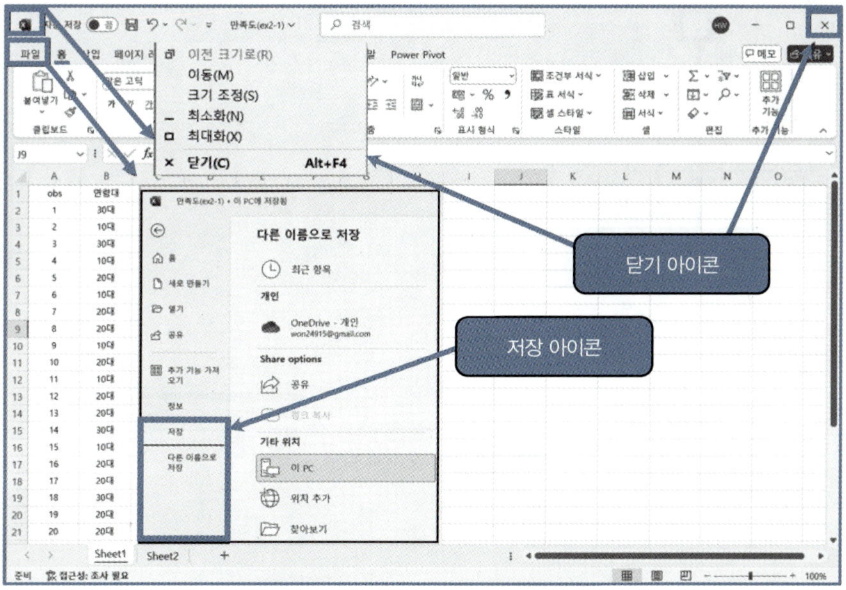

그림 2.3 '저장하기' 메뉴와 '닫기' 아이콘

Excel을 종료하려면 **좌상단의 Excel( )**을 누르고 **닫기(C)**' 또는 **우상단의 끝내기(X)**' 메뉴(화면 우측 맨 위의 닫기 아이콘)를 선택해도 된다. 이때 현재의 작업 내용을 다음에도 계속 사용하기 위해서는 Excel을 종료하기 전에 '**파일 → 저장(다른이름으로저장)**', 또는 상단에 **저장( )**을 선택하여 통합문서를 저장해야 한다.

2.2 수식 사용하기

Excel에서는 수식을 이용하여 기본적인 연산을 매우 쉽게 수행할 수 있다. 예를 들어 다음 <그림 2.4>에서 '**10대**'의 합계를 구하고자 하는 경우, 그림에서와 같이 '**D2**' 셀에 '**=B2+C2**'을 입력한 후(또는 먼저 '='을 입력하고 '**B2**' 셀을 마우스로 클릭한 다음 다시 '**+**'를 입력하고 '**C2**' 셀을 클릭한다) 입력 상자 왼쪽에 있는 '**입력 확인**' 아이콘을 클릭하면 '**3+3=6**'이 자동으로 계산된다.

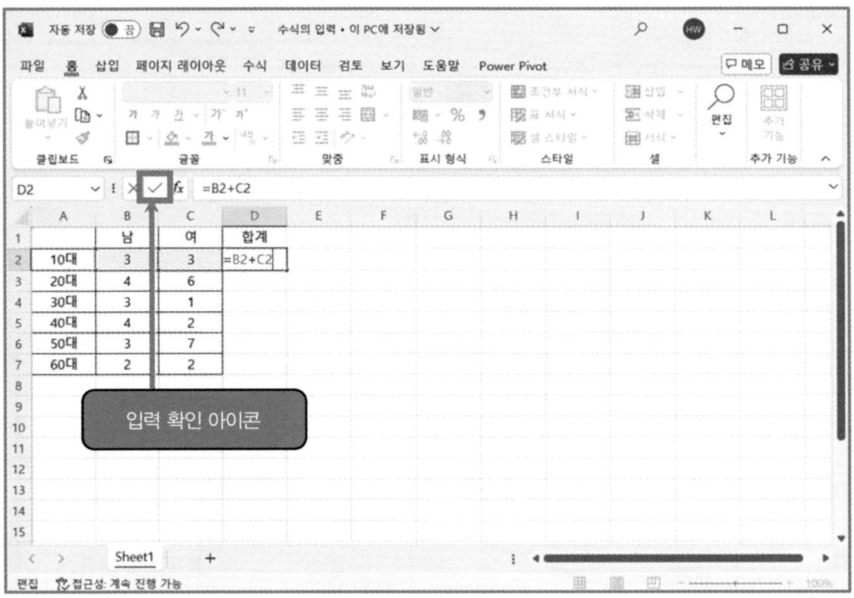

그림 2.4 수식의 입력

유사한 수식을 여러 번 사용해야 할 때는, 이미 입력된 수식을 복사하여 사용하면 매우 편리하다. 예를 들어 앞의 예에서 **'20대'**의 합계를 구하고자 하는 경우 다음과 같은 과정을 수행하면 된다.

① 'D2' 셀을 오른쪽 마우스로 클릭한다(이때<그림 2.5>에서와 같이 팝업(pop-up) 메뉴가 나타난다).
② 팝업 메뉴에서 **'복사하기'**를 선택한다.
③ 'D3' 셀을 오른쪽 마우스로 클릭한다.
④ 팝업 메뉴에서 **'붙여넣기'**를 선택한다.

이상과 같은 과정을 거치면 'D3' 셀에 '=B3+C3'라는 수식이 바뀌어 입력되고, '4+6=10' 값이 자동으로 계산된다.

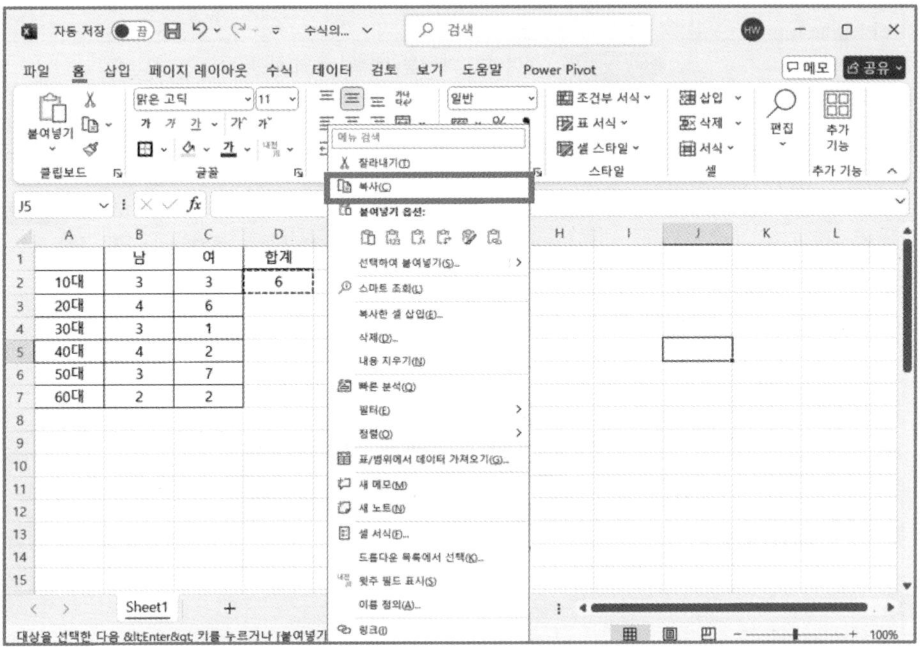

그림 2.5 '복사하기' 메뉴

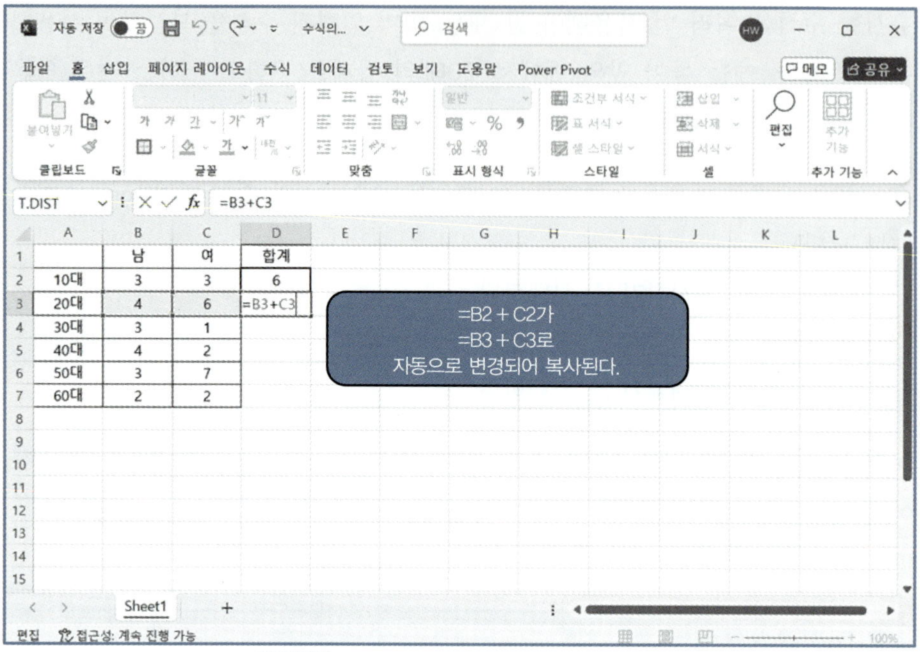

그림 2.6 '붙여넣기' 메뉴를 선택한 후의 화면

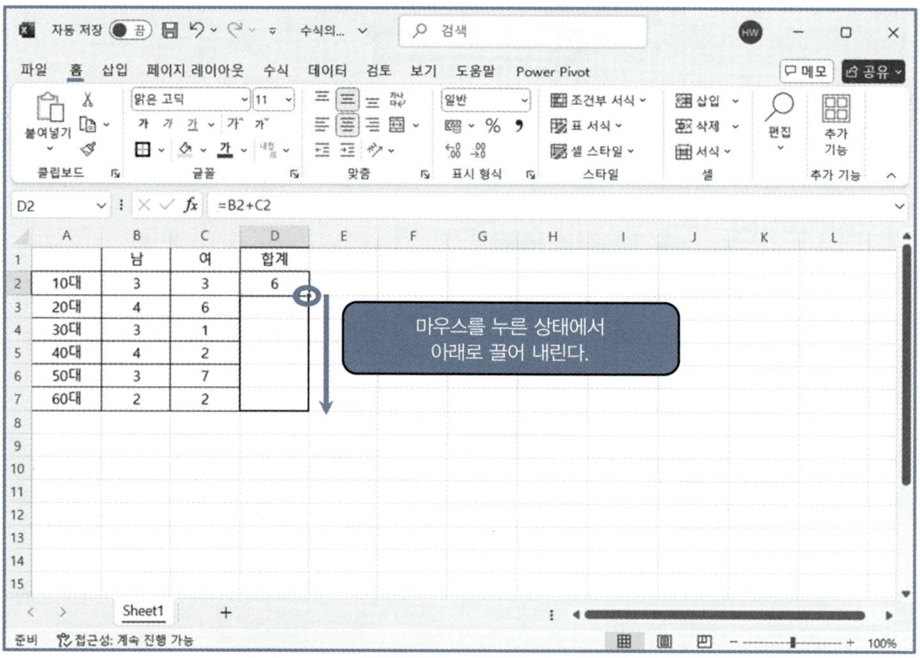

그림 2.7 동일한 유형의 수식을 연속하여 복사하기

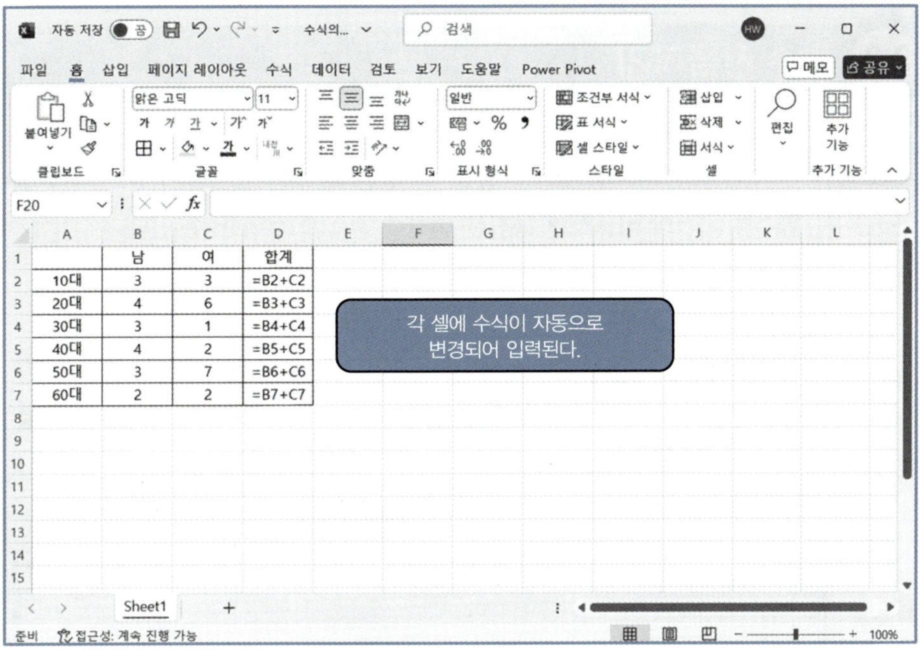

그림 2.8 수식이 복사된 모습

한편, 동일한 형태의 수식을 연속해서 복사해야 하는 경우, 다음과 같은 과정을 수행하면 더 편리하다.

① **'D2'** 셀을 클릭한 후, 셀의 오른쪽 밑으로 마우스를 움직인다. 이때 마우스의 모양이 굵은 십자(+) 모양으로 변한다.
② 마우스를 누른 상태에서 **'D7'** 셀까지 끌어 내린다(그림 2.7).

이렇게 하면 <그림 2.8>과 같이 각 셀에 자동으로 수식이 변경되어 입력되고, 해당 셀의 값들이 계산된다.

2.3 함수 사용하기

Excel에는 수학, 통계, 재무 등에서 사용할 수 있는 다양한 함수들이 준비되어 있다. 따라서 이들 함수를 적절히 이용하면 복잡한 연산을 손쉽게 수행할 수 있다. 이 절에서는 함수의 사용법에 대해서 간단히 설명할 것이다.

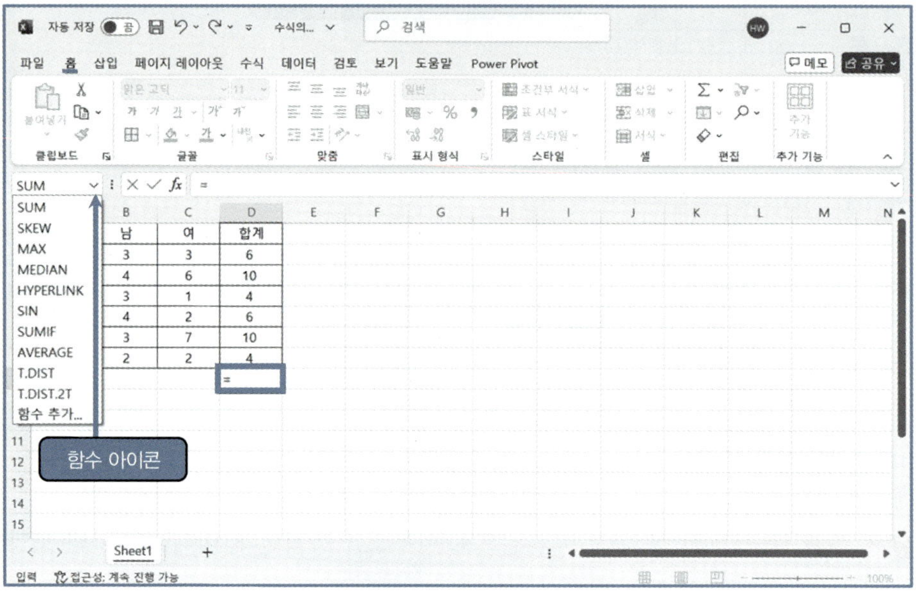

그림 2.9 함수의 선택

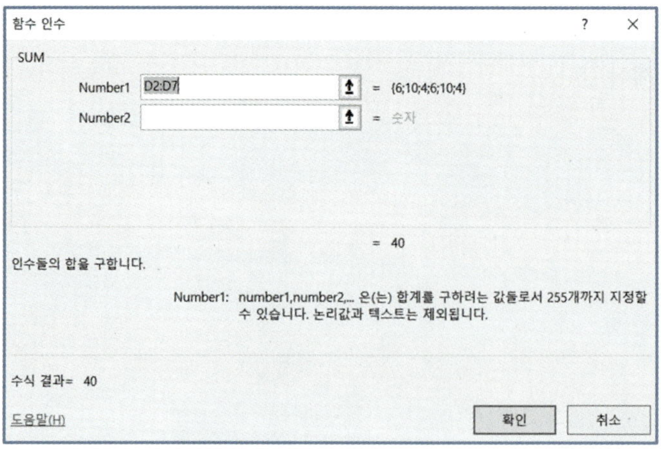

그림 2.10 '함수 인수' 대화상자

예를 들어, 앞의 예에서 전체 합계를 구하고자 하는 경우 다음과 같이 **'SUM'** 함수를 이용하면 편리하다.

① **'D8'** 셀에 **'='**을 입력한 후, **'함수'** 아이콘(▼)을 선택한다(그림 2.9).

② 함수 목록상자에서 **'SUM'**을 선택한다. 이때 목록상자에 원하는 함수가 나타나지 않을 때는 목록상자 맨 아래의 **'함수 추가...'**를 선택하여 함수마법사 대화상자에서 원하는 함수를 선택한다.

③ **'함수 인수'** 대화상자(그림 2.10)에서 **'number1'** 란에 **'D2:D7'**을 입력한다(이때 해당 함수의 사용법에 대한 도움말을 보기 원하면 대화상자의 왼쪽 아래에 있는 **'도움말(H)'**을 선택한다). **'확인'** 버튼을 클릭한다.

이상과 같은 과정을 수행하면 <그림 2.11>과 같이 SUM 함수의 입력이 완성되고, **'D8'** 셀에 **'6+10+4+6+10+4=40'**이 자동으로 계산된다.

특정 셀에 입력된 수식을 복사하여 다른 셀에 붙여 넣으면, 움직인 셀만큼 참조 셀이 자동으로 변경된다는 것을 앞에서 설명한 바 있는데, 이와 같은 기능을 **상대참조**라고 한다. 이러한 상대참조 기능은 Excel이 가지고 있는 독특한 기능으로, 대부분은 매우 편리하게 사용된다. 그러나 때로는 수식을 복사할 때 특정 참조 셀이 변하지 않기를 원할 수가 있는데, 이 경우 **절대참조** 기능을 사용할 수 있다. 예를 들어, 앞의 예에서

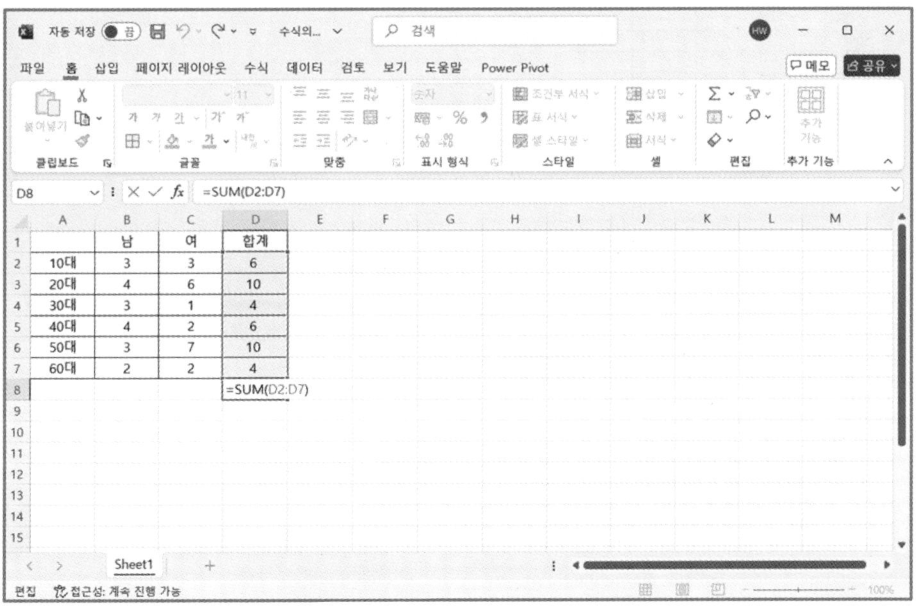

그림 2.11 SUM 함수 입력의 완성

각 연령대에 대해 전체 합계에 대한 비율을 계산하는 경우를 고려해 보자.

① **'E2'** 셀에 **'=D2/$D$8'**을 입력한다(그림 2.12). 이처럼 절대 참조를 지정하고자 할 때는 열과 행 앞에 **'$'** 표시를 지정하면 된다. 만약 열 또는 행 한 부분에만 절대 참조를 지정하고 싶다면, **'$D8'** 또는 **'D$8'**과 같이 열이나 행 한쪽에만 **'$'** 표시를 지정하면 된다.

② '풀-다운 메뉴'의 홈의 도구상자에서 **'%'**를 클릭한다, 또는 마우스 오른쪽을 누르면 **'셀서식(F)'** 대화상자가 나온다. **'표시형식'** 탭을 클릭한다. **'범주(C)'** 목록의 **'백분율'**을 선택하고 **'소수 자릿수(D)'**를 **'1'**로 지정한다(그림 2.13). 필요한 경우에 다른 탭들을 클릭하여 서식 옵션을 변경한다. **'확인'** 버튼을 클릭한다.

③ 앞 절에서와 유사하게 '복사하고 붙이기'(copy and paste)를 수행하여 **'E2'** 셀을 'E3'에서 **'E8'** 셀에 복사한다.

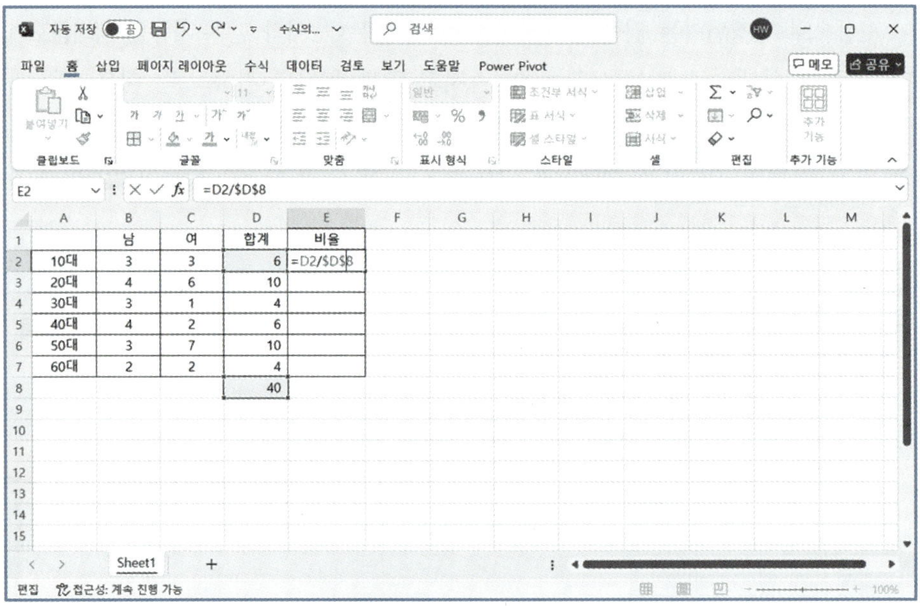

그림 2.12 절대참조의 지정

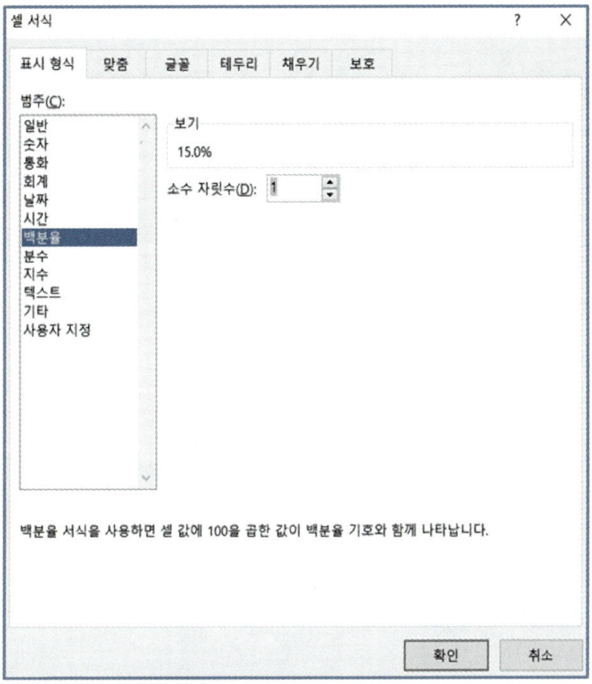

그림 2.13 '셀 서식' 대화상자

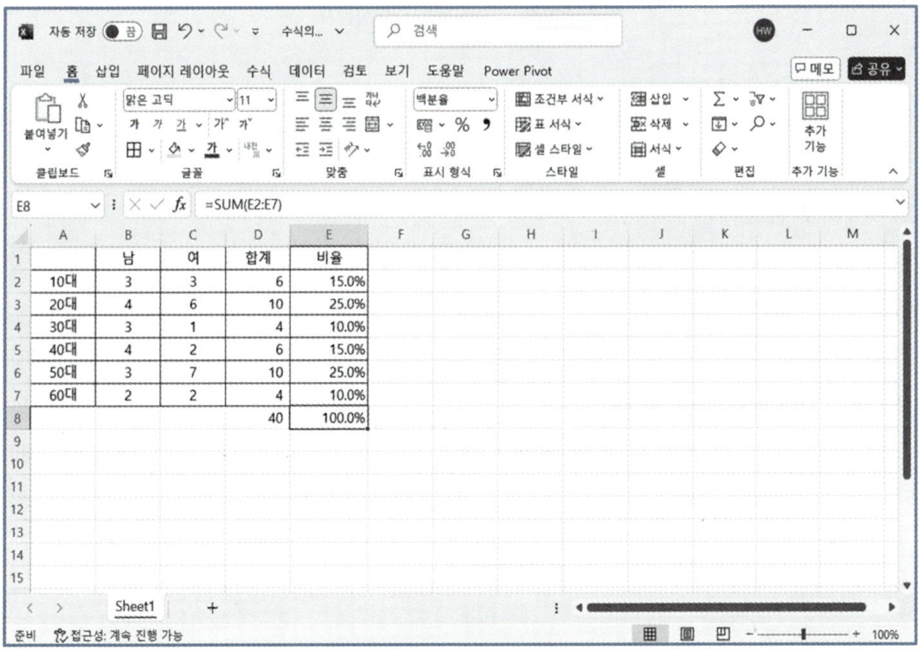

그림 2.14 계산된 비율들

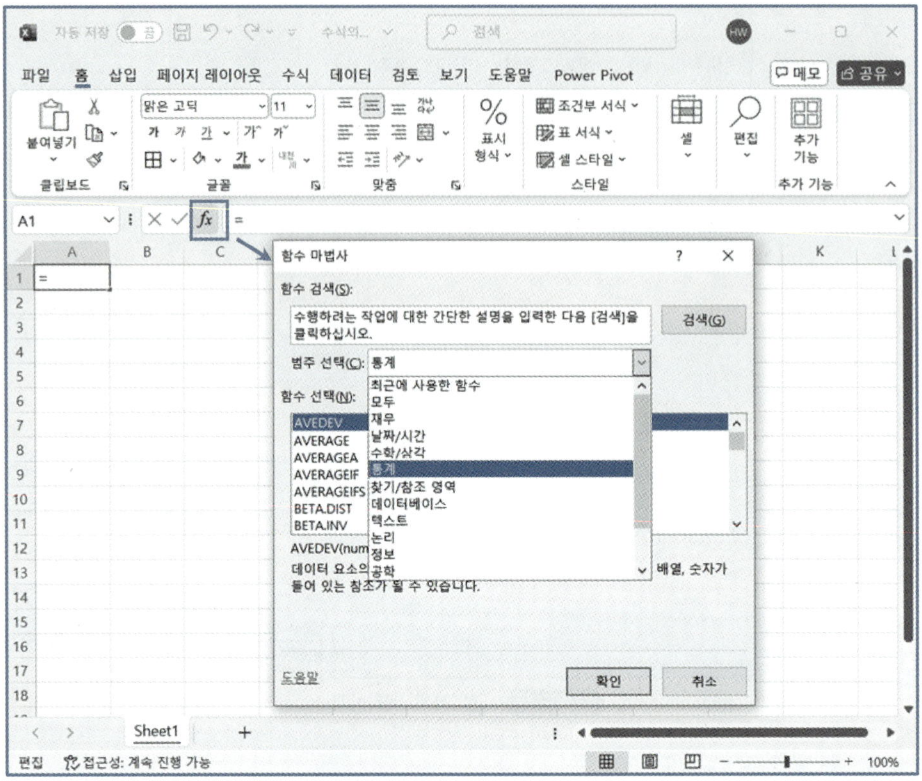

그림 2.15 '함수마법사' 대화상자

이상과 같은 과정을 수행하면 <그림 2.14>에서와 각 연령대에 대한 비율이 자동으로 계산된다. 이때 수식의 내용 중 절대 참조를 지정한 참조 셀은 변하지 않았다는 것을 확인해 보기 바란다.

앞에서도 서술한 바와 같이 Excel에는 통계, 수학, 재무 등에서 사용할 수 있는 다양한 함수들이 준비되어 있다. '입력 상자' 왼쪽에 있는 '함수마법사' 아이콘(*fx*)을 클릭하면, 앞의 <그림 2.15>에서와 같이 '함수마법사' 대화상자가 나타나고, 사용자는 이 대화상자에서 원하는 함수를 찾아서 사용하면 된다. 또한 대화상자 왼쪽 아래에 있는 도움말 버튼을 클릭하면, 해당 함수의 사용에 대해 자세한 도움말을 얻을 수 있다. 이 책의 부록 1에는 통계함수들에 대해서 그 기능 및 사용법을 자세히 설명하고 있으니 이를 참조하기를 바란다.

2.4 '통계 데이터 분석' 대화상자

'통계 데이터 분석' 대화상자는 대화식으로 통계분석을 수행할 수 있는 도구이다. 이 대화상자를 이용하면 기술 통계법, 난수생성, 분산분석, 회귀분석 등 다양한 통계분석 결과를 쉽게 얻을 수 있다. 먼저 이 절에서는 '통계 데이터 분석' 대화상자를 사용하는 방법에 대해서 간단히 설명할 것이다.

2.4.1 '데이터 분석' 메뉴 나타내기

'통계 데이터 분석' 대화상자를 이용하기 위해서는 다음 <그림 2.21>과 같이 풀-다운 메뉴에서 **'데이터→ 데이터 분석'** 메뉴를 선택하면 된다. 그러나 일반적인 환경설정에서는 '데이터 분석' 메뉴가 풀-다운 메뉴에 나타나지 않게 되어 있어서, 다음과 같은 과정을 수행하여 '데이터' 메뉴에 '데이터 분석' 메뉴가 나타나도록 해주어야 한다.

① **'파일 → 옵션 → 추가기능'** 메뉴를 선택한다(그림 2.16).

② **'추가기능'** 대화상자(그림 2.17)에서 **'분석 도구'**에 체크(☑)하고, **'확인'** 버튼을 클릭한다. 만약 Excel에 '분석 도구'가 설치되어 있지 않은 상태라면, MS 오피스(Office) CD를 준비하여 '분석 도구'를 추가로 설치해 주어야 한다.

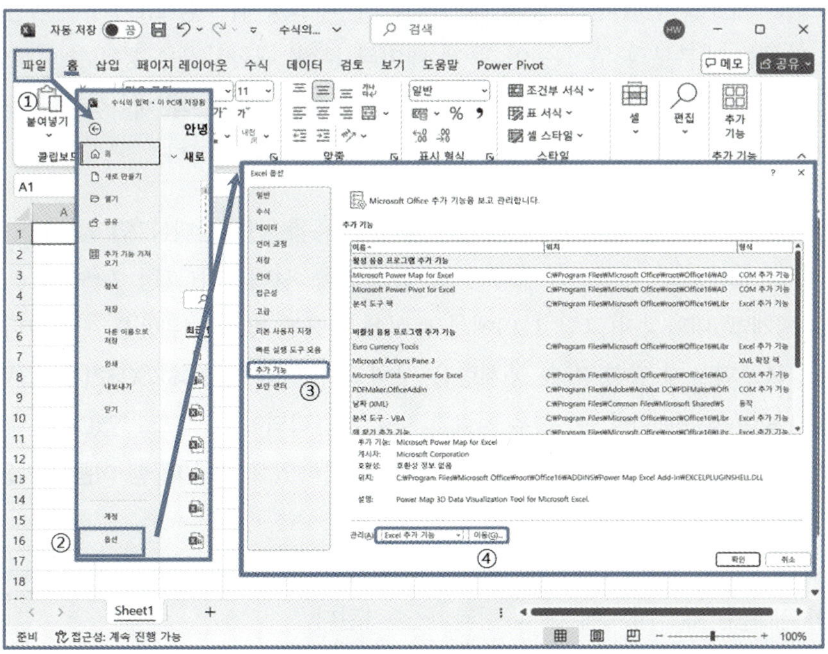

그림 2.16 '추가기능' 메뉴

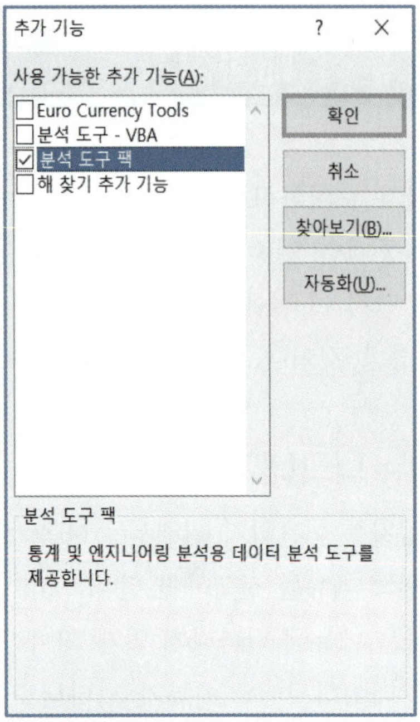

그림 2.17 '추가기능' 대화상자

2.4.2 '통계 데이터 분석' 대화상자

앞에서와 같은 과정을 수행하면 다음 <그림 2.18>과 같이 '데이터 분석' 메뉴를 선택할 수 있고, 이 메뉴를 선택하면 '통계 데이터 분석' 대화상자(그림 2.19)가 나타난다. 이 책에서 다루는 대부분의 분석은 이 '통계 데이터 분석' 대화상자를 통해서 이루어지게 되는데, 먼저 여기서는 '기술 통계법'의 예를 들어 '통계 데이터 분석' 대화상자의 사용법을 설명할 것이다. 다른 분석기법을 사용하는 것도 이와 유사하다.

① 풀-다운 메뉴에서 **'데이터 → 데이터 분석'** 메뉴를 선택한다(그림 2.18).
② **'통계 데이터 분석'** 대화상자에서 **'기술 통계법'**을 선택한다(그림 2.19).
③ **'기술 통계법'** 대화상자(그림 2.20)에서 분석에 사용될 **'입력 범위(I)'**를 지정한다. 예를 들어, 불포화율에 관한 기술 통계량을 구하고자 한다면 **'$C$1:$C$21'**을 입력한다.
④ **'데이터 방향'**을 선택한다. 이 경우 자료가 세로로 입력되어 있으므로 **'열(C)'**을 선택한다.
⑤ 입력자료의 첫 번째 행에 변수의 이름들을 입력하였으면 **'첫째 행 이름표 사용(L)'**에 체크(☑)한다.
⑥ 요약 통계량 등 원하는 옵션에 체크한 후 **'확인'** 버튼을 클릭하면, <그림 2.21>에서와 같이 새로운 워크시트에 분석 결과가 출력된다.

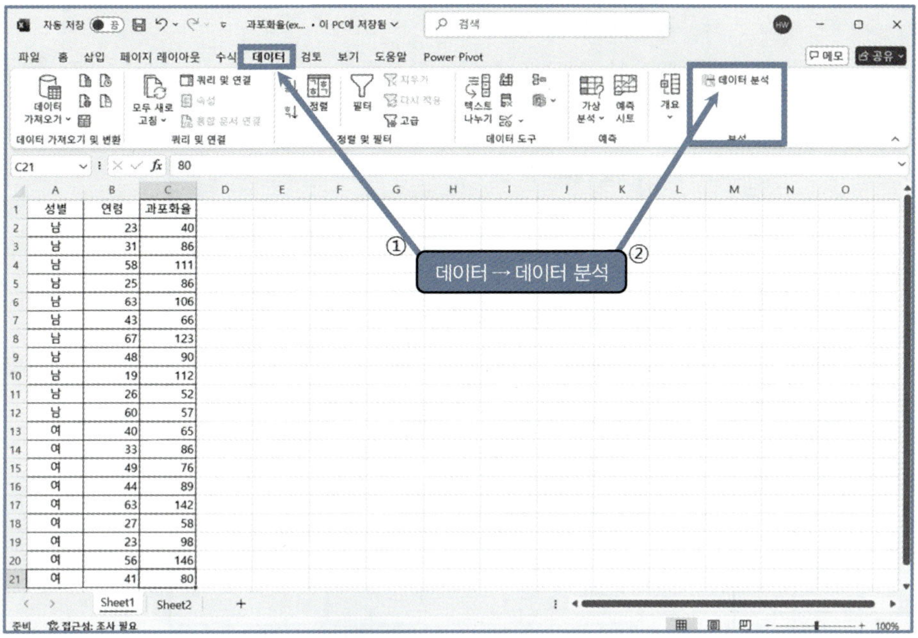

그림 2.18 '데이터 분석' 메뉴

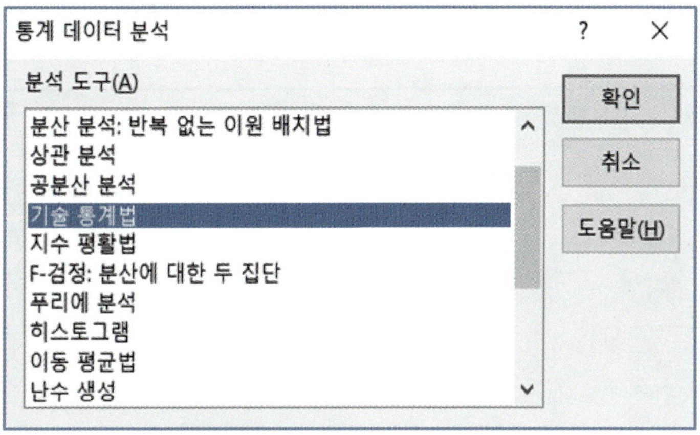

그림 2.19 '통계 데이터 분석' 대화상자

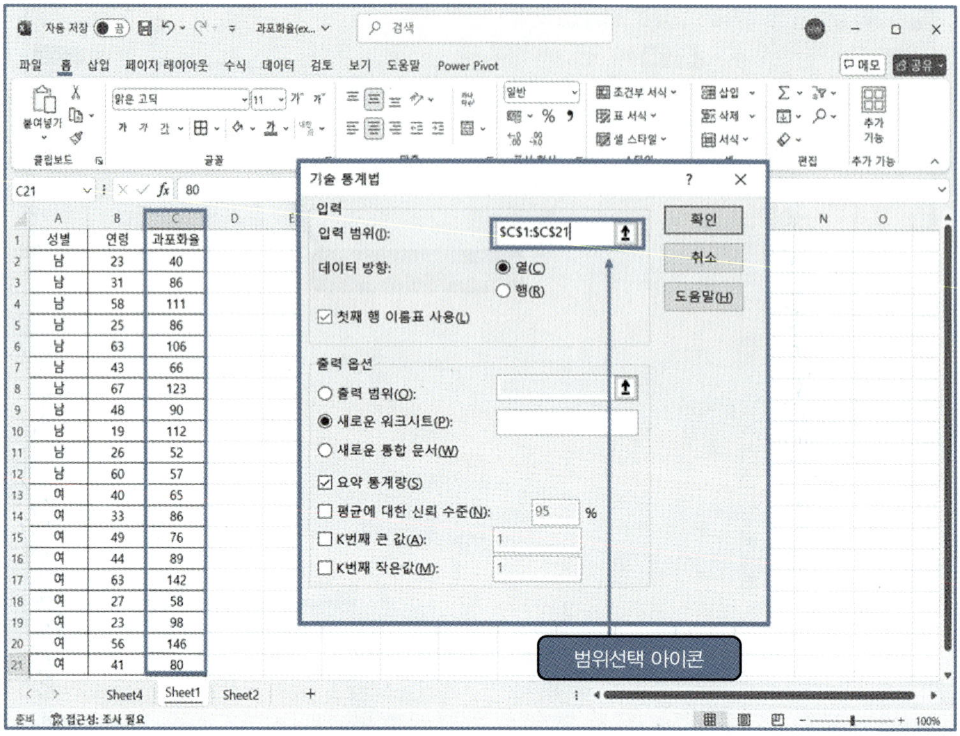

그림 2.20 '기술 통계법' 대화상자

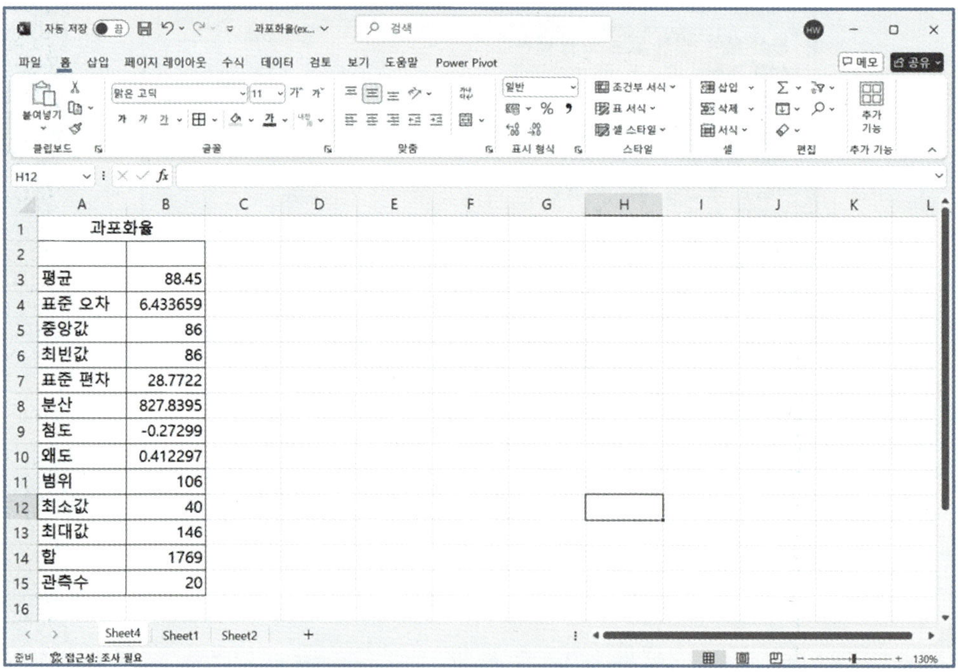

그림 2.21 기술 통계량이 출력된 워크시트

참조 **'통계 데이터 분석' 대화상자 또는 함수를 사용할 때 범위 지정하기**

'통계 데이터 분석' 대화상자 또는 함수를 사용할 때 데이터의 입력 범위 및 인수를 지정하는 경우, 직접 범위를 지정하는 것 대신에 다음과 같은 과정을 수행하는 것이 더 편리하다.

① 입력 범위 입력 상자 오른쪽에 있는 **'범위선택'** 아이콘을 클릭한다(그림 2.20 참조). 이때 대화상자가 최소화된다.
② 워크시트에서 지정하고자 하는 범위를 마우스로 드래그(drag, 마우스를 누른 채로 끌어서 블록을 지정하는 것)한다.
③ 최소화되어 있는 대화상자의 **'범위선택'** 아이콘을 다시 클릭하면, 자동으로 범위가 입력되고 대화상자가 원래대로 확대된다.

2.5 연습문제

2-1 2.3절 그림 2.14에서 B8과 C8 셀에 남, 여별 합계를 각각 구해보라(그림 2.22 참조).

2-2 수식을 이용하여 다음 그림과 같이 연령대별 남, 여의 퍼센트를 구해보아라. 또한 **셀 서식** 대화상자를 이용하여 퍼센트를 소수점 1자리까지 나타내어라.

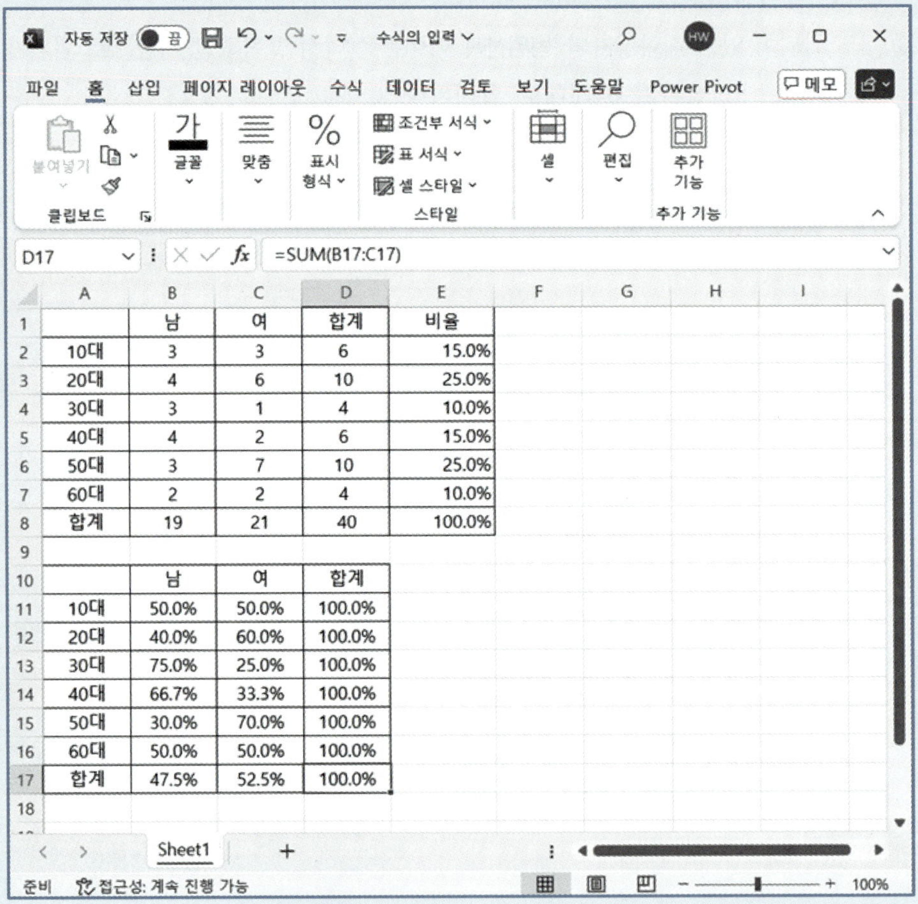

	A	B	C	D	E
1		남	여	합계	비율
2	10대	3	3	6	15.0%
3	20대	4	6	10	25.0%
4	30대	3	1	4	10.0%
5	40대	4	2	6	15.0%
6	50대	3	7	10	25.0%
7	60대	2	2	4	10.0%
8	합계	19	21	40	100.0%
9					
10		남	여	합계	
11	10대	50.0%	50.0%	100.0%	
12	20대	40.0%	60.0%	100.0%	
13	30대	75.0%	25.0%	100.0%	
14	40대	66.7%	33.3%	100.0%	
15	50대	30.0%	70.0%	100.0%	
16	60대	50.0%	50.0%	100.0%	
17	합계	47.5%	52.5%	100.0%	

그림 2.22 연령대별 남, 여의 퍼센트 계산

2-3 2.1절 그림 2.2에 주어진 자료에 대해서 AVERAGE 함수를 이용하여 '만족도' 의 평균을 구해보라.

2-4 2.3절 그림 2.15에서와 같이 **'함수마법사'** 대화상자를 열고, 어떤 함수들을 사용할 수 있는지 살펴보라.

2-5 Excel 풀-다운 메뉴에서 **도움말**(H) 메뉴를 클릭하여, 어떤 정보들을 얻을 수 있는지 살펴보라.

제 3 장

자료의 기술

실험이나 조사를 통해 얻은 자료에서 개별 측정값들은 그 자체가 중요한 정보이지만, 이들은 양적으로 방대하고 다루기도 힘들며 질적으로 혼돈과 소음을 포함하고 있어 자료의 전반적인 내용을 파악하기가 쉽지 않다. 따라서 자료의 특성 내지는 중요한 측면을 쉽게 파악할 수 있도록 대푯값, 변이성, 분포의 형태 등을 간결한 형태로 정리, 요약하여 기술(記述, description)해야 할 필요가 있게 된다. 이 장에서는 주어진 자료의 전반적인 내용을 쉽고 빠르게 파악할 수 있도록 표나 그래프로 정리하거나 몇 개의 숫자로 요약하여 표현하는 방법들에 관해서 설명할 것이다. 앞장의 1.3절에서 설명한 자료의 형태를 잘 생각하며 자료를 정리하고 요약해 보도록 하자.

3.1 도표와 그래프를 이용한 자료의 요약

많은 정보를 시각적으로 빠르게 전달할 수 있는 효율적인 방법의 하나는 도표나 그래프를 이용하는 것이다. 여기서는 도수분포표, 히스토그램, 원형 그래프 등을 이용하여 자료를 탐색적으로 살펴보는 방법에 관해서 설명할 것이다.

3.1.1 도수분포표와 히스토그램

도수분포표(度數分布表, frequency table)는 계급별 도수 및 상대도수(백분율)를 이용하여 자료를 표의 형태로 정리한 것이다. 예를 들어, 다음 <표 3.1>은 25명의 학생에 대한 통계학 시험성적 자료인데, <표 3.2>는 이 자료에 대해 도수분포표를 작성해 본 것이다.

이때 **계급**(class)이란 자료의 전체 범위를 몇 개의 소집단으로 나눈 것이고, **도수**(frequency)는 각 계급에 속하는 자료의 수를 의미하며, **누적도수**(cumulative frequency)는 계급의 상한보다 같거나 작은 경우의 도수를 의미한다. 또한 **상대도수**(relative frequency)

표 3.1 '통계학 시험성적' 자료

75	63	49	86	53
80	70	72	81	80
69	76	85	95	66
77	77	63	58	74
68	90	82	59	60

표 3.2 '통계학 시험성적' 자료에 대한 도수분포표

계급	도수	누적도수	상대도수(%)	상대누적도수(%)
49 이하	1	1	4	4
50~59	3	4	12	16
60~69	6	10	24	40
70~79	7	17	28	68
80~89	6	23	24	92
90 이상	2	25	8	100
합계	25	계급	100	

는 도수를 전체 자료의 수로 나눈 비율(또는 퍼센트)을 의미하며, **상대누적도수**는 누적도수를 전체 자료의 수로 나눈 비율을 의미한다.

이와 같은 도수분포표의 작성에서 계급의 개수와 계급구간을 결정하는 것은 자료의 양과 성질에 따라 달라진다. 예를 들어 성적이 A, B, C, D, F의 다섯 단계(즉, 다섯 개의 범주)로 되어 있다면 계급의 수도 다섯 개로 설정하게 될 것이다. 연속형 자료의 경우에는 일반적으로 자료의 전반적인 형태를 적절히 나타낼 수 있도록 5개에서 15개 정도의 계급 개수를 만들어 표현하는 것이 보통이다(대개 6~8개 정도가 적당함).

히스토그램(histogram)은 도수분포표를 시각적으로 표현한 것으로, 각 계급의 도수(또는 상대도수)를 크기에 따라 막대 그림으로 표현한 것이다. 히스토그램을 이용하면 자료의 중심위치, 산포도, 치우침의 정도 등을 한눈에 살펴볼 수 있게 된다.

예 3.1 <표 3.1>의 '통계학 시험성적' 자료에 대해 Excel을 이용하여 도수분포표와 히스토그램을 작성하여 보아라.

작성 절차

① 워크시트에 원자료와 계급구간을 입력한다(그림 3.1).

② 풀-다운 메뉴에서 **'데이터 → 데이터 분석'**을 선택한 후, **'통계 데이터 분석'** 대화상자(그림 3.2)에서 **'히스토그램'**을 선택하고 **'확인'**을 클릭한다.

③ **'히스토그램'** 대화상자(그림 3.3)에서 **'입력범위(I)'($A$1:$A$26)**와 **'계급구간(B)'($B$1:$B$7)**을 지정한다. 또한 입력자료 및 계급구간의 첫 번째 행에 이름들을 입력하였으므로 **'이름표(L)'**에 체크(☑)한다. **'누적 백분율(M)'**과 **'차트 출력(C)'**에 체크한 후 **'확인'**을 클릭한다. 이와 같은 과정을 수행하면 <그림 3.4>에서와 같이 새로운 워크시트에 도수분포표와 히스토그램이 출력된다.

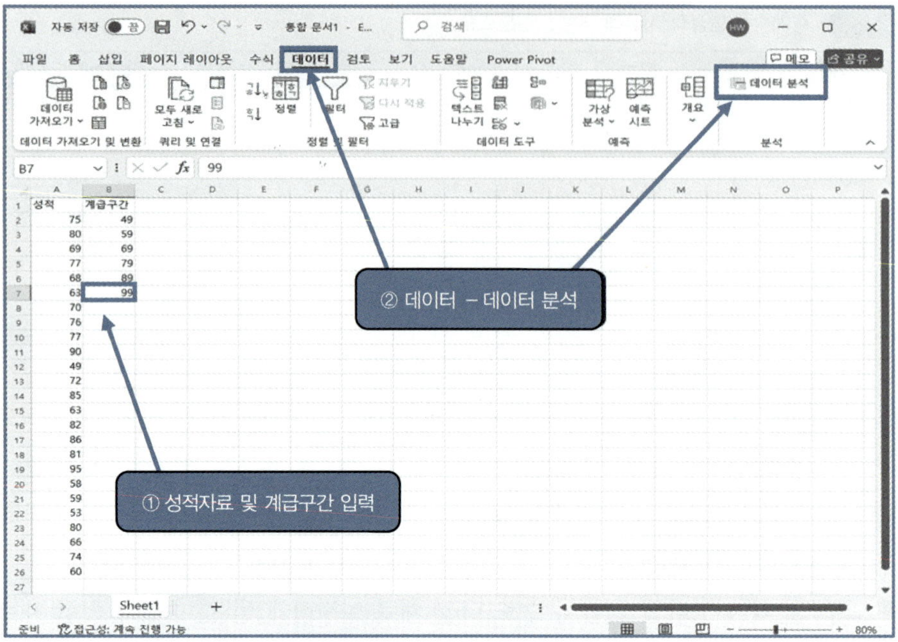

그림 3.1 자료 및 계급구간의 입력

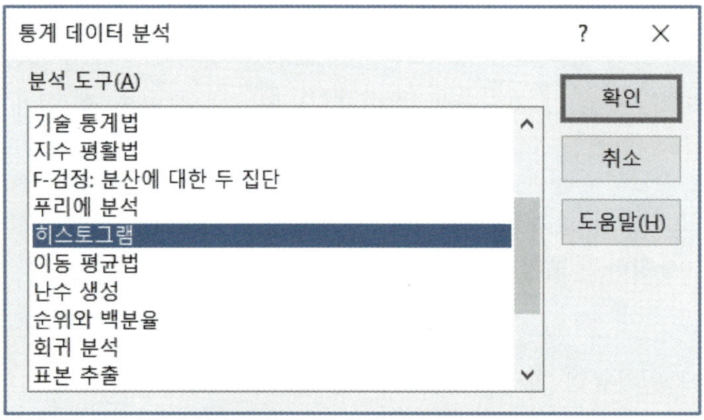

그림 3.2 '통계 데이터 분석' 대화상자

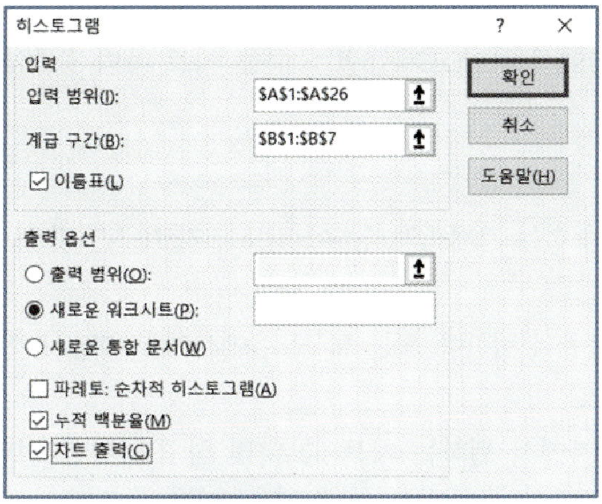

그림 3.3 '히스토그램' 대화상자

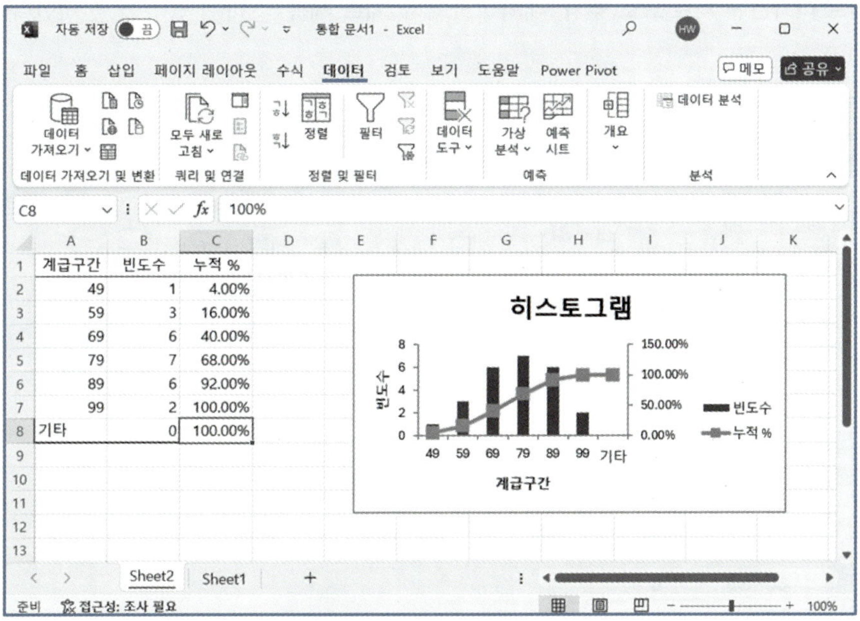

그림 3.4 '히스토그램'의 결과

3.1.2 '차트 마법사' 사용하기

Excel의 **'차트 마법사'**를 이용하면 약간의 조작만으로 다양한 형태의 그래프를 손쉽게 작성할 수 있다. 여기서는 원형 그래프(pie graph)를 작성하는 예를 통해 '차트 마법사'를 다루는 방법을 설명할 것이다.

예 3.2 앞의 (예 3.1)에서 얻어진 계급별 도수를 '차트 마법사'를 이용하여 원형 그래프로 표현해 보아라.

작성 절차

① 워크시트에 작성하고자 하는 그래프의 종류에 맞도록 자료(구간 및 도수)를 입력한다(그림 3.5).

② 풀다운 메뉴에서 **'삽입'**을 선택한다. 또는 도구모음에서 **'차트 마법사'** 아이콘을 선택한다(그림 3.6).

③ **'차트 마법사'** 대화상자에서 원하는 차트 종류 및 하위 종류를 선택한다(그림 3.6). 원형 그래프(3차원 원형)를 선택하면 (그림 3.7)의 원형 그래프가 출력된다(그림 3.8).

④ 풀다운 메뉴에서 **'차트 디자인'**을 선택한다(그림 3.9).

⑤ **'차트 디자인 – 차트 요소 추가'** 대화상자에서 **'차트 제목'**의 하위 종류를 선택한다(그림 3.10).

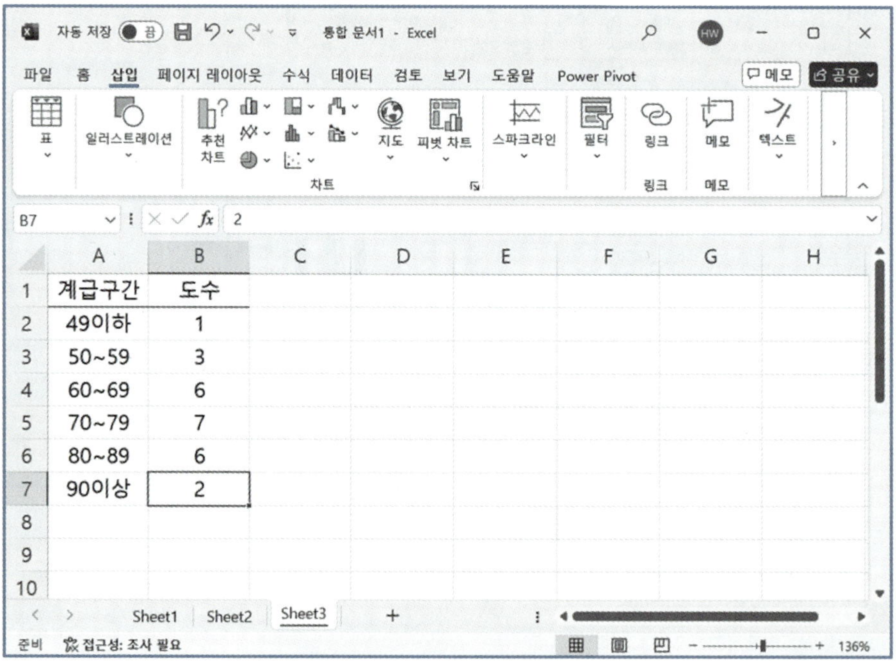

그림 3.5 구간 및 도수의 입력

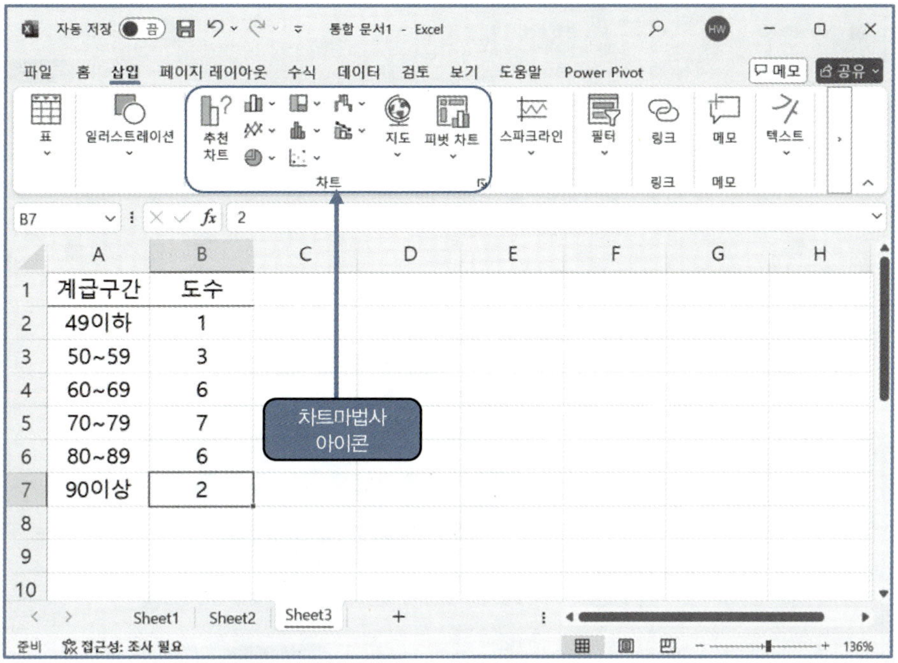

그림 3.6 '차트 마법사 – 차트 종류' 대화상자

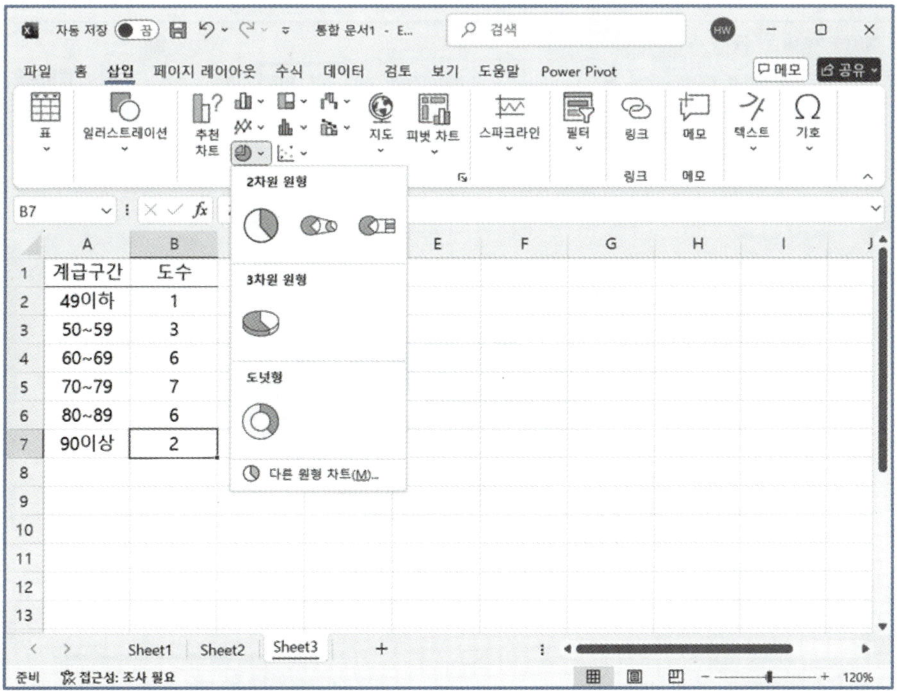

그림 3.7 '차트 종류–원형 그래프' 대화상자

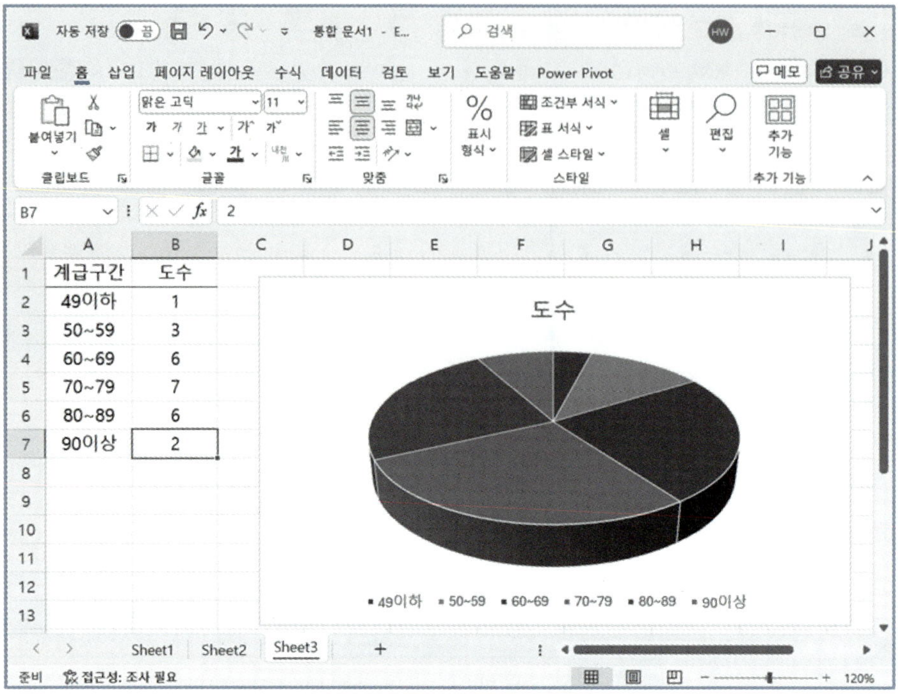

그림 3.8 '원형 그래프 결과'

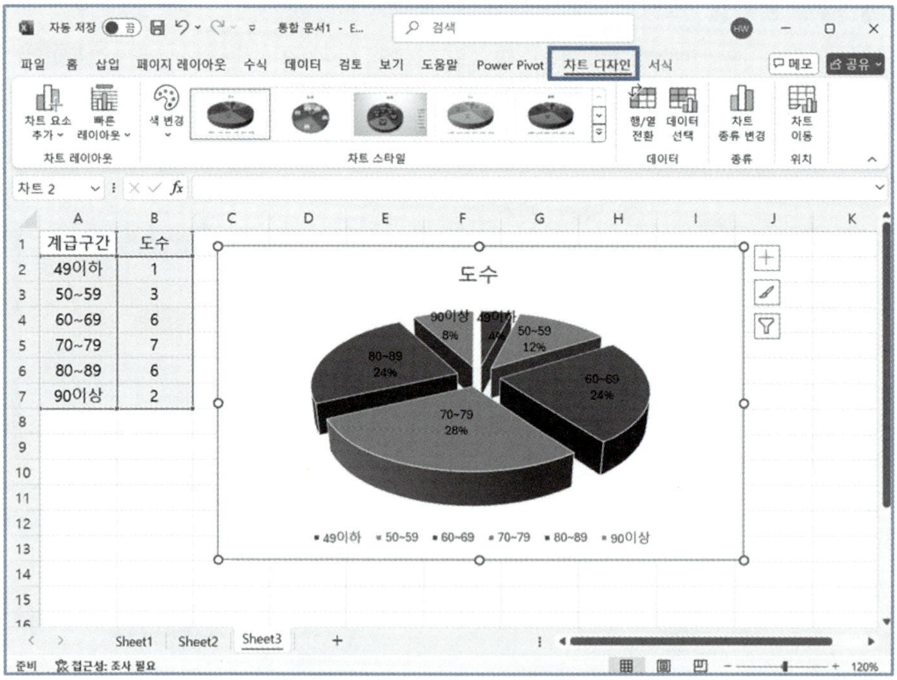

그림 3.9 '차트 디자인' 대화상자

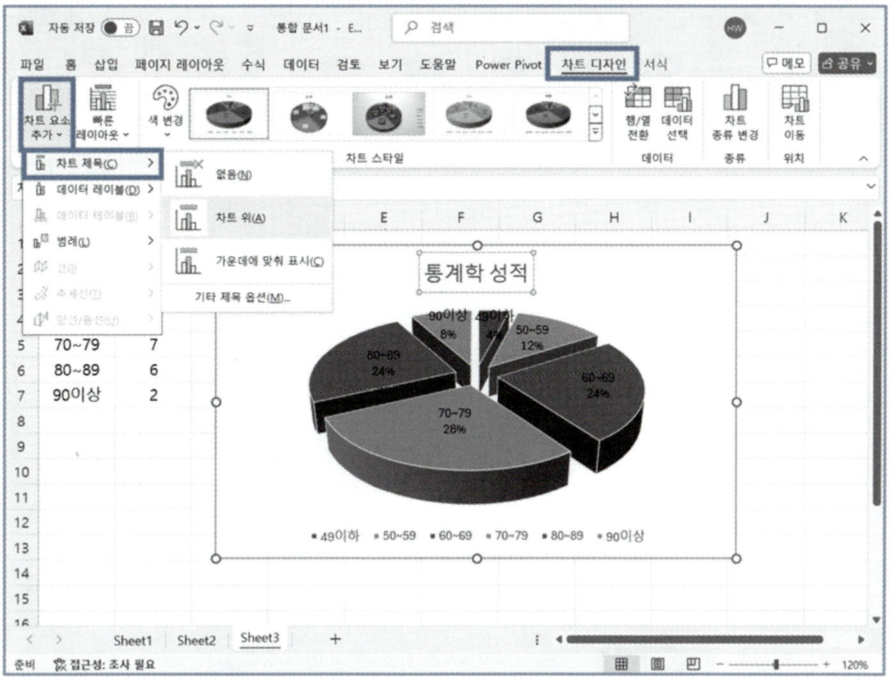

그림 3.10 '차트 디자인-차트 요소 추가' 차트 제목 대화상자

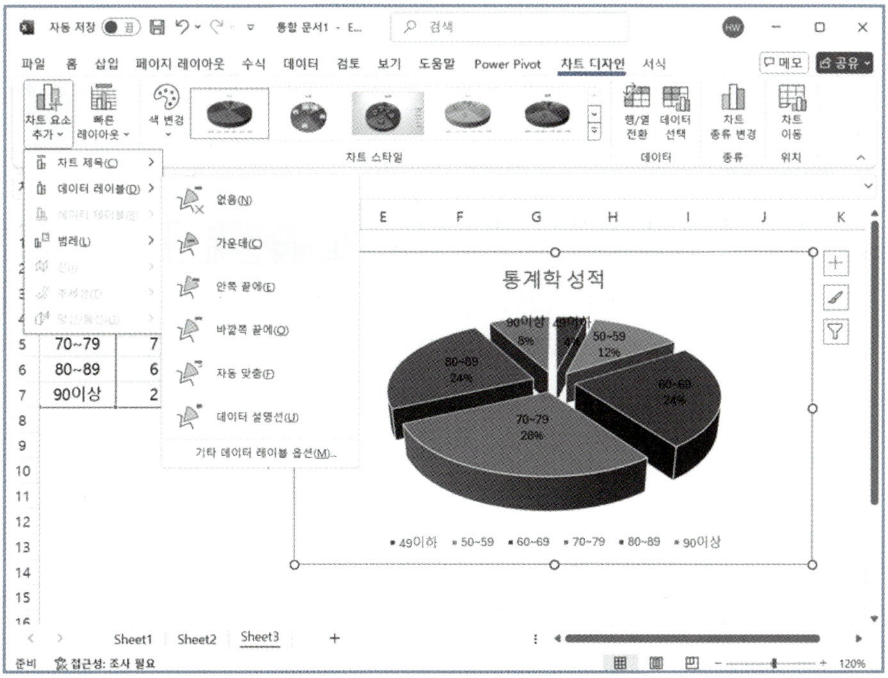

그림 3.11 '차트 디자인-차트 요소 추가' 데이터 레이블 대화상자

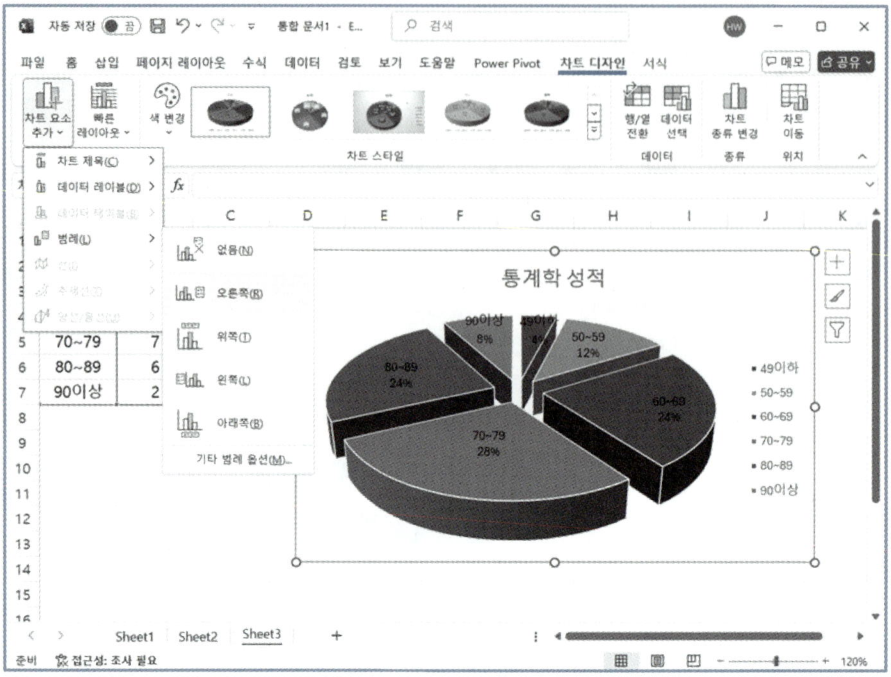

그림 3.12 '차트 디자인–차트 요소 추가' 범례 대화상자

⑥ **'차트 디자인 – 차트 요소 추가'** 대화상자에서 **'데이터 레이블'** 탭에서 레이블의 위치를 지정한다(그림 3.11).

⑦ **'차트 디자인 – 차트 요소 추가'** 대화상자에서 **'범례'** 탭에서 범례의 위치를 지정한다(그림 3.12).

이상과 같은 과정을 수행하면 원형 그래프가 작성되는데, 이 그래프의 여러 구성요소를 보다 보기 좋게 바꾸어 그래프를 완성하면 된다. 예를 들어 차트 그림을 클릭하면 차트 오른쪽에 (+, 🖌, ▽)의 그림이 나오는데 해당 아이콘을 선택하여 원하는 제목, 위치, 글꼴 스타일과 크기를 선택하여 수정할 수 있다.

3.2 피벗 테이블의 작성

Excel의 **'피벗 테이블'**(pivot table) 마법사를 이용하면 다양한 형태의 빈도표나 교차표를 쉽게 작성할 수 있는데, 이는 특히 범주형 자료에 관한 기술이 필요할 때 매우 유용하게 사용된다. 이 장에서는 일차원 빈도표와 이차원 교차표를 만드는 과정을 통해 **'피벗 테이블 분석'** 마법사의 사용법을 설명할 것이다.

3.2.1 일차원 빈도표 작성하기

예 3.3 다음 <그림 3.13>에서와 같은 자료에 대해서 '연령대'별 1차원 빈도표를 작성해 보아라.

작성 절차

① 워크시트에 자료를 입력하고, 풀다운 메뉴에서 **'삽입 – 피벗 차트'**를 클릭하면 **'피벗 차트(C)/ 피벗 차트 및 피벗 테이블(P)'** 하위 메뉴가 나타난다(그림 3.13).

② **'피벗 차트(C)'** 또는 **'피벗 차트 및 피벗 테이블(P)'** 마법사를 선택 시 피벗 차트 혹은 피벗 차트와 피벗 테이블을 작성할 수 있으며, 피벗 차트를 선택하여도 피벗 테이블을 작성할 수 있다.

③ **'피벗 차트(C)'**를 선택하면 피벗 차트 만들기 대화상자(그림 3.14)의 표 또는 범위 선택(S)에 **'Sheet1!$A$1:$D$21'** 입력하고, 피벗 차트 위치 선택을 한 후 '확인'을 클릭한다. 여기서 Sheet 상(화면)의 '피벗 테이블'을 선택하면 오른쪽 마법사가 **'피벗 테이블 필드'**로, 피벗 차트를 선택하면 오른쪽 마법사가 **'피벗 차트 필드'**로 변경된다.

④ **'피벗 차트 필드'**에서 '연령대' 항목을 '축(범주)'과 'Σ값' 영역에 각각 마우스로 끌어다 놓으면 차트를 구할 수 있다(그림 3.15).

⑤ **'피벗 테이블 필드'**에서 '연령대' 항목을 '축(범주)'과 'Σ값' 영역에 각각 마우스로 끌어다 놓으면 '연령대'별 1차원 빈도표를 구할 수 있다(그림 3.16).

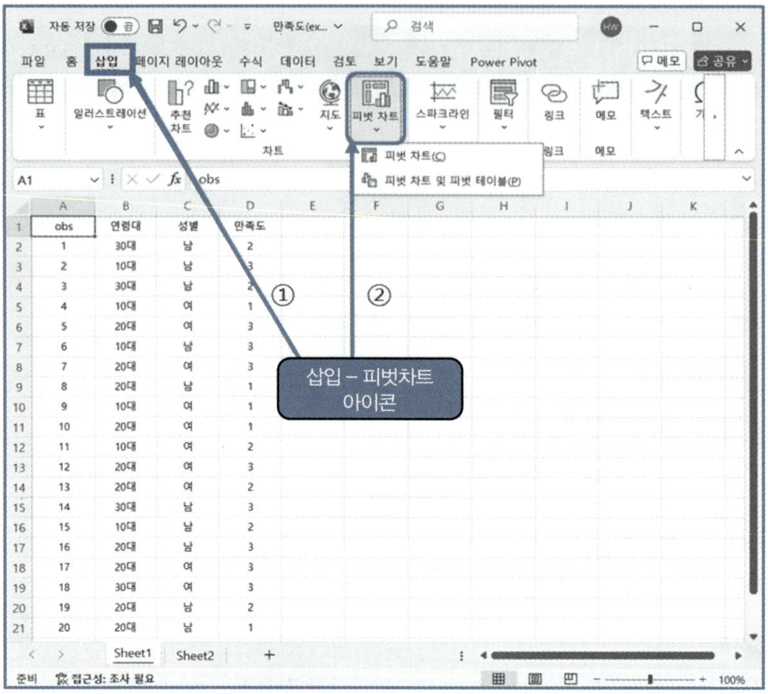

그림 3.13 '피벗 차트' 하위 메뉴

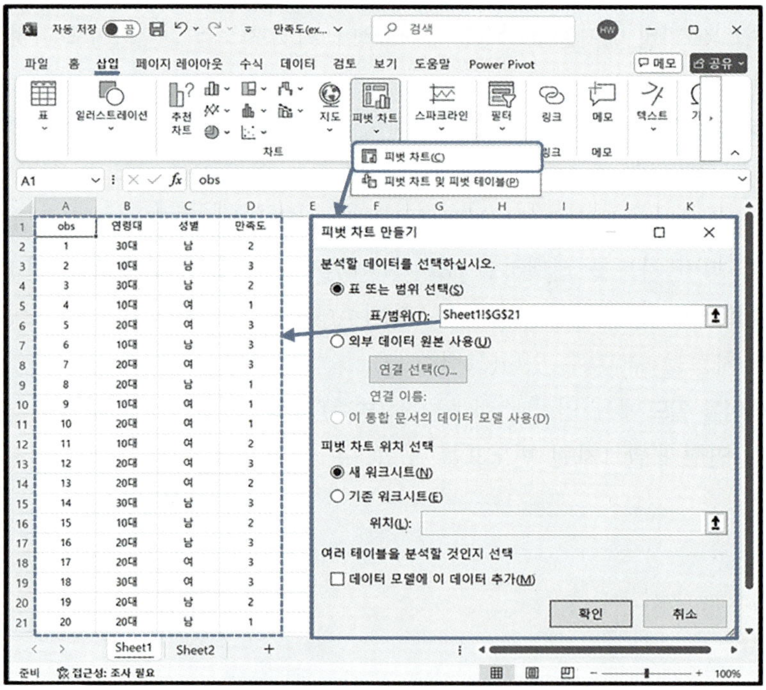

그림 3.14 '피벗 차트(C)' 만들기

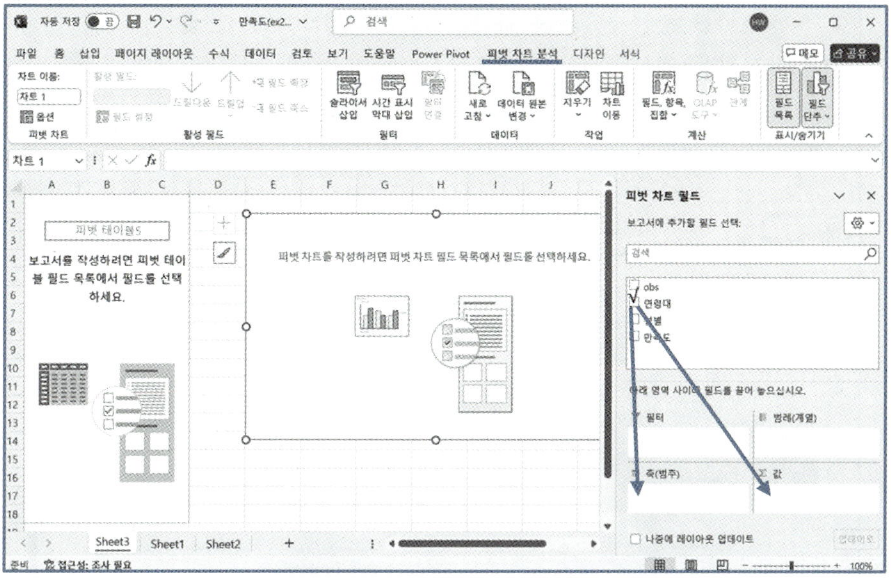

그림 3.15 '필드 항목' 끌어다 놓기

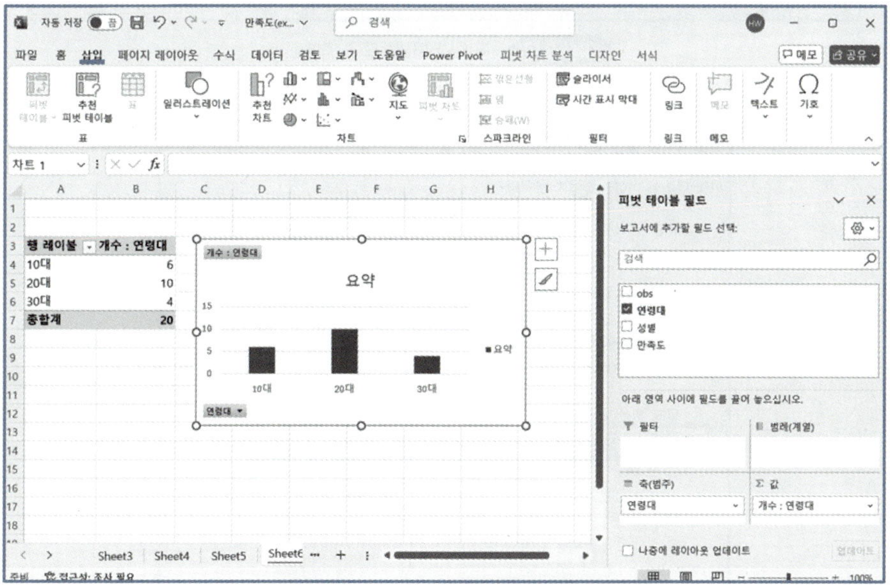

그림 3.16 '연령대'별 1차원 빈도표

여기서 '**피벗 테이블 필드**'의 값을 직접 sheet로 끌어서 작성하기를 원한다면, **'피벗 차트 분석 → '피벗 차트 → 옵션'**(그림 3.17)을 클릭하면 **'피벗 테이블 옵션'**의 대화상자가 나타난다(그림 3.18). 피벗 테이블 옵션 대화상자의 **'표시 → 클래식 피벗 테이블 레이아웃 표시(L)'**에 체크(☑)한다.

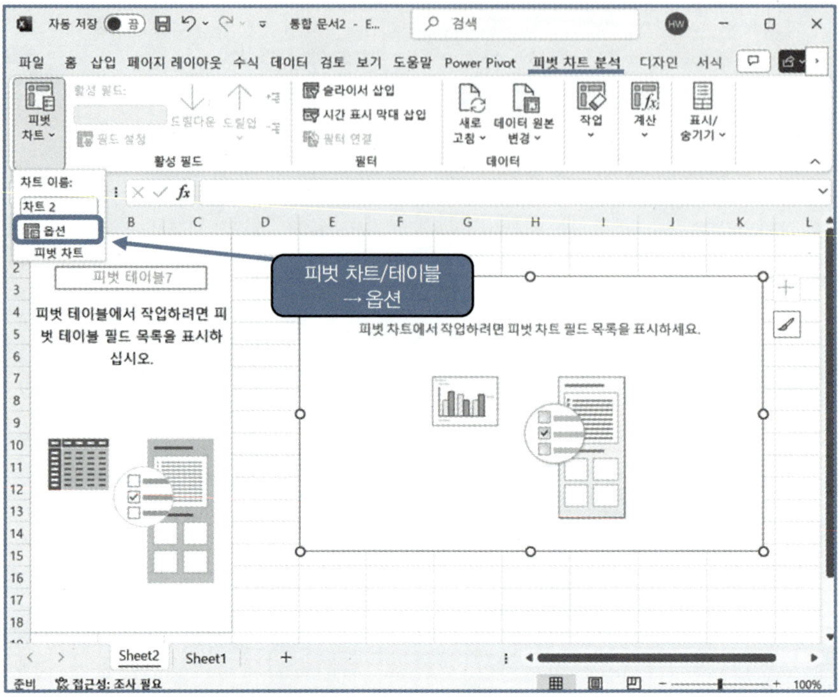

그림 3.17 '피벗 테이블 도구' 메뉴

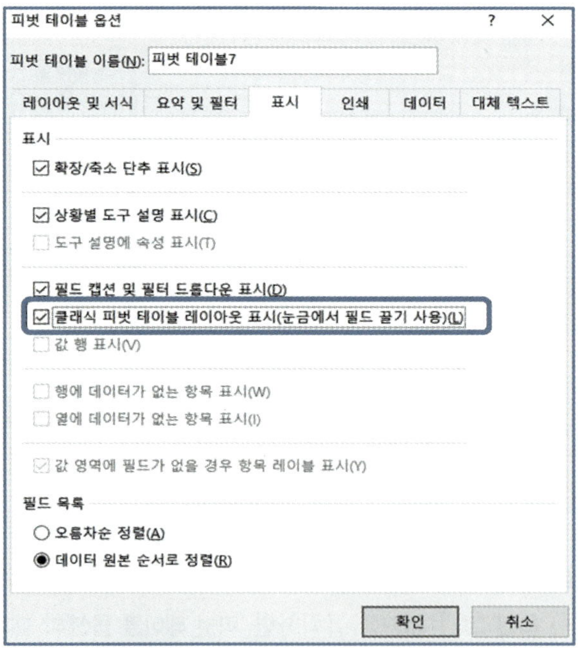

그림 3.18 '피벗 테이블 옵션' 대화상자

3.2.2 이차원 교차표 작성하기

예 3.4 앞의 (예 3.3)의 자료에 대해서 '연령대'와 '성별'에 의한 2차원 교차표를 작성해 보아라.

작성 절차

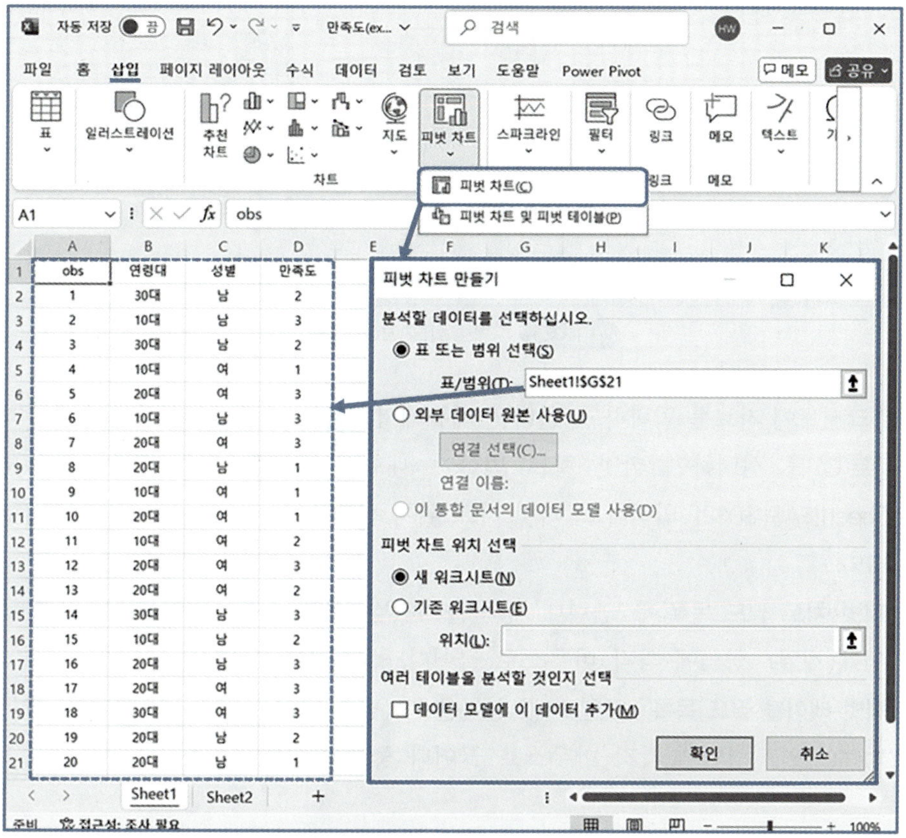

그림 3.19 '피벗 차트(C)' 만들기

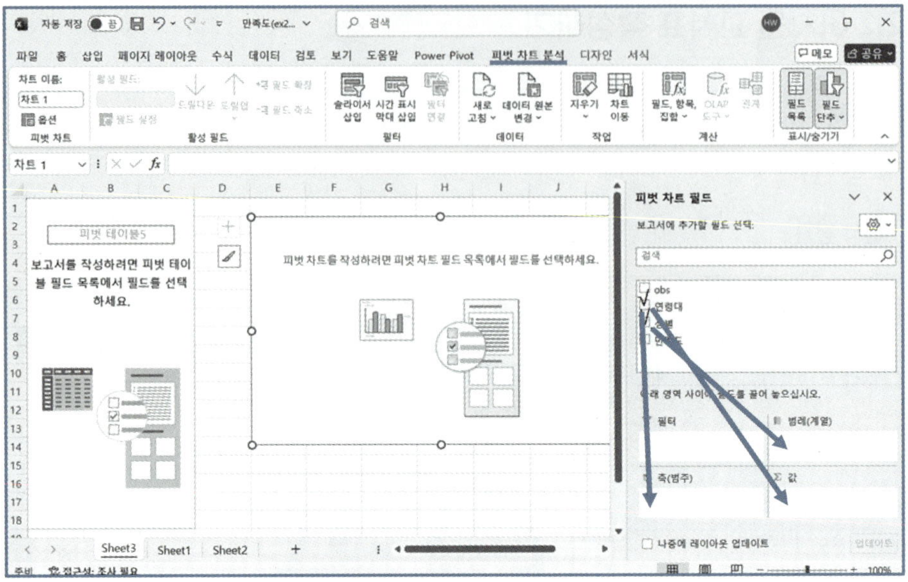

그림 3.20 '필드 항목' 끌어다 놓기

① 워크시트에 자료를 입력하고, 풀다운 메뉴에서 **'삽입 – 피벗 차트'**를 클릭하고 **'피벗 차트(C)'**를 선택하면 피벗 차트 만들기 대화상자의 표 또는 범위 선택(S)에 **'Sheet1!$A$1:$D$21'** 입력하고, 피벗 차트 위치 선택을 한 후 '확인'을 클릭한다(그림 3.19).

② **'피벗 차트 필드 목록'**에 '연령대' 항목을 '축(범주)'과 'Σ값' 영역에 '성별' 항목을 '범례(계열)' 영역에 각각 마우스로 끌어다 놓는다(그림 3.20).

③ **'피벗 테이블 필드 목록'**에 '연령대' 항목을 '축(범주)'과 'Σ값' 영역에 '성별' 항목을 '범례(계열)' 영역에 각각 마우스로 끌어다 놓는다(그림 3.21).

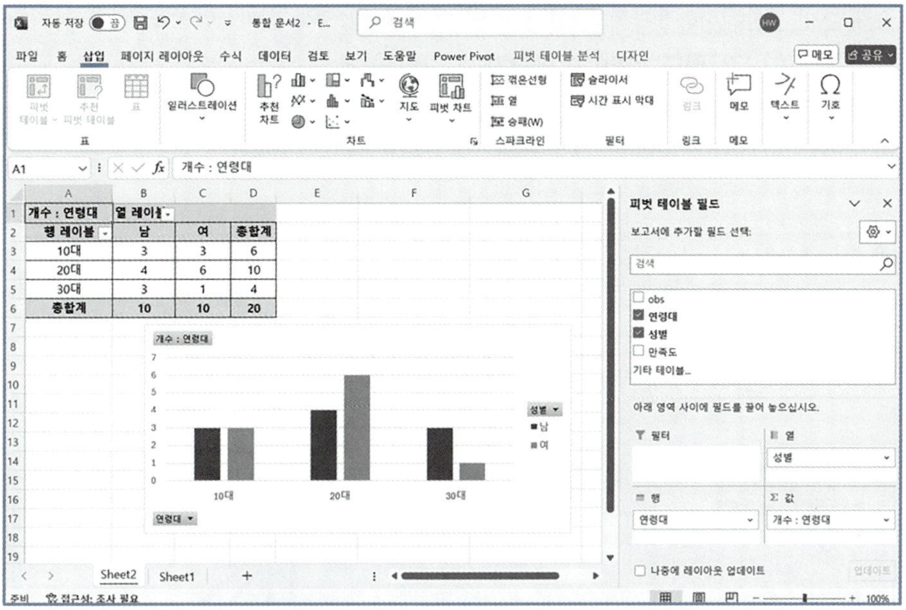

그림 3.21 '연령대'와 '성별'에 의한 2차원 교차표

이상과 같은 과정을 수행하면 앞의 <그림 3.20>과 같이 '연령대'와 '성별'에 의한 2차원 교차표(cross table)를 얻을 수 있다. 특히 이와 같은 교차표를 분할표(contingency table)라고도 하는데, 분할표에 대한 분석은 이 책의 9장에서 자세히 다룰 것이다.

3.2.3 데이터 필드의 평균 구하기

앞의 1차원 빈도표나 2차원 교차표에서는 '데이터 필드'를 '행 필드'와 같게 지정하여 빈도를 계산하는 예를 다루었다. 한편, '피벗 테이블 마법사'에서는 '데이터 필드'를 '행 필드'나 '열 필드'가 아닌 다른 변수로 지정하여 합계나 평균 등을 쉽게 계산할 수 있다.

예 3.5 앞의 **(예 3.4)**의 자료에 대해서 '연령대'와 '성별'의 조합에 따른 '만족도'의 평균을 구하여라.

작성 절차

① 먼저 앞의 **(예 3.4)**에서와 동일한 과정을 거친 후에, 다음 <그림 3.22>에서와 같이 **'피벗 테이블 필드 목록'** 대화상자의 '연령대' 항목을 '축(범주)'에, '성별' 항목을 '범례(계열)' 영역에, '만족도' 항목을 'Σ값' 영역에 각각 마우스로 끌어다 놓는다.

② 앞의 과정을 수행하면 다음 <그림 3.23>에서와 같이 '연령대'와 '성별'에 의한 만족도의

합계들이 계산된다. 여기서 작성된 피벗 테이블 필드의 '합계: 만족도( )'를 클릭하면, 그림과 같이 **'값 필드 설정'** 대화상자가 나타난다.

③ **'값 필드 설정'** 대화상자에서 **'값 필드 요약 기준(S)'**에서 '평균'을 선택한다. 이때 필요한 경우 **'표시형식(N).'** **버튼**을 클릭하여 '셀 서식' 등을 변경한다.

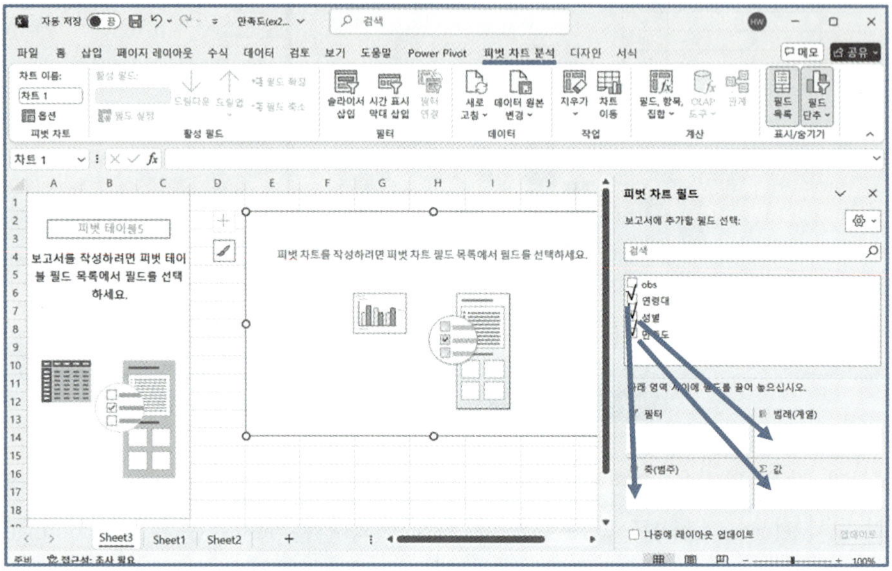

그림 3.22 '필드 항목' 끌어다 놓기

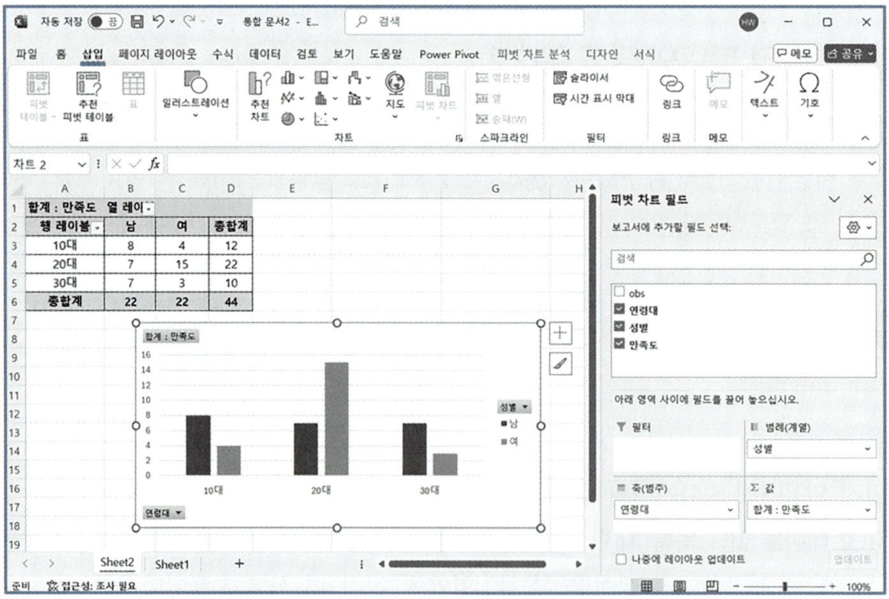

그림 3.23 '연령대'와 '성별'의 조합에 따른 '만족도'의 합계

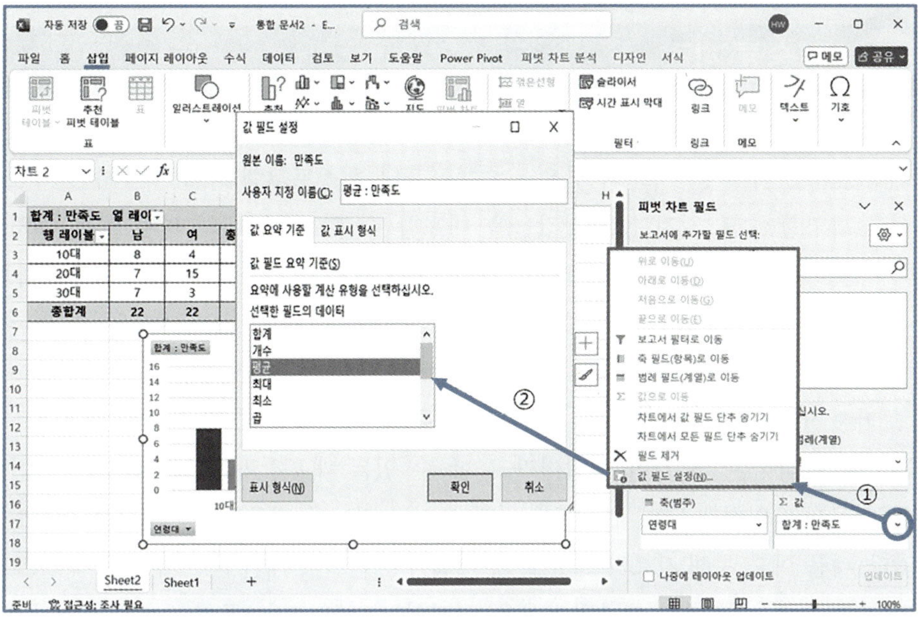

그림 3.24 '연령대'와 '성별'의 조합에 따른 '만족도'의 합계 옵션

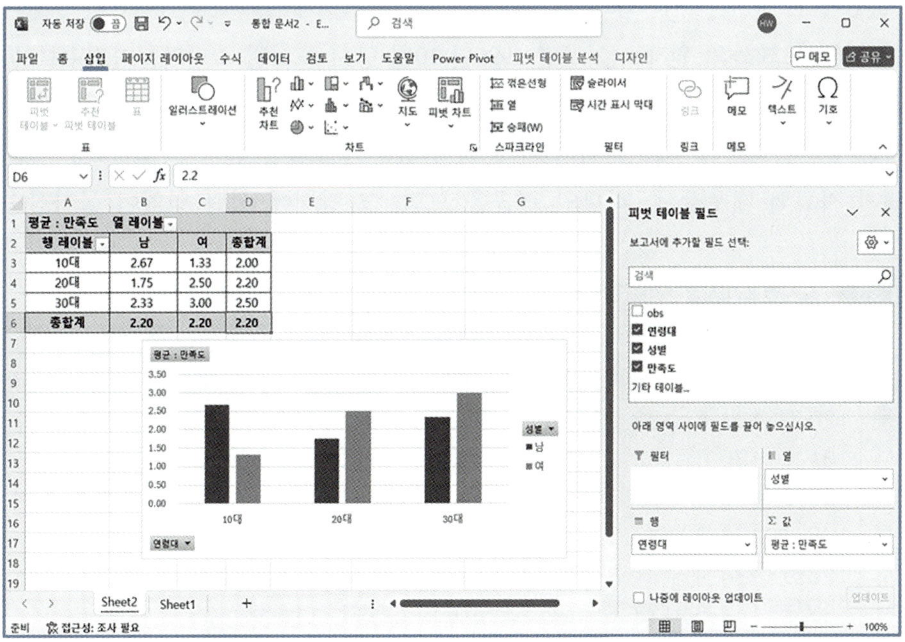

그림 3.25 '연령대'와 '성별'의 조합에 따른 '만족도'의 평균

이상과 같은 과정을 수행하면 다음 <그림 3.25>에서와 같이 '연령대'와 '성별'의 조합에 따른 '만족도'의 평균을 얻을 수 있다.

3.3 기술통계량

연속형(또는 수치형) 자료의 경우 도수분포표나 히스토그램 등을 이용하여 자료의 특성을 파악할 수도 있지만, 관찰값들을 대표할 수 있는 몇 개의 의미 있는 수치로 요약하는 것이 일반적이다. 이러한 의미 있는 수치들을 **기술통계량**(記述統計量, descriptive statistics)이라고 하며, 주어진 자료들이 어떤 값을 중심으로 분포되어 있는지(대략 어느 정도의 값을 취한다고 할 수 있는지)를 나타내는 **대푯값**과 자료들의 흩어진 정도(퍼져 있는 정도)를 나타내는 **산포도**가 주로 이용되고 있다.

자료를 요약하는 데 있어 핵심이라고 할 수 있는 대푯값과 산포도를 설명하기에 앞서, 자료를 요약하게 되면 우리에게 어떤 유익한 정보를 제공해 주는지를 살펴보도록 하겠다. 다음 예를 통해 자료의 요약을 왜 배워야 하는가에 대한 의미 부여를 해 보도록 하자. 소개할 예는 "통계적 개념·방법·응용, 허명회(1997)"의 1장 3쪽에 수록된 우리나라의 도시별 소비자물가지수에 관한 내용과 이에 대한 통계적 해석(3쪽 25줄 ~ 4쪽 16줄) 중 일부이다.

여기서 <표 3.3>의 원자료를 보면 1995년 10월 당시 도시별 소비자물가지수를 통해 어떤 의미가 있는지 파악하기가 쉽지 않을 것이다. 그러나 다음 <표 3.4>와 같이 자료를 간단하게나마 요약해 놓으면 여러 가지 의미 있는 정보들을 한눈에 알 수 있게 된다.

먼저 자료의 대푯값 중 하나인 평균을 보면, 그 당시에 어떤 영역이 물가상승을

표 3.3 도시별 소비자물가지수(한국통계월보, 1995.10, 통계청; 기준 연도 1990년)

	종합	식료품	주거비	광열 수도	가구 가사	피복 신발	보건 의료	교육 교양	교통 통신	기타 잡비
서울	129.0	134.8	132.0	126.8	115.7	116.1	117.1	131.5	130.5	122.8
부산	131.1	135.6	133.7	121.0	119.5	117.4	120.5	133.9	143.7	125.3
대구	130.2	136.9	139.7	121.0	116.2	122.9	117.3	132.0	126.1	124.6
인천	128.4	136.3	130.2	121.0	119.3	118.5	121.9	132.0	126.1	124.6
광주	128.9	138.2	131.8	117.7	112.5	115.5	117.6	131.8	126.6	121.4
대전	133.7	142.5	133.1	122.2	130.1	127.4	116.9	138.2	125.6	124.5
전주	132.2	140.4	120.0	123.7	123.3	126.2	121.7	132.5	143.5	121.6
춘천	131.2	136.3	129.9	119.7	113.7	117.0	121.5	146.7	131.4	123.3
청주	126.8	134.1	127.6	118.3	118.0	116.6	117.2	128.7	132.2	117.2
수원	131.5	137.3	139.8	123.3	115.6	121.6	120.5	136.6	129.9	118.4
마산	126.7	136.4	121.4	121.9	114.2	120.6	120.1	133.0	125.5	117.2

표 3.4 '도시별 소비자물가지수의 자료 요약 결과

	종합	식료품	주거비	광열 수도	가구 가사	피복 신발	보건 의료	교육 교양	교통 통신	기타 잡비
평균	130.0	137.2	130.8	121.5	118.0	120.0	119.3	134.3	131.0	121.9
범위	7.0	8.4	19.8	9.1	17.6	11.9	5.0	18.0	18.2	8.1

주도하고 있고 어떤 영역이 그것을 억제하고 있는지를 알 수 있게 된다. 영역별로 그 결과를 살펴보면, 식료품(137.2), 교육/교양(134.3), 교통/통신(131.0), 주거비(130.8) 등이 물가 상승을 이끌었고, 가구/가사(118.0), 보건/의료(119.3), 피복/신발(120.0), 광열/수도(121.5) 등이 물가 상승을 억제하고 있음을 알 수 있는 것이다. 즉, 1990~1995년의 우리나라 소비자 경제에 있어 채소·과일과 외식을 포함하는 식료품비, 사교육비를 위시한 교육비, 대중 교통비를 위시한 교통통신비, 집세 등을 포함하는 주거비 등에 의하여 물가 상승이 유도되었다고 할 수 있는 것이다. 반면, 집에 놓는 비품(가구/가사용품), 우리가 입고 신는 것(피복/신발), 의료 보험비를 위시한 보건/의료비, 가스·전기·수도값 등의 공공요금은 비교적 안정된 경향에 있다고 할 수 있다. 이처럼 <표 3.3>의 110개 자료를 그 대푯값을 알아봄으로써 우리나라 소비자 경제를 개략적으로 파악할 수 있게 된다는 것이다.

자료의 요약에 있어 통계정보는 자료의 대푯값뿐만 아니라 산포도로부터도 나온다. 산포도는 자룟값들의 퍼져있는 정도를 말하는데 여기서는 각 소비 영역에서 도시 간 편차가 있는가를 보아야 할 것이다. 최댓값과 최솟값의 차이인 범위는 산포도에 관한 측도 중 하나인데, 소비 영역별로 범위를 보면, 주거비(19.8), 교통/통신(18.2), 교육/교양(18.0), 가구/가사(17.6) 등이 큰 편이고, 보건/의료(5.0), 식료품(7.1), 광열/수도(9.1) 등은 작은 편이다. 그러므로 소비자물가지수의 영역 중에서 식료품비는 전국 도시들에서 고르게 상승하였음을 알 수 있고, 반면, 교통/통신비, 주거비, 교육/교양 등은 도시 간 편차가 큰데 개별값을 확인해 보면 교통/통신비의 경우 부산(143.7)과 전주(143.5)에서, 주거비의 경우 수원(139.8)과 대구(139.7)에서, 교육비의 경우 춘천(146.7)에서 두드러지게 상승하였음을 알게 된다. 이와 같은 자료 요약을 통해 정부에서 물가정책을 세우는데 큰 도움을 얻을 수 있을 것이다.

이제 자료에 대한 요약을 왜 배우는가에 대한 의미는 충분히 부여되었으리라 여겨진다. 따라서 지금부터는 자료의 요약에 대한 몇 가지 중요 개념을 설명하도록 하겠다.

3.3.1 대푯값(Measure of Centrality)

모집단으로부터 n개의 표본 $x_1, x_2, \cdots, x_n$을 얻었다고 하자. 이때 모집단을 뭉뚱그리는 대푯값은 많은 경우 그 값을 중심으로 n개의 자료가 위치하게 되므로 **위치측도**(measure of location)라고도 한다. 주로 사용되는 대푯값으로는 다음과 같은 것들이 있다.

평균(Mean)

우리는 일상생활에서 평균 수입, 평균 주행거리, 평균 점수 등과 같이 평균을 주로 이용한다. 이는 일반적으로 대부분 자료가 평균을 향하고 있으므로 평균을 집단의 대푯값으로 사용하는 것이 타당한 경우가 많기 때문이다. **평균**(平均)은 자룟값들의 합(sum)을 표본크기(관측치의 개수) n으로 나눈 것을 말한다. 즉,

$$\bar{x} = \frac{x_1 + x_2 + \cdots + x_n}{n} = \frac{1}{n}\sum_{i=1}^{n} x_i. \tag{3.1}$$

이와 같은 평균은 사회적 관행 및 통계적 추론에서의 편리성 등으로 인해 가장 널리 사용되는 대푯값 중 하나이다.

앞의 <표 3.1> `통계학 시험성적' 자료에서 평균을 계산하면 다음과 같다.

$$\bar{x} = (75 + 63 + 49 + \cdots + 82 + 59 + 60)/25 = 72.32$$

그런데 이러한 평균은 무게의 중심을 나타내는 것과 같아서 전체 자료 중 몇 개가 나머지와 동떨어져 있을 때, 이들 중 아주 크거나 작은 값에 크게 영향을 받게 되는 단점이 있다. 따라서 비대칭적인 자료에 대해서는 자료의 대푯값으로 평균을 사용하는 것이 바람직하지 않은 예(소득 자료)도 있다.

중앙값(Median)

자룟값들을 크기순으로 정렬하였을 때 중앙에 위치하는 값을 **중앙값**이라고 한다. 즉, 자료의 값을 크기 순서대로 나열했을 때 중앙에 있는 값을 전체 자료의 중심 성향을 나타내는 대푯값으로 보는 것이다. 표본크기 n이 홀수이면 중앙값은 "(n+1)/2번째의 값"이고, n이 짝수이면 중앙값은 "[(n/2번째의 값) +(n/2+1번째의 값)]/2"이다.

예를 들어, <표 3.5>는 '통계학 시험성적' 자료를 오름차순으로 나열한 것인데, 여기서 자료의 개수는 n=25이므로 (25+1)/2=13번째 값인 74가 중앙값이 된다. 이러한 중앙값은 평균에 비해 아주 작거나 큰 극단값(extreme value)에 덜 민감하다는 장점이 있으므로, 평균에 대한 대안으로 종종 사용된다(집단의 소득 등).

표 3.5 오름차순으로 나열된 '통계학 시험성적' 자료

순위	성적	순위	성적	순위	성적	순위	성적	순위	성적
1	49	6	63	11	70	16	77	21	82
2	53	7	63	12	72	17	77	22	85
3	58	8	66	13	74	18	80	23	86
4	59	9	68	14	75	19	80	24	90
5	60	10	69	15	76	20	81	25	95

최빈값(Mode)

자룟값들 중 가장 빈도가 많은 자룟값을 **최빈값**이라고 한다. 위의 자료에서는 63, 77, 80이 각각 두 번씩 나타나고 나머지 수치들은 모두 한 번씩 나타나므로 이 값들이 모두 최빈값이 된다.

최빈값도 중앙값과 같이 극단 값에 둔감한 성질이 있으며, 자료의 범위가 비교적 작고 서로 겹치는 자룟값들이 많은 경우에 유용하다. 그러나 최빈값은 자료의 중심을 대표하지 못할 경우가 많고, 최빈값이 여러 개 존재하는 경우와 존재하지 않는 경우 등이 있어 질적자료의 표현(예를 들면, 공대학생들의 주된 성은 남성이다) 이외에는 그다지 자주 사용되지 않는다.

3.3.2 산포도(Measure of Dispersion)

자료의 특성을 파악하고자 할 때, 앞에서 설명한 대푯값은 매우 중요한 역할을 한다. 그러나 대푯값만으로 자료의 특성을 충분히 파악할 수는 없다. 왜냐하면, 대푯값으로 자료의 특성 중에서 중심 성향은 측정할 수 있으나 자료가 중심으로부터 어느 정도 퍼져있는지를 알 수 없기 때문이다. 이런 이유에서 대푯값과 더불어 자료를 기술하는 중요한 측도로 사용되는 것이 **산포도(散布度)**이다. 산포도는 자룟값들이 얼마나 흩어져 있는가를 나타내는 측도로서 다음과 같은 것들이 있다.

분산(Variance)과 표준편차(Standard Deviation)

자룟값들이 그의 평균으로부터 얼마만큼 떨어져 있는지를 측정하는 **분산**(分散)은 다음과 같이 계산된다.

$$s^2 = \frac{1}{n-1}\sum_{i=1}^{n}(x_i - \bar{x})^2 = \frac{1}{n-1}\left(\sum_{i=1}^{n}x_i^2 - n\bar{x}^2\right). \tag{3.2}$$

이 식에서 $\sum_{i=1}^{n}(x_i-\overline{x})^2$ 을 **수정된 제곱합**(corrected SS)이라 하고 $\sum_{i=1}^{n}x_i^2$ 을 **수정되지 않은 제곱합**(uncorrected SS)이라고 한다.

<표 3.5>의 자료에 대해서 분산은 다음과 같이 계산된다.

$$s^2 = \frac{1}{25-1} = [(49-72.32)^2 + \cdots + (95-72.32)^2] = 134.56$$

한편, 분산의 단위는 자료가 가지고 있는 단위의 제곱이 되므로 자료와 같은 단위를 가지는 산포도의 측도가 필요한데, 이를 위해 분산에 제곱근을 취한 **표준편차**(標準偏差) $s=\sqrt{s^2}$ 을 산포도의 측도로 주로 사용한다. 이 예에서 표준편차는 $s=\sqrt{134.56}=11.6$ 이다.

변동계수(Coefficient of Variation)

분산이나 표준편차는 측정 단위를 가지고 있어서 측정 단위가 다른 자료들의 산포도를 비교하기가 곤란하다. **변동계수**(變動係數)는 다음과 같이 평균에 대한 표준편차의 백분율로 정의되는데,

$$CV = \frac{s}{\overline{x}} \times 100(\%) \tag{3.3}$$

이는 측정 단위에 의존하지 않으므로 측정 단위가 서로 다른 자료들의 산포도를 상대 비교할 때 유용하며, 산포도를 대푯값에 대한 상대 비율로 표현한다는 특징이 있다. 이 예에서 변동계수는 CV=11.6/72.32=16.04%이다.

3.3.3 분위수(Quantile)

자룟값들을 크기순으로 정렬하였을 때 자료를 q등분하는 값들을 ***q*-분위수**(分位數)라고 한다. 예를 들어, 자료를 4등분하는 값들을 **사분위수**(quartiles)라 하고 100등분 하는 값들을 **백분위수**(percentile)라고 한다. 특히, 자료를 4등분하는 세 개의 사분위 수를 크기 순서대로 제1 사분위수(Q_1), 제2 사분위수(Q_2), 제3 사분위수(Q_3)라고 하며, 사분위수와 백분위수 그리고 중앙값의 관계를 나타내면 다음과 같다.

- 제1 사분위수(Q_1) = 제25 백분위수
- 제2 사분위수(Q_2) = 제50 백분위수 = 중앙값(Median)
- 제3 사분위수(Q_3) = 제75 백분위수

앞의 <표 3.5>의 자료에 대해서 사분위수를 구해보면 각각 Q_1=63(7번째의 값), Q_2=74(13번째의 값), Q_3=80(19번째의 값)이다.

범위(Range)와 사분위 범위(Interquartile Range)

최댓값(maximum value)과 최솟값(minimum value)의 차이를 **범위**(範圍)라고 하며, 산포도의 측도로 종종 사용된다. <표 3.3>의 자료에서 최댓값은 95이고 최솟값은 49이므로 범위는 95−49=46이다.

한편, 이와 같은 범위는 자료의 극단값에 큰 영향을 받기 때문에 극단값에 둔감한 **사분위 범위**(四分位 範圍, Q_1-Q_3=IQR)를 범위 대신에 사용하기도 한다. 이 자료에서 사분위 범위 IQR=80−63=17이 된다.

3.3.4 왜도(Skewness)와 첨도(Kurtosis)

자료의 분포에 대한 비대칭의 정도를 나타내는 **왜도**(歪度)는 다음과 같이 계산된다.

$$Skewness = \frac{1}{n-1}\sum_{i=1}^{n}\left(\frac{x_i-\overline{x}}{s}\right)^3. \tag{3.4}$$

왜도가 0이면 자료 분포의 형태가 좌우 대칭이라는 것을 의미하고, 0보다 크면 자료 분포가 왼쪽으로 치우쳐진(오른쪽으로 긴 꼬리를 가지는) 형태라는 것을 의미하며, 0보다 작으면 자료 분포가 오른쪽으로 치우쳐진(왼쪽으로 긴 꼬리를 가지는) 형태라는 것을 의미한다.

한편, **첨도**(尖度)는 자료 분포의 뾰족한 정도를 나타내는 것으로 다음과 같이 계산된다.

$$Kurtosis = \frac{1}{n-1}\sum_{i=1}^{n}\left(\frac{x_i-\overline{x}}{s}\right)^4 - 3. \tag{3.5}$$

표준정규분포의 첨도는 0이 되는데, 따라서 첨도가 0보다 크면 자료 분포의 형태가 표준정규분포보다 더 뾰족하다는 것을 의미하고 첨도가 0보다 작으면 자료 분포의 형태가 표준정규분포보다 더 납작하다는 것을 의미한다.

3.4 Excel을 이용한 기술 통계량의 계산

예 3.6 앞의 <표 3.5>(또는 <표 3.1>)의 '통계학 시험성적' 자료에 대해 '데이터 분석' 도구를 이용하여 기술 통계량들을 구해보아라.

작성 절차

① 워크시트에 자료를 입력하고, 풀다운 메뉴에서 **'데이터 → 데이터 분석'**을 선택한다(그림 3.26).

② **'통계 데이터 분석'** 대화상자에서 **'기술 통계법'**을 선택하고, **'확인'** 버튼을 클릭한다(그림 3.27).

③ **'기술 통계법'** 대화상자(그림 3.28)에서 **'입력 범위(I)'($A$1:$A$26)**를 지정한다. 또한 **'데이터 방향'**(열(C))을 선택하고 **'첫째 행 이름표 사용(L)'**에 체크(☑)한다.

④ **'요약 통계량(S)'** 등 기타 옵션에 체크한 후 **'확인'** 버튼을 클릭하면 <그림 3.29>에서와 같이 새로운 워크시트에 기술 통계량들이 계산되어 출력된다.

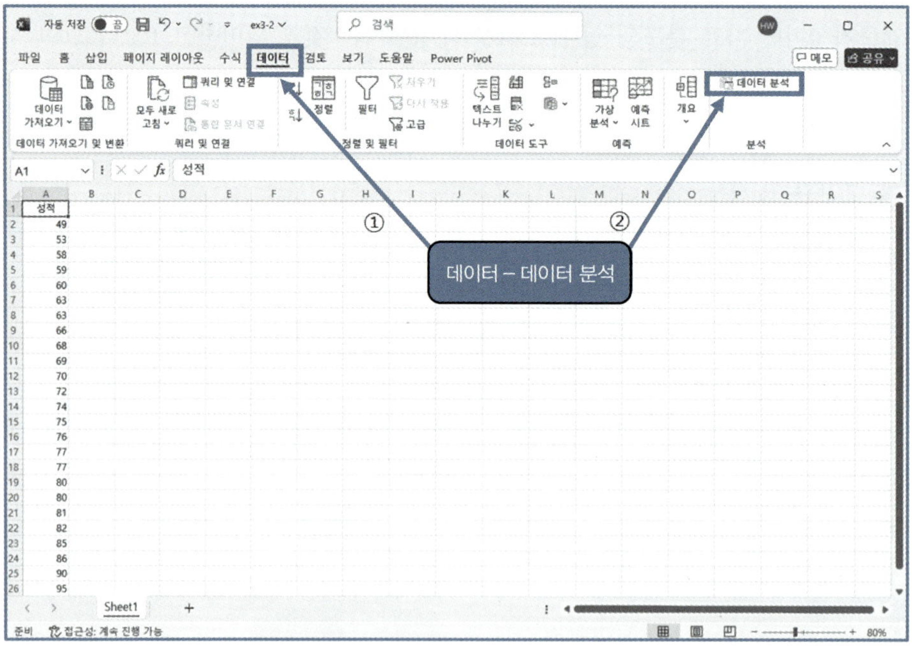

그림 3.26 '데이터 → 데이터 분석' 메뉴

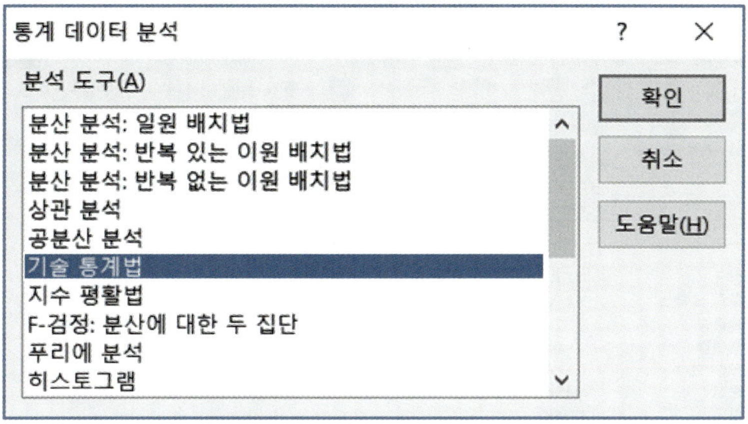

그림 3.27 '통계 데이터 분석' 대화상자

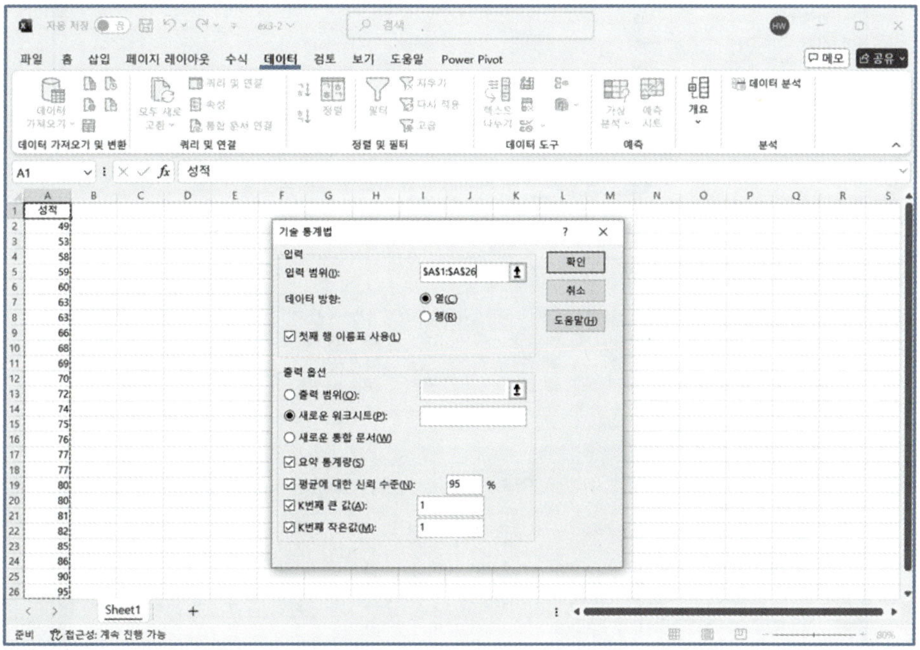

그림 3.28 '기술 통계법' 대화상자

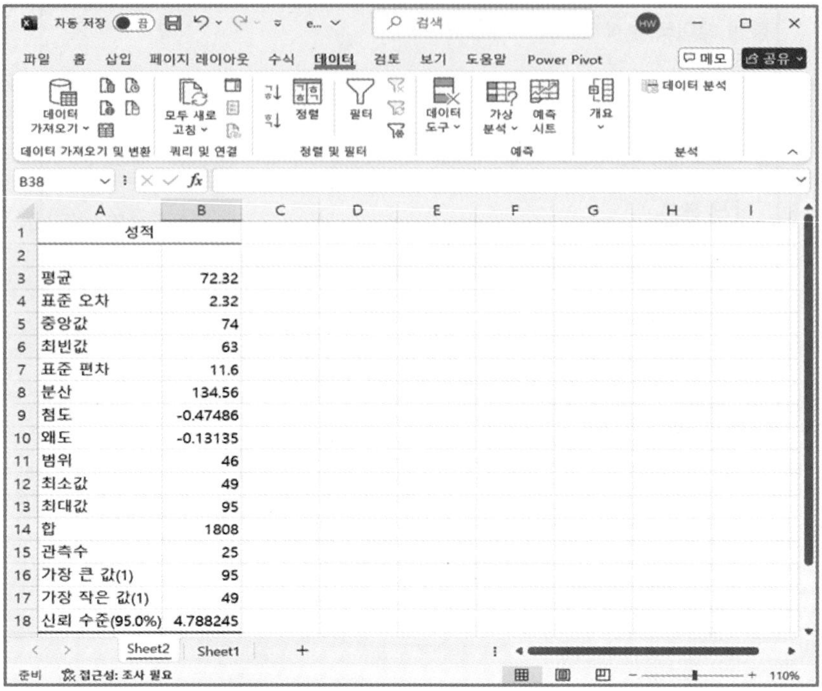

	성적
평균	72.32
표준 오차	2.32
중앙값	74
최빈값	63
표준 편차	11.6
분산	134.56
첨도	-0.47486
왜도	-0.13135
범위	46
최소값	49
최대값	95
합	1808
관측수	25
가장 큰 값(1)	95
가장 작은 값(1)	49
신뢰 수준(95.0%)	4.788245

그림 3.29 기술통계량이 출력된 워크시트

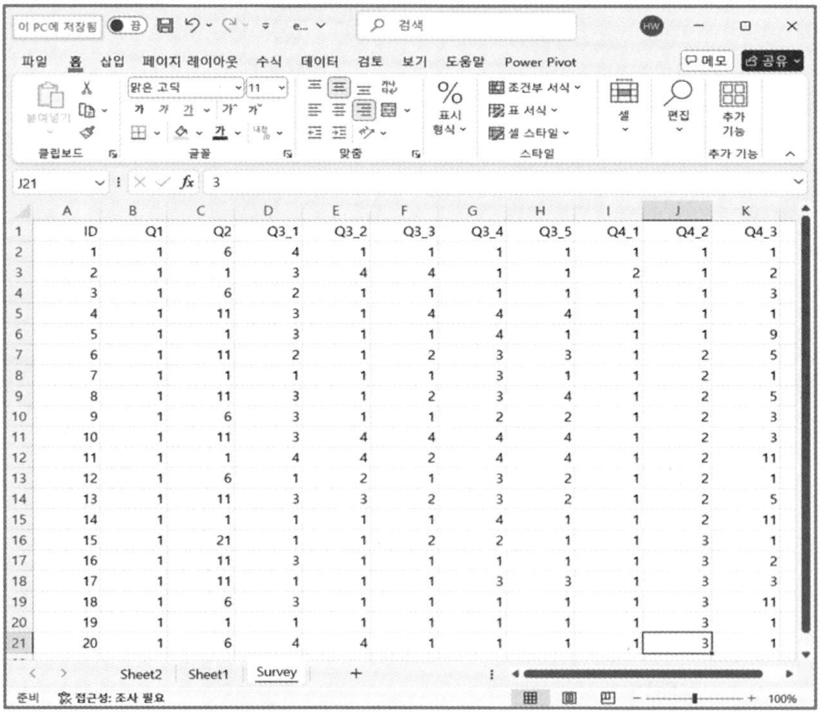

ID	Q1	Q2	Q3_1	Q3_2	Q3_3	Q3_4	Q3_5	Q4_1	Q4_2	Q4_3
1	1	6	4	1	1	1	1	1	1	1
2	1	1	3	4	4	1	1	2	1	2
3	1	6	2	1	1	1	1	1	1	3
4	1	11	3	1	4	4	4	1	1	1
5	1	1	3	1	1	4	1	1	1	9
6	1	11	2	1	2	3	3	1	2	5
7	1	1	1	1	1	3	1	1	2	1
8	1	11	3	1	2	3	4	1	2	5
9	1	6	3	1	1	2	2	1	2	3
10	1	11	3	4	4	4	4	1	2	3
11	1	1	4	4	2	4	4	1	2	11
12	1	6	1	2	1	3	2	1	2	1
13	1	11	3	3	2	3	2	1	2	5
14	1	1	1	1	1	4	1	1	2	11
15	1	21	1	1	2	2	1	1	3	1
16	1	11	3	1	1	1	1	1	3	2
17	1	11	1	1	1	3	3	1	3	3
18	1	6	3	1	1	1	1	1	3	11
19	1	1	1	1	1	1	1	1	3	1
20	1	6	4	4	1	1	1	1	3	1

그림 3.30 '고객 만족도 조사' 자료(survey.xls)

'고객 만족도 조사' 질문지

안녕하십니까? 저는 ◎◎◎라는 여론조사회사 면접원 ◎◎◎입니다.
저희는 ◎◎사의 의뢰를 받아 소비자들을 대상으로 ◇◇에 대한 만족도를 조사하고 있습니다. 바쁘시더라도 잠시만 시간을 내주시면 고맙겠습니다.

Q1. ㅇㅇ님께서는 ◇◇를 사용하고 계십니까? (아니오와 무응답은 면접 종료)

Q2. ㅇㅇ님께서는 ◇◇를 사용하신 지 얼마나 되었습니까? (년)

Q3. 이제부터는 ◇◇에 대해서 몇 가지 여쭙겠습니다.

```
+------+-------------------------------- ----+--+--+--+
|가  격|1) ◇◇은 가격이 적당하다고 생각하십니까?          | ③ | ② | ① |
+------+-------------------------------- ----+--+--+--+
|품  질|2) ◇◇은 품질이 좋다고 생각하십니까?             | ③ | ② | ① |
+------+-------------------------------- ----+--+--+--+
|디자인|3) ◇◇의 디자인이 마음에 드십니까?               | ③ | ② | ① |
+------+-------------------------------- ----+--+--+--+
|기  업|4) ◎◎사가 소비자를 중요하게 여긴다고 생각하십니까?  | ③ | ② | ① |
+------+-------------------------------- ----+--+--+--+
|이미지|5) ◎◎사가 신뢰할 만한 기업이라고 생각하십니까?     | ③ | ② | ① |
+------+-------------------------------- ----+--+--+--+
```

예(③), 보통(②), 아니오(①), 모름/무응답(.)

Q4. 마지막으로 몇 가지만 더 여쭙겠습니다.

1). 성별 : 1) 남자   2) 여자

2). 실례지만 올해 연세는 만으로 몇 세 이십니까?
   1) 20대   2) 30대   3) 40대   4) 50대   5) 60대 이상

3). ㅇㅇ님의 직업은 무엇입니까?
   1) 자영업   2) 판매/서비스직   3) 기능/숙련공
   4) 일반작업직   5) 사무/기술직   6) 경영/관리직
   7) 전문/자유직   8) 주부   9) 학생
   10) 농/수/축산업   11) 무직   12) 기타(   )

4). ㅇㅇ님 댁의 월 평균 소득은 대략 어느 정도입니까?
   1) 150만 원 이하   2) 150~200만원   3) 200~250만원
   4) 250~300만원   5) 300만원 이상

3.5 연습문제

3-1 앞의 그림 3.31은 어떤 제품에 대한 '고객만족도 조사' 자료 중 일부로써, 이는 앞쪽에서와 같은 '고객만족도조사' 질문지를 이용하여 얻은 것이다.

(가) 사용 연수(Q2)에 대해 도수분포표 및 히스토그램을 작성해 보아라.

(나) 피벗 테이블 마법사를 이용하여 성, 연령대, 직업, 월 소득별 1차원 빈도표를 구해보아라.

(다) (나)에서 얻어진 빈도를 이용하여 원형 그래프를 각각 그려보아라.

(라) 성, 연령대, 직업, 월 소득을 각각 '행 필드'로 하고 만족도 문항들(Q3_1~Q3_5)을 각각 '데이터 필드'로 하여 만족도의 평균을 출력하는 피벗 테이블을 작성해 보아라.

3-2 다음은 무작위로 추출한 30명에 대해 각 사람의 혈액에 포함된 콜레스테롤 농도이다.

239	161	210	179	212	195	301	357	233	256
234	195	199	284	245	174	310	286	176	212
297	249	282	233	205	286	269	305	247	292

(가) 도수분포표 및 히스토그램을 작성해 보아라.

(나) 평균, 중위수, 분산, 표준편차 등 기술통계량들을 구해보아라.

3-3 다음 자료는 담배를 피우기 전과 피운 후의 분당 맥박 수를 측정한 것이다.

담배를 피우기 전	72	70	68	67	73	71	72	70	69	70	68
	72	69	66	73	71	70	72	70	69	72	73
담배를 피운 후	74	72	69	68	72	72	72	71	67	73	69
	71	68	74	73	70	74	68	71	74	74	69

(가) 담배를 피우기 전과 피운 후 각각에 대해 도수분포표 및 히스토그램을 작성하고 평균, 중위수, 표준편차 등 기술통계량을 구해보아라.

(나) (가)에서 얻은 결과로부터 담배를 피우기 전과 피운 후의 분당 맥박수가 어떤지를 비교하여라.

3-4 다음은 1984년도 8월의 우리나라 기온(℃)이다.

날짜	1	2	3	4	5	6	7	8	9	10
기온	24	27	28	32	30	35	26	29	31	30
날짜	11	12	13	14	15	16	17	18	19	20
기온	35	37	34	33	34	29	35	32	34	34
날짜	20	22	23	24	25	26	27	28	29	30
기온	29	30	29	36	35	33	37	29	40	32

(가) 기온에 대해 도수분포표 및 히스토그램을 작성해 보아라.

(나) 차트 마법사를 이용하여 날짜별 선 그래프를 작성해 보아라.

(다) 평균, 중위수, 분산, 표준편차 등 기술통계량들을 구해보아라.

3-5 다음 자료는 네 개의 지역에서 공기 중 일산화탄소량을 측정한 것이다.

지역	측정 결과										
A	95	96	92	102	103	93	101	92	95	90	
B	184	202	215	204	195	201	169	182	192		
C	215	214	197	216	215	208	228	208	216	214	227
D	155	142	146	149	146	152	159				

(가) 네 개의 지역에 대해서 각각 도수분포표 및 히스토그램을 작성하고 평균, 중위수, 표준편차 등 기술통계량을 구해보아라.

(나) (가)에서 얻은 결과로부터 지역별 일산화탄소량이 어떤지를 비교하여라.

제 4 장

확률과 분포함수

앞의 1장에서 '통계적 추측이나 예측은 반드시 확률적 서술이 따라야 한다'라고 언급한 바 있다. 왜냐하면, 점쟁이의 예언에서와 같은 예측은 이 예측 결과가 어느 정도의 확실성을 갖는지를 계산할 수 없어서 신뢰성을 주지 못하지만, 통계학에서의 추측이나 예측은 확률이라는 단위로 추측의 확실성 또는 불확실성의 정도를 나타내 줌으로써 신뢰성을 가지고 이용될 수 있기 때문이다. 따라서 통계학에서 확률을 배우는 이유는 확률이 추측통계학의 기반을 제공해 주기 때문이라고 이야기하였다. 확률이론은 원래 도박(game)에 필요한 여러 가지 형태의 확률을 계산하기 위한 프랑스 수학자들의 시도로 발전됐다. 그러다가 유전학(멘델의 유전법칙), 바이오 인포매틱스(인간게놈 지도 발견), 물리학(방사성 원소의 방출 양상: 통계물리) 및 다른 많은 분야에서 나타나는 현상을 묘사하는데도 이용이 되고 있다.

그러면 확률이란 개념은 무엇일까? 예를 들어, 일기예보에서 내일 비 올 확률이 70%라고 하면 아침에 비가 오지 않더라도 우산을 준비하게 될 것이다. 이와 같이 확률이란 어떤 특정한 사건이 일어날 가능성을 수량으로 나타낸 것을 말한다. 이 장에서는 추측통계학의 기반이 되는 확률의 개념 및 기본적인 확률이론과 여러 가지 확률분포를 소개하도록 하겠다.

4.1 확률과 확률법칙

확률(確率, probability)이란 어떠한 사상(event, 사건)이 발생할 가능성의 정도를 0과 1 사이의 값으로 나타낸 것이다. 이때 확률값이 0에 가까울수록 특정한 사상이 발생할 가능성은 적어지며, 1에 가까울수록 사상이 발생할 가능성이 커진다. 주사위를 던져서 1부터 6 사이의 어떤 눈이 나올 확률은 모두 1/6이라고 할 수 있다. 이것은 실제로 주사위를 던지는 실험을 60번 반복했을 때, 반드시 1이 10번 나타난다는 것을 의미하는 것은 아니다. 단지 1이 나타날 가능성이 10번 정도임을 의미한다. 만약 주사위를 던지는 실험을 무수히 많이 반복한다면 1이 나타날 확률은 1/6에 가까이 접근할 것이다. 이와 같은 원리를 대수의 법칙(law of large number)이라고 한다. N번 무수히 많은 반복 실험을 통하여 특정한 사상 A가 f번 나타났다면 사상 A가 일어날 경험적 확률 $P(A)$는 다음과 같다.

$$P(A) = \frac{\text{어떤 사상 } A\text{가 일어난 횟수}}{\text{전체 시행횟수}} = \lim_{N \to \infty}\left(\frac{f}{N}\right)$$

4.1.1 사상의 확률(Probability of Event)

사상의 확률(事象의 確率)이란 특정 사상이 일어날 가능성의 척도를 나타내는 수치이다. 즉, 실험이나 관측의 결과로써 나타날 수 있는 상황이 일정하지 않을 때 그 불확실성을 설명하기 위해 확률이 이용된다.

동전을 세 번 반복해서 던지는 시행을 예로 들어 보자. 동전의 앞면이 나오면 H(head)로 뒷면이 나오면 T(tail)로 표현할 때 첫 번째, 두 번째 및 세 번째가 각각 앞면인지 또는 뒷면인지에 따라 HHH부터 TTT까지 모두 8가지의 서로 다른 결과를 얻을 수 있다. 이렇게 실험에서 나올 수 있는 모든 결과를 모아놓은 집합을 **표본공간**(標本空間, sample space)이라고 한다. 동전을 세 번 던지는 예에서 표본공간은 다음과 같다.

$$S=\{HHH,\ HHT,\ HTH,\ HTT,\ THH,\ THT,\ TTH,\ TTT\}$$

또한, 표본공간의 부분집합으로 어떤 특성을 갖는 결과들의 집합을 **사상**(事象, event)이라고 한다. 동전을 세 번 던지는 시행에서 동전의 앞면이 두 번 나오는 사상은 표본공간 중에서

$$A=\{HHT,\ HTH,\ THH\}$$

이다. 따라서 사상의 확률은 이러한 사상이 발생할 확률을 의미하며, 동전을 세 번 반복해서 던지는 경우 동전의 앞면이 두 번 나오는 사상의 확률은 P(A)=3/8이다. 이와 같이 확률이란 표본공간에서 정의되는 함수로서 다음과 같은 특징을 갖는다.

- 전혀 불가능하게 나타나는 사상의 확률은 0이다.
- 확실하게 나타나는 사상의 확률은 1이다.
- 모든 사상의 확률은 0과 1 사이의 값으로 표현된다.
- 모든 가능한 사상이 나타날 확률을 합한 값은 1이다.
- 상호배반적(mutually exclusive) 사상에 대하여 사상의 합집합의 확률은 각 사상의 확률의 합과 같다.

4.1.2 결합확률(Joint Probability)

사상 A와 사상 B의 결합으로 합사상(union), 곱사상(intersection) 및 여사상(complement) 등을 들 수 있다.

- **합사상**($A \cup B$): A 또는 사상 B에 속하는 모든 집합을 나타낸다.
- **곱사상**($A \cap B$): 사상 A와 사상 B에 동시에 속하는 집합을 나타낸다.
- **여사상**(A^c): 사상 A에 속하지 않는 집합을 나타낸다.

이러한 내용은 다음 <그림 4.1>의 벤다이어그램으로 쉽게 알아볼 수 있으며, 사상 A와 사상 B가 발생할 확률을 각각 $P(A)$와 $P(B)$로 표기하였을 때 각 확률은 다음과 같다.

- $P(A \cup B) = P(A) + P(B) - P(A \cap B)$: 사상 A 또는 사상 B 중 적어도 하나의 사상이 나타날 확률
- $P(A \cap B)$: 사상 A와 사상 B가 동시에 나타날 확률
- $P(A^c) = 1 - P(A)$: 사상 A가 나타나지 않을 확률.

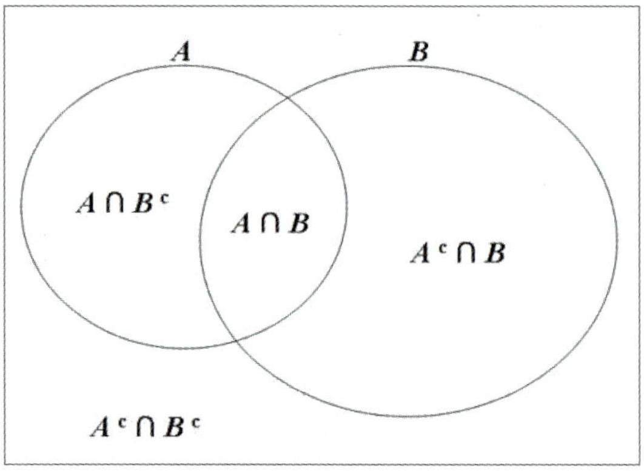

그림 4.1 벤다이어그램

또한, 두 사상이 동시에 일어날 수 없을 때 이 두 사상을 서로 배반인 사상(mutually exclusive event)이라고 한다. 즉 사상 A와 사상 B에 공통으로 속하는 결과가 하나도 없는 경우)($A \cap B = \varnothing$) 사상 A와 B를 **배반사상**(排反事象)이라 한다. 이때 배반사상이 일어날 확률은 $P(A \cap B) = P(\varnothing) = 0$이 된다.

결합확률(joint probability)은 두 개 이상의 사상이 동시에 결합하여 나타날 확률을 의미한다. 사상 A와 사상 B가 있다고 하였을 때, 두 개의 사상이 동시에 나타나는 확률을 $P(A \cap B)$로 표현한다.

표 4.1 성별에 따른 지지 후보

	이회창	김대중	이인제	기타 후보	합계
남자	97	153	85	11	346
여자	137	131	71	5	344
합계	234	284	156	16	690

위의 <표 4.1>은 (주)리서치&리서치에서 전화조사를 실시한 1997년 제15대 대통령 선거 예측 조사의 결과표이다. 여기서 이회창 후보를 지지하는 사상을 A, 김대중 후보를 지지하는 사상을 B, 이인제 후보를 지지하는 사상을 C, 기타 후보를 지지하는 사상을 D라 표기하고 성별이 남자인 사상을 E, 여자인 사상을 F라 하자. 조사 대상자 중에서 남자이면서 이회창 후보를 지지하는 결합확률은 다음과 같이 얻을 수 있다.

$$P(E\cap A) = P(A\cap E) = 97/690 = 0.140$$

이와 유사하게 모든 사상에 대해 결합확률들을 구하면 다음 <표 4.2>와 같다.

표 4.2 결합확률표

	이회창(A)	김대중(B)	이인제(C)	기타 후보(D)	합계
남자(E)	0.140	0.222	0.123	0.016	0.501
여자(F)	0.199	0.190	0.103	0.007	0.499
합계	0.339	0.412	0.226	0.023	1.000

4.1.3 주변확률(Marginal Probability)

주변확률은 <표 4.2>와 같은 결합확률 표를 줬을 때 표의 가장자리 주변에 있는 확률이다. 예를 들어, <표 4.2>에서 이회창 후보를 지지하는 주변확률은 P(A)=0.339이다. 이러한 주변확률 P(A)는 각각의 결합확률들을 합하여 다음과 같이 얻을 수 있다.

$$P(A) = P(A\ \cap\ E) + P(A\ \cap\ F) = 0.140 + 0.199 = 0.339$$

4.1.4 조건부확률(Conditional Probability)

조건부확률(條件附確率)은 어떠한 사상이 발생하였다는 조건에서 다른 사상이 나타날 확률을 의미하며, 사상 B가 발생했다는 조건에서 사상 A가 발생할 조건부확률은 다음과 같이 표현할 수 있다.

$$P(A|B) = \frac{P(A \cap B)}{P(B)} \text{(단, } P(B) > 0\text{)} \tag{4.1}$$

따라서 주변확률과 조건부확률만 알고 있는 경우, 결합확률을 다음과 같이 표현할 수 있다.

$$P(A \cap B) = P(A)P(B|A) = P(B)P(A|B) \tag{4.2}$$

즉, 사상 A와 사상 B의 결합확률은 '사상 A의 확률과 사상 A가 발생했다는 가정하에서 사상 B가 발생할 조건부확률의 곱' 또는 '사상 B의 확률과 사상 B가 발생했다는 가정하에서 사상 A가 발생할 조건부확률의 곱'으로 표현할 수 있다.

앞의 <표 4.2>에서 남자(E)란 사상이 주어졌을 때, 이회창 후보를 지지할 조건부확률을 구해보면 다음과 같다.

$$P(A|E) = \frac{P(A \cap E)}{P(E)} = \frac{0.140}{0.501} = 0.279$$

4.1.5 확률적 독립(Independence)

동전을 던질 때 처음에 앞면이 나온 사상은 두 번째 동전을 던질 때 앞면이 나오는 사상과 아무런 관련이 없고 영향을 주지 않는다. 이와 같이 사상 A가 일어났다 하더라도 사상 B가 일어날 확률에 아무런 영향을 미치지 않는다면, 즉

$$P(B \mid A) = P(B) \tag{4.3}$$

이면 두 사상 A와 B를 **독립사상**(獨立事象, independent events)이라 한다. 따라서 두 사상 A와 B가 확률적으로 독립일 때, 다음 식이 성립한다.

$$P(A \cap B) = P(A)P(B|A) = P(B)P(A|B) = P(A)P(B) \tag{4.4}$$

4.1.6 베이즈 정리(Bayes' Theorem)

베이즈 정리란 18세기 영국의 수학자인 Bayes가 특수한 사상이 주어진 조건에서 어떠한 사상이 일어날 확률을 산출하는 이론을 정리한 것이다. 베이즈 정리에 대한 이해를 돕기 위해 국내 프로야구의 예를 생각해 보자. 전년도의 프로야구가 끝난 후에 다음 해에 한화의 우승확률이 10%로 예상된다고 해 보자. 이때 구단에서 다음 해에 반드시 한화를 우승으로 이끌기 위해 미국에 있는 류현진, 이정후, 김하성 그리고 기아의

홈런타자 김도형 등을 영입하려 한다고 하자. 그러면 한화의 우승확률은 10%가 아니라 그 확률이 훨씬 커질 것으로 생각하는 것이 옳을 것이다.

추가적인 정보가 있기 전의 어떤 사상에 대한 확률을 **사전확률**(事前確率, prior probability)이라 하고(위 예에서 한화의 우승확률 0.1), 추가적인 정보가 얻어진 후의 수정된 어떤 사상의 확률을 **사후확률**(事後確率, posterior probability)이라 한다(유명 선수들을 영입한다는 조건 하의 한화의 우승확률). 이때 베이즈 정리는 추가적인 정보를 활용하여 사후확률을 구하기 위한 것으로 생각하면 이해가 편할 것이다.

이를 더욱 논리적으로 설명하면 다음과 같다. 상호배반적인 n개의 사상이 A_1, A_2, …, A_n으로 구성되어 있을 때 주어진 사상 B에 대한 사상 A_k의 조건부확률을 **베이즈 정리**라고 하며, 이를 식으로 표현하면 다음과 같다.

$$P(A_k|B) = \frac{P(A_k)P(B|A_k)}{P(B|A_1)P(A) + P(B|A_2)P(A_2) + \cdots + P(B|A_n)P(A_n)} \quad (4.5)$$

여기서 $P(A_k)$는 사전확률(prior probability), $P(A_k|B)$는 사후확률(posterior probability)이 된다. 그리고 사상 B가 추가적인 정보라 생각하면 될 것이다.

베이즈 정리의 예를 들어 보기로 하자. 학생들이 등교하는 방법은 두 가지로 버스나 지하철을 이용하고 있다. 버스로 오는 경우에는 교통체증으로 인해 30% 정도 지각하며, 지하철 이용 시에는 10% 정도 지각을 하게 된다고 한다. 어느 날 학생이 지각을 하였다면 버스로 왔을 확률은 얼마인가? 단, 여기서 학생들은 등교 때 버스를 이용하는 경우가 60%, 지하철을 이용하는 경우는 40%라 한다. 위의 내용을 정리하여 보면 다음과 같다.

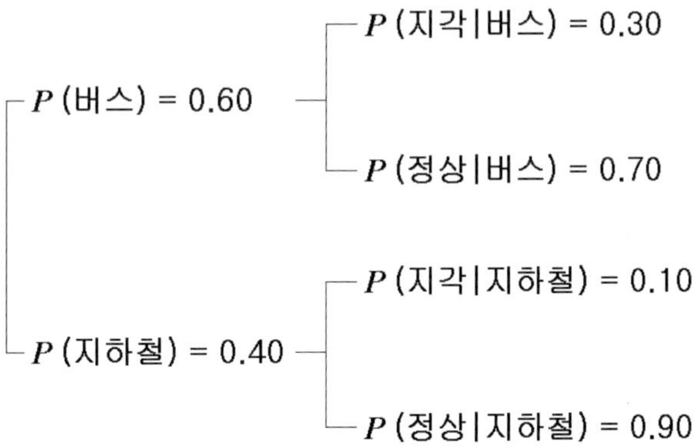

이때 베이즈 정리를 이용하여 사후확률(학생이 지각을 하였을 때 버스로 왔을 확률)을 구하면 다음과 같다.

$$P(\text{버스}|\text{지각}) = \frac{P(\text{지각}|\text{버스})P(\text{버스})}{P(\text{지각}|\text{버스})P(\text{버스}) + P(\text{지각}|\text{지하철})P(\text{지하철})}$$

$$= \frac{(0.30)(0.60)}{(0.30)(0.60) + (0.10)(0.40)} = 0.81 > 0.6$$

4.2 확률변수와 확률분포

표본의 함수인 통계량은 통계적 추정과 검정을 위한 기본적 요소이며, 표본정보에 근거한 통계적 의사결정을 수행하기 위해서는 통계량의 확률적 상황을 묘사하는 통계적 확률분포를 반드시 알아야 한다. 먼저 이 절에서는 확률변수 및 확률분포의 기본적인 개념에 관해서 설명할 것이다.

4.2.1 확률변수(Random Variable)

통계적 실험이나 조사로부터 얻은 결과가 숫자일 경우는 그대로 사용할 수 있고 또는 얻은 결과를 적절하게 변형시킬 수도 있다. 그러나 얻은 결과가 숫자가 아닌 경우 통계적 분석이나 추론에 편리하도록 숫자로 바꾸어 주는 경우가 많다. 이와 같이 **확률변수**(確率變數)란 표본공간의 모든 결과를 새로운 표본공간인 수직선상의 수치값으로 대응시켜 주는 함수이다.

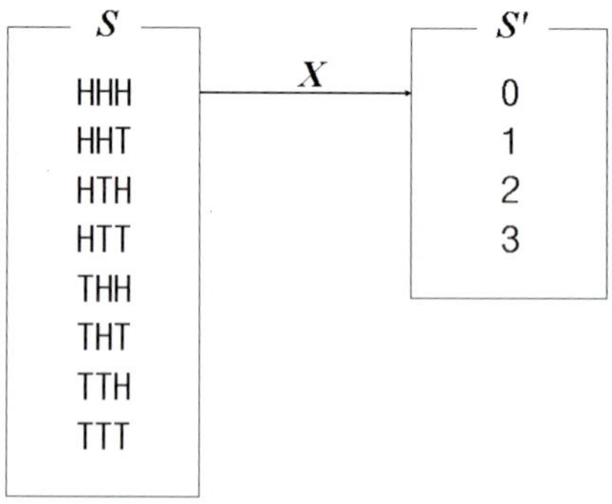

그림 4.2 동전 던지기에서의 표본공간

동전을 세 번 반복해서 던지는 실험을 예로 들어 보자. 동전의 앞면이 나오면 H로 뒷면이 나오면 T라 표현할 때, 실험에서 나올 수 있는 모든 결과로 구성되는 표본공간은 S={HHH, HHT, HTH, HTT, THH, THT, TTH, TTT}으로 나타낼 수 있다. 이제 확률변수 X를 앞면이 나타나는 횟수라고 정의할 때, 새로운 표본공간 S'={0, 1, 2, 3}으로 나타낼 수 있다. 이상에서 볼 때, 새롭게 정의된 표본공간 S'는 원래의 표본공간 S에 비하여 표본공간을 구성하는 원소의 개수도 작아졌을 뿐만 아니라 HHH는 3 그리고 TTT는 0으로 표시되는 등 다루기가 좀 더 간편해졌음을 알 수 있다.

4.2.2 확률분포(Probability Distribution)

확률변수 X와 확률을 대응시켜 주는 관계를 확률변수 X의 **확률분포**(確率分布)라고 한다. 앞에서 다룬 동전 던지기의 예에서 발생할 수 있는 모든 경우는 HHH부터 TTT까지 여덟 가지이며, 각 경우가 발생할 확률은 모두 1/8로 동일하다. 여기서 앞면이 나타날 횟수를 확률변수 X로 정의할 때, 확률변수 X가 취할 수 있는 값은 0, 1, 2, 3의 네 가지가 되며 각 값이 발생하게 될 확률은 해당하는 경우의 수에 따라 달라진다.

<표 4.3>에서 살펴볼 수 있듯이 확률분포에서 모든 가능한 확률의 합은 1이다. 이러한 확률분포는 <표 4.3>과 같이 테이블 형태로 나타낼 수도 있지만, 다음 <그림 4.3>과 같이 그래프로 나타내면 각 확률변수 값에 대한 상대적인 확률을 더욱 효과적으로 파악할 수 있다. 확률분포를 그래프로 작성하기 위해서는 수평축에 확률변수 X의 가능한 값의 범위를 나타내고, X의 각 값에서부터 수직으로 그 값이 나타날 확률을 막대의 길이로 표현하면 된다.

표 4.3 앞면의 수에 대한 확률

표본공간	표본공간	
S	X	$P(X=x)$
{TTT}	0	1/8
{HTT}{THT}{TTH}	1	3/8
{HHT}{HTH}{THH}	2	3/8
{HHH}	3	1/8

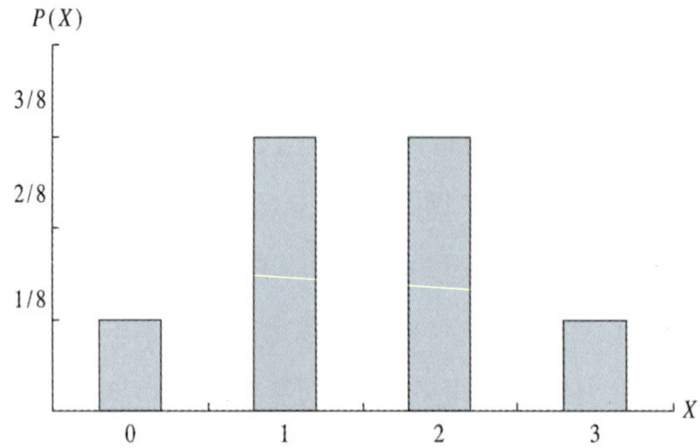

그림 4.3 확률분포도

지금까지 확률분포를 표나 그래프로 나타낼 수 있음을 알아보았는데, 확률분포는 수학적 함수관계로 표현할 수도 있다. 즉, 확률변수 X가 임의의 값 x를 가질 때의 확률을 수학적 함수 $P(X=x)$로 나타낼 수 있다. 예를 들어, 앞에서 다루었던 동전을 세 번 반복해서 던지는 실험을 생각해 보자. 이때 동전의 앞면이 나타날 회수를 확률변수 X로 정의하면 이에 대한 확률분포는 다음과 같은 수식으로 표현할 수 있다.

$$P(X=x) = \frac{3!}{x!(3-x)!}(1/2)^3, \quad x = 0,\ 1,\ 2,\ 3. \quad (\text{단},\ 0! = 1)$$

이와 같은 확률분포는 확률변수가 이산형인지 연속형인지에 따라 이산형 확률분포와 연속형 확률분포로 구분된다.

확률변수 X가 취할 수 있는 가능한 값들이 이산(離散)적인 값 x_1, x_2, … 중 하나일 때, X를 **이산확률변수**(discrete random variable)라고 한다. 예를 들어, '동전을 두 번 던져서 나오는 앞면의 수'나 '주사위를 한 번 던져서 나오는 눈의 값' 등은 이산확률변수이다. 이산확률변수가 가질 수 있는 각각의 값에 대하여 확률 $f(x_1) = P(X=x_1)$, $f(x_2) = P(X=x_2)$, …를 대응시켜 주는 함수 $f(x)$를 **확률질량함수**(確率質量函數, probability mass function)라고 하며, 다음과 같은 성질을 가진다.

이산형 확률분포: 확률질량함수의 성질

(a) $f(x) = P(X=x_i) \geq 0$

(b) $\sum_i f(x_i) = 1$

(c) $P(a < X \leq b) = \sum_{a < x_i \leq b} f(x_i)$

키, 몸무게, 서비스 대기시간 등을 나타내는 확률변수 X는 적절한 구간 내의 연속(連續)적인 모든 값을 가질 수 있으며 이런 확률변수를 **연속확률변수**(continuous random variable)라고 한다. 연속확률변수에 대한 확률은 **확률밀도함수**(確率密度函數, probability density function)에 의해서 결정되는데, 확률밀도함수 $f(x)$는 연속확률변수에 관하여 X축에는 확률변수의 값을 그리고 Y축에는 확률변수의 값이 일정 구간에 포함될 확률을 나타내는 곡선으로 표현된다. 확률밀도함수는 다음과 같은 성질을 가진다.

연속형 확률분포: 확률밀도함수의 성질

(a) $f(x) \geq 0, \quad -\infty < x < \infty,$

(b) $P(X=x)=0$

(c) $P(-\infty \leq x \leq \infty)=\int_{-\infty}^{\infty} f(x)d(x)=1$

(d) $P(a \leq X \leq b)=\int_{a}^{b} f(x)d(x)$

4.2.3 기댓값과 분산

다음과 같은 동전 던지기 게임을 생각해 보자. 동전을 두 번 던져서 앞면이 0번 나오면 5,000원을 상대방에게 주고, 앞면이 1번 나오면 1,000원을 받고, 앞면이 2번 나오면 2,000원을 받는다고 하자. 한 번의 게임에서 받는 금액을 확률변수 X라고 하면, X의 확률분포표는 <표 4.4>와 같다.

그러면 이러한 게임을 계속한다고 할 때 평균적으로 따져 한 번에 얼마만큼의 기대 이득이 있을 것인가? 한 번의 게임으로부터 얻을 수 있는 금액에는 각각 확률이 부여되어 있으므로, 기대 이득은 다음과 같이 계산할 수 있을 것이다.

$$\text{기대 이득}=(-5000)\frac{1}{4}+(1000)\frac{2}{4}+(2000)\frac{1}{4}=-250\text{원}$$

표 4.4 금액 X에 대한 확률분포표

X	$P(X=x)$
−5,000	1/4
1,000	2/4
2,000	1/4

즉, 한 번의 게임에서는 5,000원을 잃든가 1,000원 또는 2,000원을 벌든가 하겠지만, 이 게임을 계속하면 평균적으로 250원을 계속 잃는 셈이 된다는 것이다.

이와 같이 확률변수 X에 대해 확률을 가중치로 하여 계산된 가중평균을 **기댓값**(expected value)이라고 하는데, 이산확률변수 X의 기댓값은 다음과 같이 계산된다(단, 여기서 x_i는 확률변수 X의 실현 값이다).

$$\mu = E(X) = \sum_i x_i P(X = x_i) = x_1 P(X = x_1) + x_2 P(X = x_2) + \cdots$$

일반적으로 확률변수 X의 기댓값을 $\mu = E(X)$로 표기하며, 확률변수 X의 중심위치를 나타내는 모수로서 평균(mean)이라 부르기도 한다. 그러나 엄밀한 의미에서 생각해 보면 평균은 데이터가 얻어진 후의 무게 중심을 말하고, 기댓값은 아직 데이터를 얻지 않은 상황에서 미래의 결과를 확률로 예측하여 얻은 평균인 것이다.

이제 게임에 걸린 금액을 세 배로 하여 한 번의 게임에서 받는 금액을 확률변수 $Y(=3X)$라고 하자. 그러면 확률변수 Y의 확률분포표는 <표 4.5>와 같고, 따라서 Y의 기댓값은 다음과 같이 계산된다.

$$E(Y) = (-15000)\frac{1}{4} + (3000)\frac{2}{4} + (6000)\frac{1}{4} = -750$$

일반적으로 이산확률변수 X에 대해 함수 $g(X)$의 기댓값은 다음과 같이 계산된다.

$$E[g(X)] = \sum_i g(x_i) P(X = x_i) = g(x_1) P(X = x_1) + g(x_2) P(X = x_2) + \cdots$$

한편, 확률변수 X의 특별한 함수로써 $g(X) = (X - \mu)^2$를 고려할 때 이 함수의 기댓값

$$\sigma^2 = E[(X - \mu)^2]$$

표 4.5 금액 Y에 대한 확률분포표

Y	$P(Y=y)$
−15,000	1/4
3,000	2/4
6,000	1/4

을 X의 **분산**(variance)이라고 하며 $Var(X)$로 표기하기도 한다. <표 4.4>의 확률변수 X에 대해서 분산을 계산하면 다음과 같다.

$$\begin{aligned}Var(X) &= [-5000-(-250)]^2\frac{1}{4}+[1000-(-250)]^2\frac{2}{4}+[2000-(-250)]^2\frac{1}{4} \\ &= 7687500\end{aligned}$$

이와 같은 분산은 확률변수 X의 분포가 평균 μ로부터 떨어진 정도를 나타내므로 산포도(measure of dispersion)의 측도로 흔히 사용된다.

확률변수의 기댓값과 분산에 대한 공식은 이산확률변수와 연속확률변수에 따라 다른데, 먼저 이산확률변수의 기댓값은 확률변수의 각 값에 확률을 곱한 후 합한 것이다. 여기서 모평균 μ는 X에 대한 기댓값이며, 모분산 σ^2은 $(X-\mu)^2$에 대한 기댓값이다. 한편, 연속확률변수의 기댓값과 분산은 이산확률변수의 기댓값을 구할 때 사용한 $\sum$(합) 대신에 $\int$(적분)을 사용하여 계산된다.

확률변수의 기댓값과 분산

이산확률변수의 기댓값과 분산:

$$\mu = E(X) = \sum_i x_i P(x_i)$$

$$\sigma^2 = E[(X-\mu)^2] = \sum_i (x_i-\mu)^2 P(x_i) = E(X^2)-\mu^2$$

연속확률변수의 기댓값과 분산:

$$\mu = E(X) = \int_{-\infty}^{\infty} x\ f(x)d(x)$$

$$\sigma^2 = E[(X-\mu)^2] = \int_{-\infty}^{\infty} (x-\mu)^2 f(x)dx = E(X^2)-\mu^2$$

앞에서 설명한 기댓값과 분산에 대한 몇 가지 성질을 살펴보도록 하자. 먼저 X와 Y를 확률변수 그리고 a와 b는 상수라고 할 때, 기댓값과 분산에 대해 다음과 같은 관계가 성립한다.

기댓값과 분산의 성질

• **기댓값의 성질:**

(a) $E(a)=a$

(b) $E(aX)=aE(X)$

(c) $E(aX\pm bY)=aE(X)\pm bE(Y)$

(d) $E(XY)=E(X)E(Y)$ (단, X와 Y가 확률적으로 독립인 경우)

• **분산의 성질:**

(a) $Var(a)=0$

(b) $Var(X)\geq 0$

(c) $Var(X\pm b)=Var(X)$, $Var(aX)=a^2\,Var(X)$

(d) $Var(aX\pm b)=a^2\,Var(X)$

4.3 이산형 확률분포

이 절에서는 몇 가지 중요한 이산적 확률질량함수에 대해서 살펴보도록 하자.

4.3.1 이항분포(Binomial Distribution)

동등한 실험 조건 하에서의 실험 결과가 단지 두 가지의 가능한 결과만을 가질 때 이를 **베르누이 시행**(Bernoulli trial)이라고 한다. 즉 어떤 시행(trial)이나 실험(experiment)에서 그 결과가 '성공' 또는 '실패' 중 하나로 나타나며, 그 결과가 성공이면 확률변수 X가 1의 값을 가지고 실패이면 0의 값을 가진다면 확률변수 X는 베르누이(Bernoulli) 시행을 따른다. 이러한 베르누이 시행은 다음과 같은 조건을 만족한다.

(1) 매 시행은 2가지의 가능한 결과만을 나타난다. 편의상 그 결과를 '성공'과 '실패'로 구분한다.

(2) '성공'의 확률을 p라고 하면 '실패'의 확률은 $1-p$이다.

(3) 어느 한 시행 결과가 다른 시행 결과에 영향을 미치지 않는다(즉, 매 시행의 결과는 서로 독립적이다)

베르누이 시행의 한 예로써 주사위를 던지는 게임을 생각해 보자. 주사위를 던지는 게임에서 홀수의 눈이 나오면 '성공'이고 짝수가 나오면 '실패'라 할 때, (1) 주사위를 던지면 성공(주사위의 눈이 홀수가 나오는 경우) 아니면 실패(주사위의 눈이 짝수가 나오는 경우) 2가지의 가능한 결과가 나타난다. (2) 성공의 확률은 1/2이며 실패의 확률도 1/2이다. (3) 처음 주사위를 던져서 나온 결과는 다음번 주사위를 던졌을 때 나오는 결과에 영향을 주지 않으므로 매 시행 결과는 독립적이다. 이 이외에도, 품질검사에서 제품의 합격과 불합격 판정, 사망보험 가입자에 대한 사망과 생존, 세일즈맨의 판촉에 대한 성공과 실패 등 베르누이 상황은 현실에서 이루 말할 수 없이 많이 존재한다.

이항분포는 n번의 베르누이 시행에서 성공이 나타나는 횟수에 대한 분포로써, 확률변수 X는 $\{0, 1, \cdots, n\}$의 이산적인 값을 가진다. 이항분포의 확률질량함수는 다음과 같이 정의되는데, 확률변수 X가 이러한 분포를 갖는다는 것을 $X \sim B(n, p)$로 나타낸다.

이항분포

- **확률질량함수**: $B(n, p)$

  $P(X=x) = f(x) = \binom{n}{x} p^x (1-p)^{n-x}, x = 0, 1, \cdots, n$

  여기서, $\binom{n}{x} = {}_nC_x = \dfrac{n!}{x!(n-x)!}$

- **평균과 분산**

  $\mu = E(X) = np$

  $\sigma^2 = Var(X) = np(1-p)$

이항분포에서 확률분포가 어떻게 나타나는지를 설명하기 위해 동전을 4번 던지는 경우를 생각해 보자. 동전을 4번 던져서 앞면이 나타나는 수를 확률변수 X라 하면, X는 시행회수 4번과 성공의 확률 1/2을 갖는 이항분포 $B(4, 1/2)$를 따른다. 이때, 이항분포의 확률질량함수는 다음과 같다.

$$P(X=x) = \binom{4}{x}(1/2)^x (1/2)^{4-x}, \ x = 0, 1, \cdots, 4$$

따라서 앞면이 나타나는 수의 확률분포는 앞 이항분포의 확률질량함수를 통하여 다음과 같이 구할 수 있다.

$$P(X=0)=\binom{4}{0}(1/2)^0(1/2)^4=\frac{4!}{0!4!}(1/2)^0(1/2)^4=1/16$$

$$P(X=1)=\binom{4}{1}(1/2)^1(1/2)^3=\frac{4!}{1!3!}(1/2)^1(1/2)^3=4/16$$

$$P(X=2)=\binom{4}{2}(1/2)^2(1/2)^2=\frac{4!}{2!2!}(1/2)^2(1/2)^2=6/16$$

$$P(X=3)=\binom{4}{3}(1/2)^3(1/2)^1=\frac{4!}{3!1!}(1/2)^3(1/2)^1=4/16$$

$$P(X=4)=\binom{4}{4}(1/2)^4(1/2)^0=\frac{4!}{4!0!}(1/2)^4(1/2)^0=1/16$$

이러한 이항분포를 확률분포도로 나타내면 다음 <그림 4.4>와 같다.

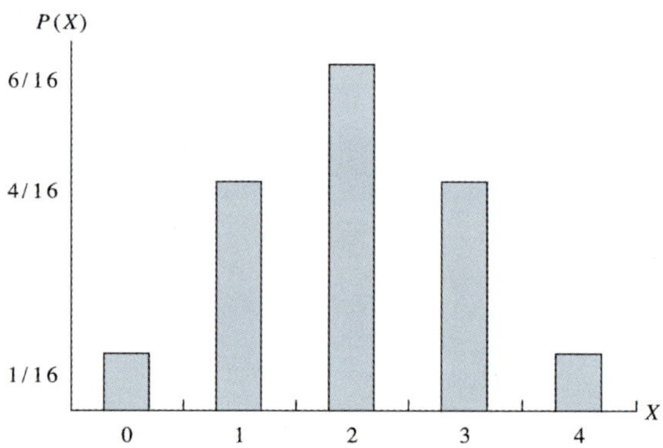

그림 4.4 이항분포 B(4,1/2)에 대한 확률분포도

여기서 이항분포 $B(4,1/2)$를 따르는 확률변수 X의 평균 μ와 분산 σ^2은 각각 $\mu=np=4\times(1/2)=2$와 $\sigma^2=np(1-p)=4\times(1/2)\times(1/2)=1$이다.

예 4.1 앞에서 설명한 이항분포에서의 확률 문제를 EXCEL의 BINOMDIST 함수를 이용하여 구해보아라(부록 1 참조).

작성 절차

① 먼저 워크시트의 A2~A6 셀에 0부터 4까지를 입력한다(그림 4.5).

② B2 셀에 수식 '=BINOM.DIST(A2,4,0.5,FALSE)'를 입력한다.

③ B2 셀을 복사한 후 B3 셀부터 B6 셀에 붙여 넣는다.

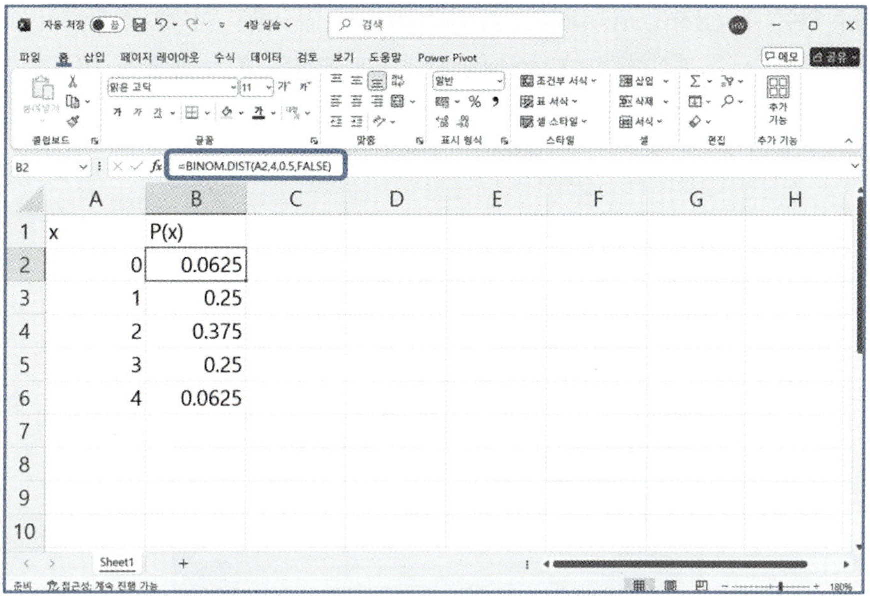

그림 4.5 BINOM.DIST 함수를 이용한 이항분포 확률의 계산

함수마법사를 이용하는 방법

① **'수식'** 메뉴에서 **'함수삽입(fx)'**을 클릭한다(그림 4.6).

② 함수마법사 대화상자에서 **'범주선택(C):통계'**를 선택한 후 **'함수선택(N): BINOM.DIST'**를 선택한 후 **'확인'**을 클릭한다(그림 4.7).

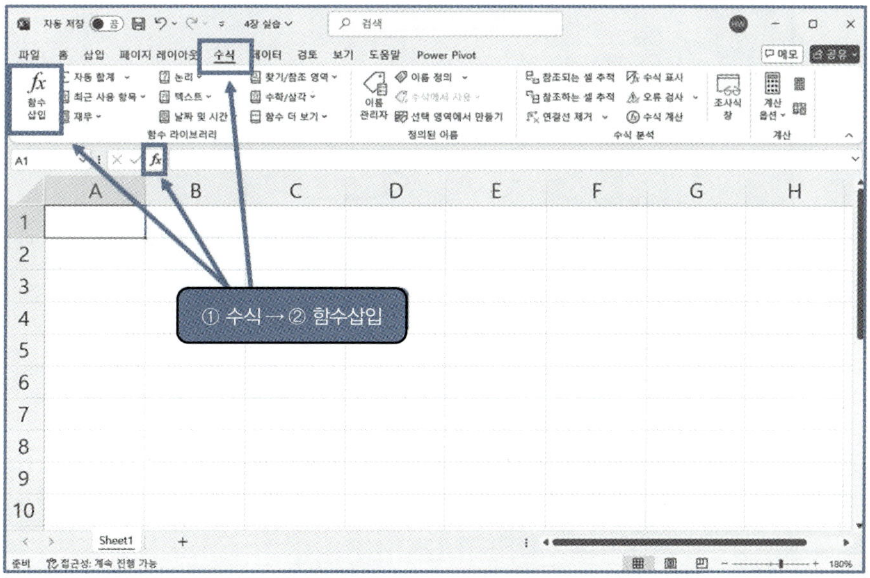

그림 4.6 함수마법사 이용

③ **'함수 인수'** 대화상자에 n(Trials)과 p(Probability_s)를 입력하고 이항분포 확률의 개별확률 $P(X=x)$을 계산하려면 **'Cumulative'**란에 **'FALSE(혹은 0)'**, 누적 확률 $P(X \geq x)$을 계산하려면 **'TURE(혹은 1)'**을 입력한다. 여기서는 $P(X=0)$의 개별확률을 구하므로 **'FALSE(혹은 0)'**을 입력한 후 **'확인'**을 클릭한다(그림 4.8).

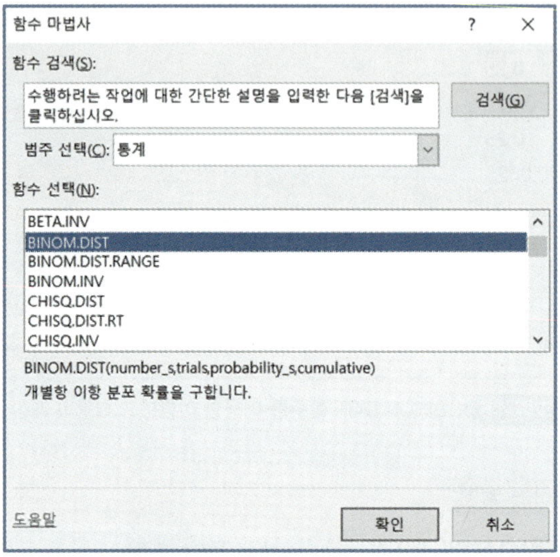

그림 4.7 '함수마법사' 대화상자

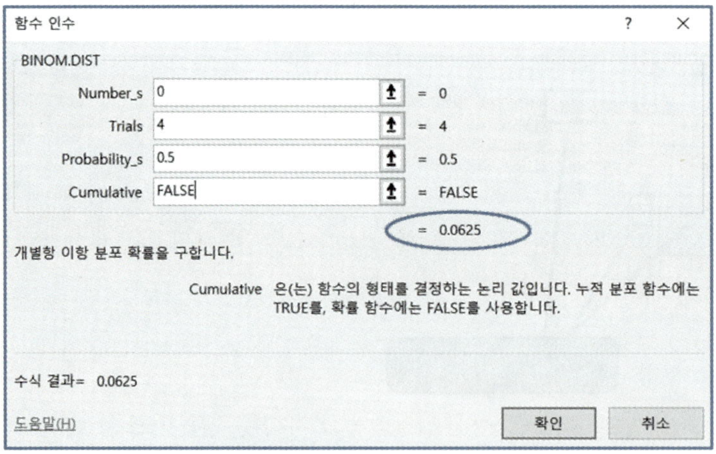

그림 4.8 '함수 인수' 대화상자

4.3.2 초기하분포(Hyper Geometric Distribution)

주머니 속에 흰 공 7개와 거문고에 3개가 들어 있다고 하자. 주머니 속에서 임의로 한 개의 공을 무작위 추출하였을 때, 흰 공이 나올 확률은 7/10이다. 추출된 공을 주머니 속에 넣고 다시 한 개의 공을 추출하였을 때 흰 공이 나올 확률은 역시 7/10이 된다. 이와 같은 추출 방식을 **복원추출법**(復元抽出法, sampling with replacement)이라고 하며, 이러한 복원추출에서는 베르누이 시행이 되기 위한 조건들을 만족한다. 그러나 추출된 공을 주머니 속에 다시 넣지 않고 나머지 공에서 두 번째 공을 추출하는 방식을 생각해 볼 수 있는데, 이러한 방식을 **비복원추출법**(非復元抽出法, sampling without replacement)이라고 한다. 비복원추출법에서는 베르누이 시행에서의 조건이 만족하지 않음을 알 수 있다.

N개로 구성된 모집단에서 A개가 '성공'(흰 공)이고 나머지 $N-A$개가 '실패'(검은 공)라고 하자. N개 중에서 n개를 비복원추출 하였을 때 그 중 '성공'일 경우의 수를 확률변수 X라 하자. 이와 같은 X에 대한 확률질량함수는 다음과 같다(여기서 $m = Min(n, A)$이다).

초기하분포

- **확률질량함수:** $HG(N, A, n)$

$$P(X=) = f(x) = \frac{\binom{A}{x}\binom{N-A}{n-x}}{\binom{N}{n}}, \quad x = 0, 1, \cdots, m$$

- **평균과 분산**

$$\mu = E(X) = np$$

$$\sigma^2 = Var(X) = np(1-p)\left(\frac{N-n}{N-1}\right)$$

이와 같은 질량 함수를 가지는 확률분포를 **초기하분포** $HG(N, A, n)$이라고 하며, 만약 N이 크고 이에 비하여 n이 작을 때 초기하분포를 따르는 확률변수 X는 n과 $p = A/N$을 모수로 하는 이항분포에 근사적으로 따르게 된다.

예 4.2 주머니 속에 흰 공 7개와 검은 공 3개가 들어있다. 이 중 5개를 임의로 뽑았을 때, 흰 공이 2개 나올 확률을 HYPGEOMDIST 함수를 이용하여 구하여 보아라.

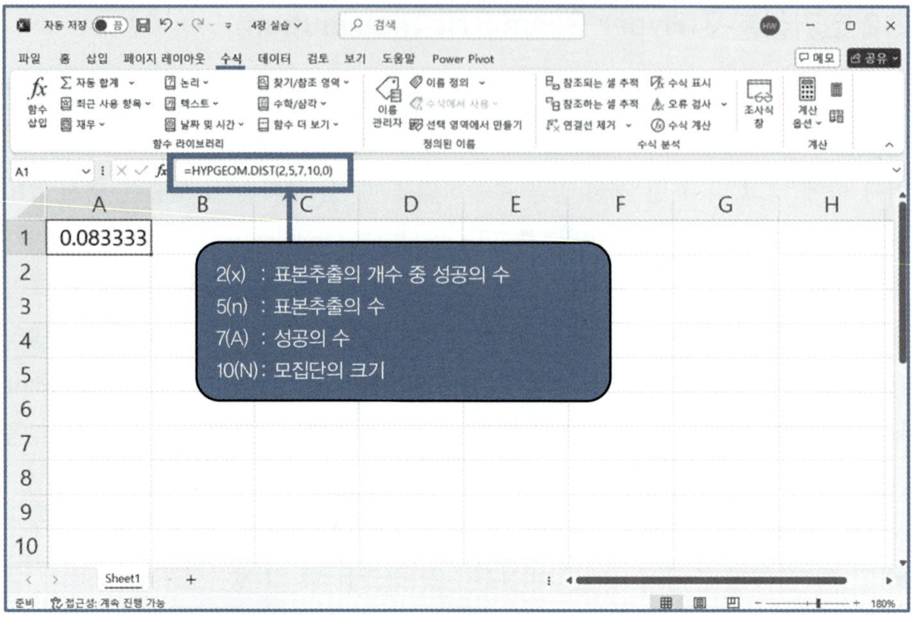

그림 4.9 HYPGEOM.DIST 함수를 이용한 초기하분포의 계산

함수마법사를 이용하는 방법

① **'수식'** 메뉴에서 **'함수삽입'**을 클릭한다(그림 4.6).

② 함수마법사 대화상자에서 **'범주선택(C):통계'**를 선택한 후 **'함수선택(N): HYPGEOM.DIST'**를 선택한 후 **'확인'**을 클릭한다(그림 4.10).

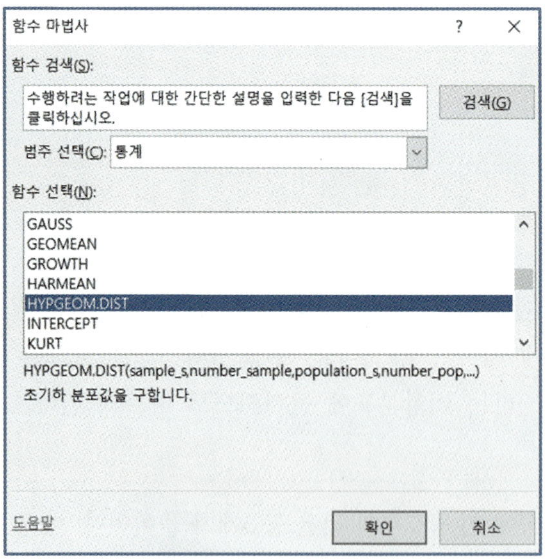

그림 4.10 '함수마법사' 대화상자

③ **'함수 인수'** 대화상자에 **'sample_s(x), Number_sample(n), Populations_s(A), Number_pop(N)'**을 입력하고, 개별확률을 구하므로 **'FALSE(혹은 0)'**을 입력한 후 **'확인'**을 클릭한다(그림 4.11).

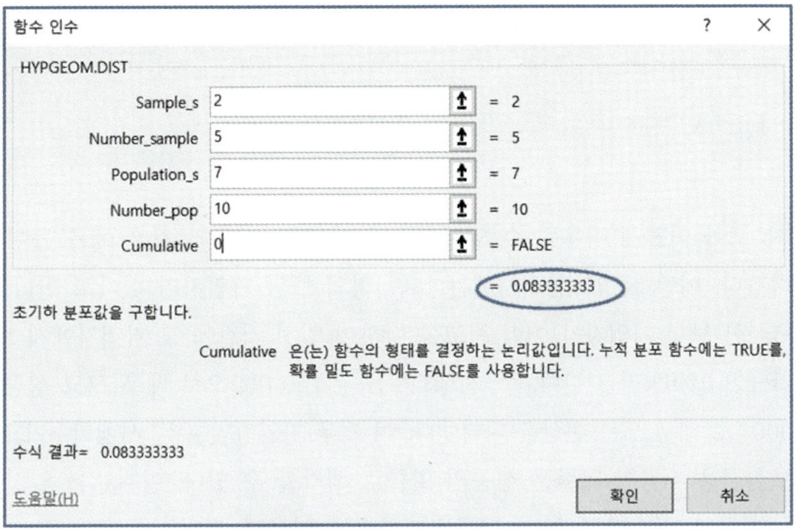

그림 4.11 '함수 인수' 대화상자

4.3.3 포아송분포(Poisson Distribution)

'하루 동안 경부고속도로 상에서 일어나는 교통사고 건수(차량 통과 대수 은 매우 크고 사고확률은 매우 작은 경우)', '일정 시간 안에 걸려 오는 전화의 수', '생산된 1,000개 부품당 불량품의 개수', '일주일 동안에 어느 보험회사에서 접수되는 사망보험금 청구 건수' 등과 같이 단위 시간당 또는 단위 면적당 나타나는 '성공'의 회수를 설명하는 데 자주 사용되는 확률분포로서 **포아송분포**라고 하는 것이 있다. 따라서 포아송분포는 희귀사건(rare event)의 건수에 대한 확률분포라고 할 수 있다.

포아송분포는 '성공'이 일어나는 확률이 아주 작은 이항분포로부터 유도되며(즉, 이항분포에서 시행회수 이 매우 크고 성공의 확률 가 0에 가까운 경우), 이러한 확률변수 X에 대한 확률질량함수는 다음과 같다. 여기서 μ는 단위당 일어나는 평균 건수이고 e는 자연 대수의 밑으로서 2.71828의 값을 가지는 무리수이다.

포아송분포

- **확률질량함수:** $P(\mu)$

$$P(X=x)=f(x)=\frac{e^{-\mu}\mu^x}{x!},\quad x=0,1,2,\cdots$$

- **평균과 분산**

$$\mu=E(X)=\mu$$

$$\sigma^2=Var(X)=\mu.\ (\text{단},\ \mu>0)$$

포아송분포가 어떻게 이용될 수 있는지를 알기 위해 다음과 같은 예를 들어 설명해 보기로 하겠다. 어떤 생명보험회사에는 15만 명의 보험 가입자가 있다고 한다. 과거의 자료로부터 한 보험 가입자가 어떤 사고를 당하여 일정 기간에 그 가입자에게 보험금을 지급할 확률이 0.001%라고 한다. 즉, 시행회수 $n=150,000$으로 매우 크고 성공의 확률 $p=0.00001$로 매우 드문 현상을 나타낸다. 이 경우 가입자의 수는 시행회수이고 사고로 인하여 보험금을 지급할 확률은 성공의 확률로 생각할 수 있다. 이때 X를 일정 기간에 보험금을 지급할 건수라고 하면 확률밀도함수는 다음과 같다.

$$P(X=0)=\frac{1.5^0e^{-1.5}}{0!}=0.2231$$
$$P(X=1)=\frac{1.5^1e^{-1.5}}{1!}=0.3347$$
$$P(X=2)=\frac{1.5^2e^{-1.5}}{2!}=0.2510$$
$$P(X=3)=\frac{1.5^3e^{-1.5}}{3!}=0.1255$$
$$\vdots$$

여기서 평균 $\mu=np=1.5$이고 분산 또한 $\sigma^2=\mu=1.5$이다. 이러한 포아송분포를 그래프로 나타내면 다음 <그림 4.12>과 같다.

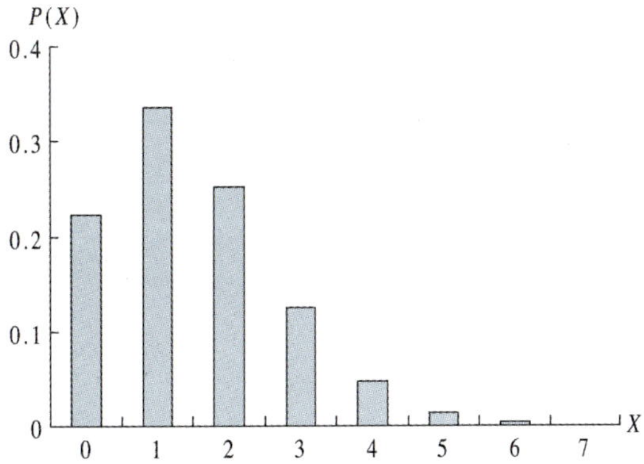

그림 4.12 포아송분포 P(1.5)에 대한 확률분포도

예 4.2 앞에서 설명한 포아송분포에서의 확률 문제를 EXCEL의 POISSON 함수를 이용하여 구해보아라(부록 1 참조).

작성 절차

① 먼저 워크시트의 A2~A12 셀에 0부터 10까지를 입력한다(그림 4.13).

② B2 셀에 수식 '=POISSON.DIST(A2,1.5,FALSE)'를 입력한다.

③ B2 셀을 복사한 후 B3 셀부터 B12 셀에 붙여 넣는다.

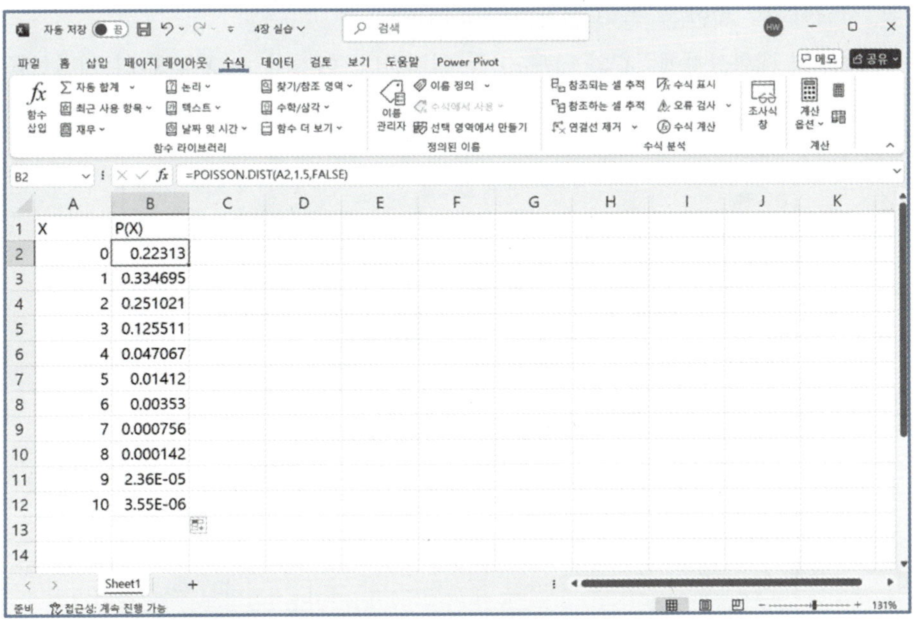

그림 4.13 POISSON.DIST 함수를 이용한 포아송분포 확률의 계산

함수마법사를 이용하는 방법

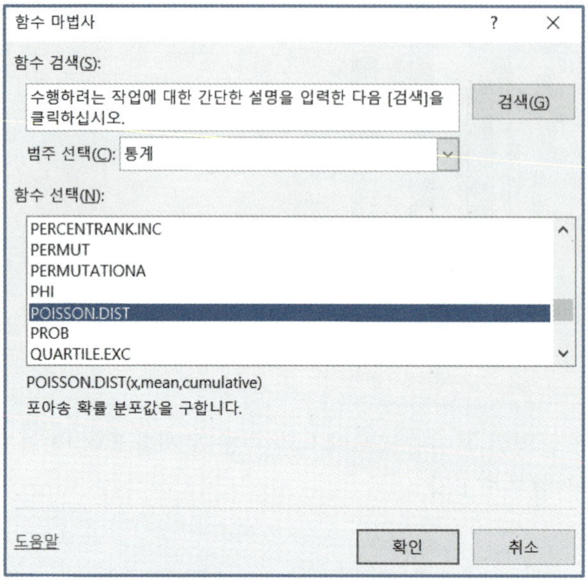

그림 4.14 '함수마법사' 대화상자

① **'수식'** 메뉴에서 **'함수삽입'**을 클릭한다(그림 4.6).

② 함수마법사 대화상자에서 **'범주선택(C):통계'**를 선택한 후 **'함수선택(N): POISSON.DIST'**를 선택한 후 **'확인'**을 클릭한다(그림 4.14).

③ **'함수 인수'** 대화상자에 'X'와 '$Mean$'을 입력한다. 여기서 $P(X=3)$의 개별확률을 구하여 보았다(그림 4.15). (그림 4.13)의 결과와 비교하기를 바란다.

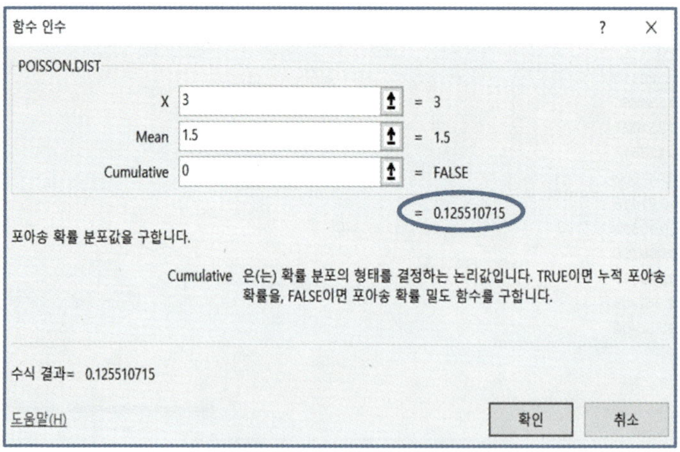

그림 4.15 '함수 인수' 대화상자

4.4 연속형 확률분포

연속형 확률분포 중에서 가장 중요하고 자주 이용되는 분포는 정규분포라고 할 수 있는데, 이 절에서는 정규분포의 중요한 성질들에 대해서 살펴보도록 하자.

4.4.1 정규분포(Normal Distribution)

확률변수 X가 평균이 μ이고 표준편차가 σ^2이며 다음과 같은 확률밀도함수를 가지는 경우, X는 **정규분포** $N(\mu,\ \sigma^2)$에 따른다고 한다. 여기서 π는 원주율 3.1415…이고 $\exp(y) = e^y$이다.

정규분포 확률밀도함수: $N(\mu, \sigma^2)$

$$f(x) = \frac{1}{\sqrt{2\pi}\,\sigma}\exp\left[-\frac{(x-\mu)^2}{2\sigma^2}\right], \quad -\infty < x < \infty$$

이러한 정규분포곡선은 1730년대 드 므아브르(De Moivre)에 의해서 발견되었으나, 1820년경 가우스(Gauss)의 오차이론에서 유도되었다는 점에서 가우스 곡선(Gaussian curve)이라고도 한다. 정규분포가 통계학에서 중요시되고 있는 이유로 다음과 같은 몇 가지를 들 수 있다.

① 자연현상이나 사회현상에서 측정값들의 분포는 정규분포와 유사한 형태를 가지는 것들이 많다. 예를 들어, 사람들의 키, 나무 열매의 길이, 제품의 크기 등은 근사적으로 정규분포의 형태를 따른다.

② 정규분포를 따르지 않는 측정값들에 대해서도 제곱근이나 로그 변환 등의 변환 방법을 통해 정규분포에 근사하도록 유도할 수가 있다.

③ 정규분포는 수리적으로 다루기가 쉬우며, 정규분포의 가정하에서 유도되는 수리 통계학적 결과는 그 확률변수가 정규분포를 따르지 않을 때도 유용하게 활용된다. 즉, 정규분포에서 얻은 이론적 결과는 이산확률변수나 정규분포를 따르지 않는 변수에도 대체로 잘 적용되는 경우가 많다.

④ 정규분포를 따르지 않는 측정값들에 대해서도 표본의 크기가 큰 경우 표본평균은 근사적으로 정규분포를 따른다는 것이다(이 점에 대해서는 다음 절에서 다시 다룰 것이다).

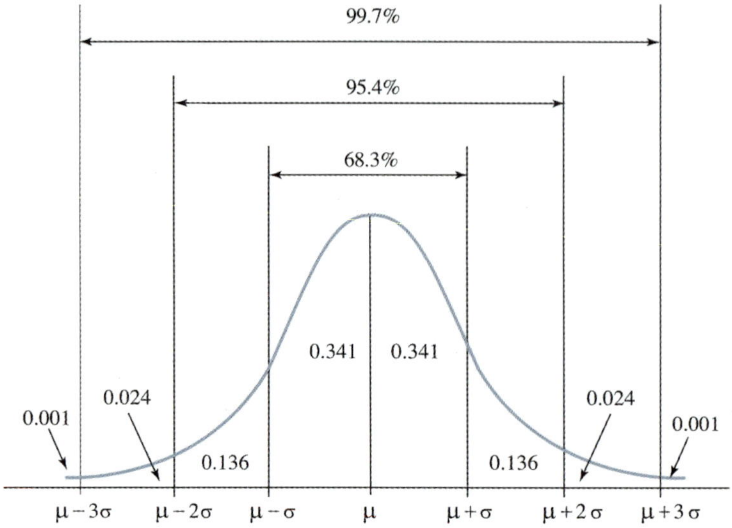

그림 4.16 정규분포곡선

정규 확률밀도함수를 그림으로 나타내면 $(-\infty, \infty)$를 구간으로 하여 평균 μ를 중심으로 좌우 대칭의 종 모양을 취함을 알 수 있다. 또한 정규분포의 확률은 평균 μ와 표준편차 σ 사이에 일정한 관계를 갖는다. 즉, <그림 4.16>에서와 같이 μ로부터 $\pm\sigma$의 구간은 0.683, μ로부터 $\pm 2\sigma$의 구간은 0.954, 그리고 μ로부터 $\pm 3\sigma$의 구간은 0.997의 확률을 갖는다. 이러한 정규분포의 확률적 특성을 식으로 요약하면 다음과 같다.

정규분포의 확률적 특성

$$P(\mu-\sigma \leq X \leq \mu+\sigma) = 0.683$$
$$P(\mu-2\sigma \leq X \leq \mu+2\sigma) = 0.954$$
$$P(\mu-3\sigma \leq X \leq \mu+3\sigma) = 0.997$$

다음 <그림 4.17>은 평균과 분산이 다른 경우에 대한 정규분포의 형태를 보여 준다. 여기서 μ값에 따라 중심의 위치가 바뀌는 것을 볼 수 있으며, σ값에 따라 곡선의 형태가 변하는 것을 볼 수 있다.(즉, σ가 크면 곡선의 높이가 낮아지고 그 대신 μ를 중심으로 하여 대칭적으로 널리 퍼지게 된다는 것을 알 수 있다). 이러한 의미에서 μ를 **위치 모수**(location parameter)라 하고 σ를 **척도 모수**(scale parameter)라고 한다.

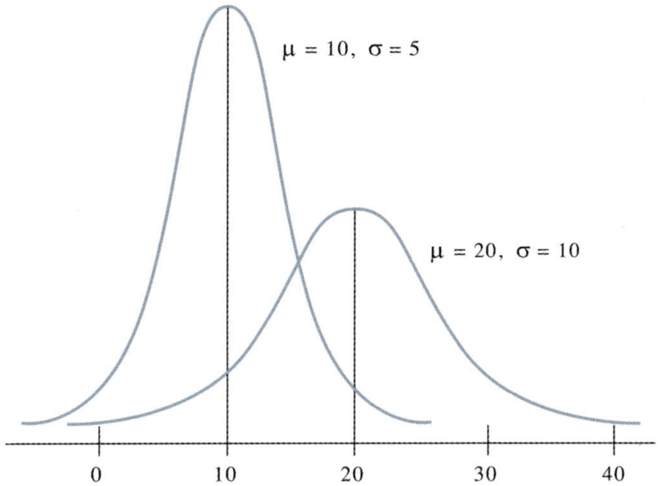

그림 4.17 μ와 σ의 변화에 따른 정규분포의 형태

정규분포를 따르는 확률변수들의 합은 정규분포를 따른다. 그뿐만 아니라 확률변수 X가 정규분포 $N(\mu,\ \sigma^2)$을 따를 때, 확률변수 X에 상수 b를 더하거나 뺀 확률변수 $X \pm b$는 정규분포 $N(\mu \pm b,\ \sigma^2)$을 따르고, 확률변수 X에 상수 a를 곱한 확률변수 aX는 정규분포 $N(a\mu,\ a^2\sigma^2)$을 따른다. 이러한 정규분포의 성질을 다음과 같이 정리할 수 있다.

정규분포의 성질

$X \sim N(\mu, \sigma^2)$일 때 상수 a와 b에 대하여

$$aX + b \sim N(a\mu + b,\ \ a^2\sigma^2)$$

$X_1 \sim N(\mu_1,\ \sigma_1^2)$, $X_2 \sim N(\mu_2,\ \sigma_2^2)$이고 X_1과 X_2가 서로 독립일 때

$$X_1 + X_2 \sim N(\mu_{1\,+}\mu_2, \sigma_1^2 + \sigma_2^2)$$

4.4.2 표준정규분포(Standard Normal Distribution)

평균이 0이고 표준편차가 1인 정규분포를 **표준정규분포**라고 하는데, 정규분포 $N(\mu,\ \sigma^2)$에 따르는 확률변수 X는 다음과 같은 정규화변환을 통해 표준정규분포로 변환할 수 있다.

$$Z = \frac{X - \mu}{\sigma} \tag{4.6}$$

표준정규분포에 따르는 확률변수 Z의 확률밀도함수는 다음과 같다.

$$f(z) = \frac{1}{\sqrt{2\pi}} e^{-z^2/2}, \quad -\infty < x < \infty \tag{4.7}$$

정규분포는 평균과 분산의 값에 따라 위치와 분포의 모양이 다르므로 확률변수 X가 특정한 범위에 있을 확률을 계산하는 것이 매우 불편하다. 따라서 모든 정규확률변수인 X를 Z으로 표준화하면 표준정규분포를 이용하여 확률을 계산하는 것이 편리해지므로 표준정규분포를 자주 사용하게 된다.

예를 들어 초등학교 학생의 몸무게를 X라는 확률변수로 나타내어 정규분포 $N(42, 25)$를 따른다고 하자. 즉 X는 평균 $\mu = 42$와 분산 $\sigma^2 = 25$인 정규분포를 따른다. 이러한 분포로부터 어느 한 학생을 무작위로 뽑았을 때, 학생의 몸무게가 40kg에서 54kg 사이에 있을 확률을 구하고자 하는 경우

$$\begin{aligned} P(40 \le X \le 54) &= P\left(\frac{40-\mu}{\sigma} < \frac{X-\mu}{\sigma} < \frac{54-\mu}{\sigma}\right) \\ &= P\left(\frac{40-42}{5} < Z < \frac{54-42}{5}\right) \\ &= P(-0.4 < Z < 2.4) \end{aligned}$$

이는 표준정규분포에서 -0.4와 2.4 사이의 확률이 된다.

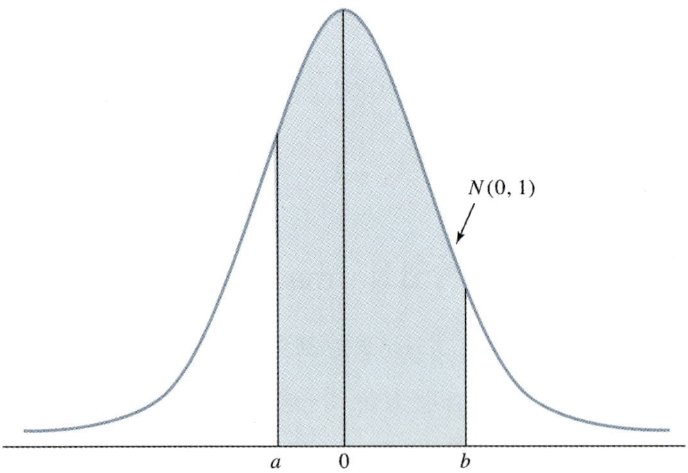

그림 4.18 $P(a < Z < b)$의 확률

또한, 정규분포의 대칭성을 이용하면(즉, $P(-z < Z < 0) = P(0 < Z < z)$)

$$
\begin{aligned}
P(-0.4 < Z < 2.4) &= P(-0.4 < Z < 0) + P(0 < Z < 2.4) \\
&= P(0 < Z < 0.4) + P(0 < Z < 2.4)
\end{aligned}
$$

가 성립함을 보일 수 있다. 이제 부록의 부표 3에서 $P(0 < Z < 0.4) = 0.1554$와 $P(0 < Z < 2.4) = 0.4918$임을 알 수 있으므로, 구하고자 하는 확률값을

$$P(0 < Z < 0.4) + P(0 < Z < 2.4) = 0.1554 + 0.4918 = 0.6472$$

와 같이 계산할 수 있다.

예 4.3 앞에서 설명한 정규분포에서의 확률 문제를 EXCEL의 NORMSDIST 함수를 이용하여 구해보아라(부록 1 참조). 이때 NORMSDIST(z) 함수는 누적 확률값 $P(Z < z)$을 계산해 주는 함수이므로, $P(z_1 < Z < z_2) = P(Z < z_2) - P(Z < z_1)$이 성립한다는 사실을 이용하여라.

작성 절차

① 먼저 워크시트의 A2와 B3 셀에 각각 2.4와 −0.4를 입력한다(그림 4.19).

② B2 셀에 수식 '=NORM.S.DIST(A2)'를 그리고 B3 셀에 '=NORM.S.DIST(B3)'를 입력한다.

③ B4 셀에 수식 '=B2−B3'를 입력한다.

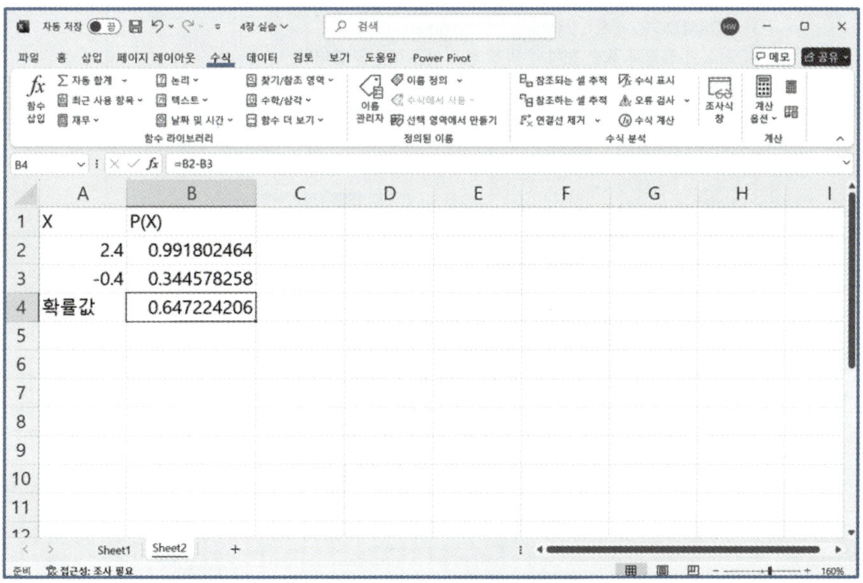

그림 4.19 'NORM.S.DIST' 함수를 이용한 정규분포 확률의 계산

함수마법사를 이용하는 방법

① **'수식'** 메뉴에서 **'함수삽입'**을 클릭한다(그림 4.6).

② 함수마법사 대화상자에서 **'범주선택(C):통계'**를 선택한 후 **'함수선택(N): NORM.DIST'**를 선택한 후 **'확인'**을 클릭한다(그림 4.20).

③ **'함수 인수'** 대화상자에 P(40≦X≦54) 사이에 있을 확률을 구하고자 하므로, $P(X \le 40)$의 **'평균, 표준편차'**와 구하고자 하는 누적 확률에 해당하는 값을 입력하고 **'확인'**을 누른다(그림 4.21).

④ ③의 방법과 같이 P(X≦54)의 **'평균, 표준편차'**와 구하고자 하는 누적 확률에 해당하는 값을 입력하고 **'확인'**을 누른다(그림 4.22).

⑤ B3 셀에 P(X≦54) − P(X≦40)의 수식 **'=B2−B1'**를 입력한다(그림 4.23).

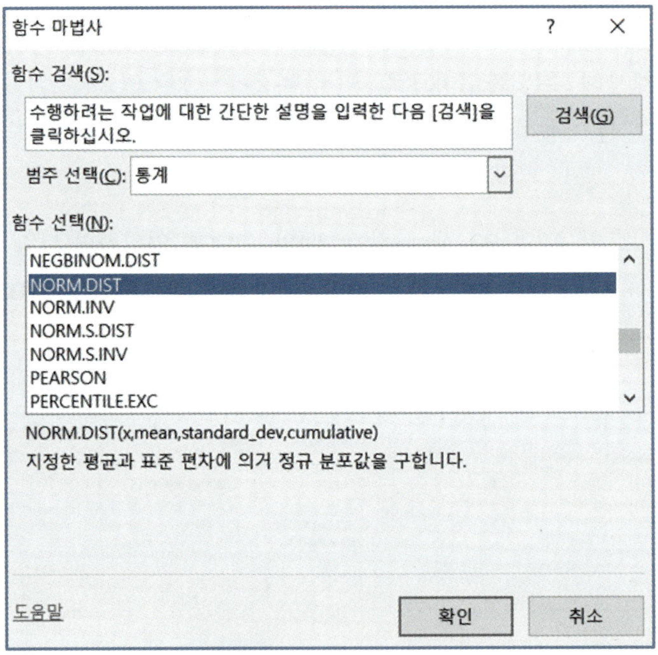

그림 4.20 '함수마법사' 대화상자

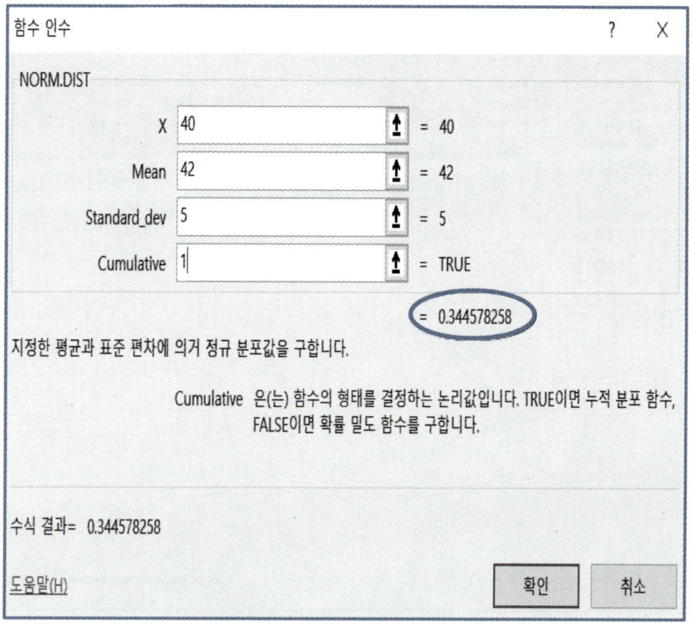

그림 4.21 '함수 인수' 대화상자(1)

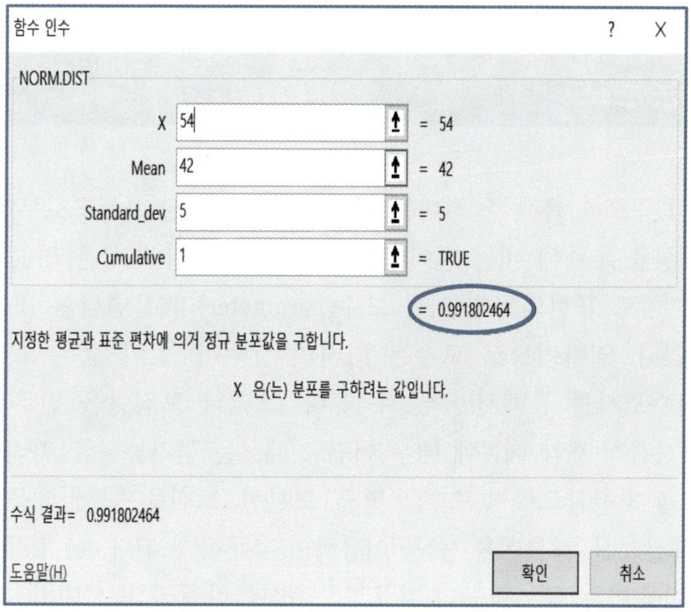

그림 4.22 '함수 인수' 대화상자(2)

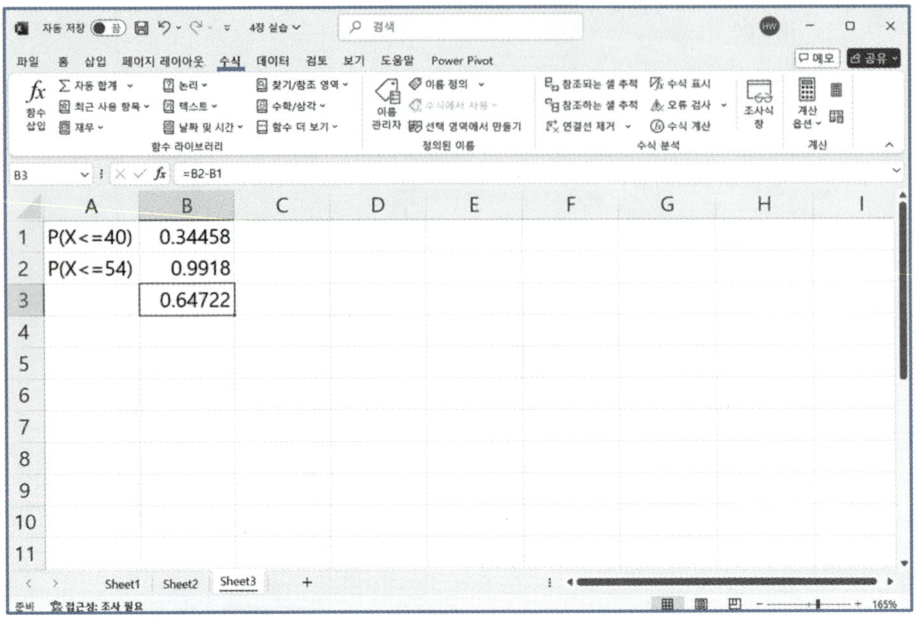

그림 4.23 'NORM.DIST' 함수를 이용한 정규분포 확률의 계산

4.5 표본분포

통계분석의 중요한 목적 중 하나는 모집단에서 추출된 표본으로부터 관심 있는 모집단의 특성을 추측해 내는 일이다. 이러한 모집단의 특성은 평균과 표준편차 등과 같이 수치로 표현되는데 이를 모수(parameter)라고 한다는 것을 앞장에서 설명한 바 있다. 일반적으로 모수는 미지의 상수이며, 이 값은 모집단을 전부 조사하는 전수조사를 통해서만 알 수 있다. 그러나 모집단을 전부 조사한다는 것은 경제적·시간적 제약 때문에 매우 어렵고 때로는 불가능하다. 따라서 모집단의 일부인 표본을 조사함으로써 모수(모평균, 모분산, 모비율 등)에 대응되는 통계량(표본평균, 표본분산, 표본비율 등)을 이용하여 추론하게 된다. 이 절에서는 통계학에서 널리 이용되는 표본평균의 분포 및 중심극한정리를 설명하고, 중요한 몇 가지 표본분포를 소개하고자 한다.

4.5.1 표본평균의 분포

평균(기댓값)이 μ이고 표준편차가 σ인 모집단으로부터, 크기 N인 확률표본 $x_1, x_2, \cdots, x_n$을 추출하여 표본평균 μ와 표본분산 s^2을 계산하였다고 하자.

$$\overline{x} = \frac{1}{n}\sum_{i=1}^{n} x_i \tag{4.8}$$

$$s^2 = \frac{1}{n-1}\sum_{i=1}^{n}(x_i - \overline{x})^2 \tag{4.9}$$

이때, 모집단의 분포가 어떤가에 관계없이 항상 다음 관계가 성립한다.

$$E(\overline{x}) = \mu,\ E(s^2) = \sigma^2 \tag{4.10}$$

$$Var(\overline{x}) = \sigma^2/n \tag{4.11}$$

즉, 표본평균 $\overline{x}$는 모평균 μ의 불편추정치(unbiased estimate)이고 표본분산 s^2은 모분산 σ^2의 불편추정치이다. 또한 표본평균의 표준편차는 $SE = \sigma/\sqrt{n}$이 된다는 것을 알 수 있는데, 이를 표본평균의 **표준오차**(standard error for mean)라고 하며 표본평균이 모평균으로부터 얼마나 떨어져 있는가를 나타내 주는 척도라고 할 수 있다.

결론적으로 표본평균 $\overline{x}$의 평균은 모집단의 평균과 같으며 표본크기 n이 클수록 그 분산이 0에 가까워져, 결국 표본의 크기가 클 때 $\overline{x}$는 모집단의 평균인 μ 근처에 밀집되어 분포한다는 사실을 알 수 있는 것이다.

더 나아가 모집단의 분포가 정규분포이면 $\overline{x}$는 정규분포 $N(\mu, \sigma^2)$을 따르고, 따라서 $\overline{x}$에 대해 다음과 같이 정규화변환을 취하면

$$z = \frac{\overline{x} - \mu}{\sigma/\sqrt{n}} \tag{4.12}$$

z는 평균이 0이고 표준편차가 1인 표준정규분포 $N(0, 1)$을 따른다.

만약, 모집단의 분포가 정규분포가 아니라면 어떻게 될까? 이 경우 표본평균 $\overline{x}$의 분포가 정확히 정규분포를 따르지는 않지만, 표본크기 n이 충분히 큰 경우 근사적으로 정규분포를 따르게 된다. 이와 같은 사실을 **중심극한정리**(central limit theorem)라고 하며, 여러 통계량의 근사 분포를 구하는 데 중요한 역할을 한다.

중심극한정리에 의하면 모집단의 분포가 연속형이든, 이산형이든, 또는 비스듬하게 치우친 형태이든 간에 표본의 크기가 클수록 표본평균 $\overline{x}$의 분포가 근사적으로 정규분포

$N(\mu, \sigma^2)$에 접근한다는 것이다. 여러 통계적 모형에서 일반적으로 정규분포 가정을 하고 있는데, 이러한 가정은 중심극한정리를 고려한 것이라고 할 수 있다.

4.5.2 이항분포의 정규 근사

앞에서 설명한 중심극한정리를 이용하면 정규분포를 이용하여 많은 다른 형태의 분포에 대한 확률을 근사적으로 구할 수 있다. 여기서는 이항분포의 확률을 정규분포에 의해 근사적으로 구하는 것을 설명하고자 한다.

확률변수 X가 이항분포 $B(n,p)$를 따를 때 n이 작은 숫자이면 이항분포의 확률을 직접 계산하거나 이항분포표(부록의 부표 1 참조)에 의해 쉽게 구할 수 있다. 그러나 n이 커지면 확률계산은 아주 복잡하며 많은 시간을 소모하게 된다. 한편, <그림 4.24>에서 볼 수 있는 바와 같이 이항분포에서 n이 커지면 점차 정규분포에 가까운 형태가 되는 것을 볼 수 있다. 이항분포 $B(n, p)$의 평균은 $\mu = np$이고 분산은 $\sigma^2 = np(1-p)$이므로, 분포의 형태가 $N(np, np(1-p))$에 가까워진다. 이럴 때 이항분포 $B(n, p)$를 따르는 확률변수 X에 대하여,

$$Z = \frac{X - np}{\sqrt{np(1-p)}} \tag{4.13}$$

의 분포는 근사적으로 표준정규분포 $N(0, 1)$에 가까워진다. 따라서 이항분포에서 시행회수 n이 클 때 표준정규분포표를 이용하여 확률을 계산하면 편리하게 된다.

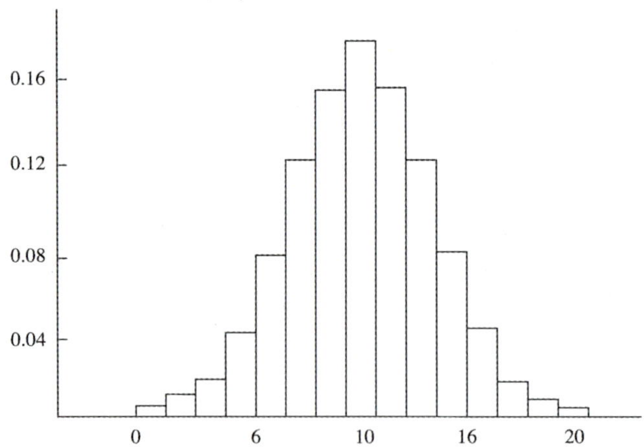

그림 4.24 $B(20, 0.5)$의 확률분포

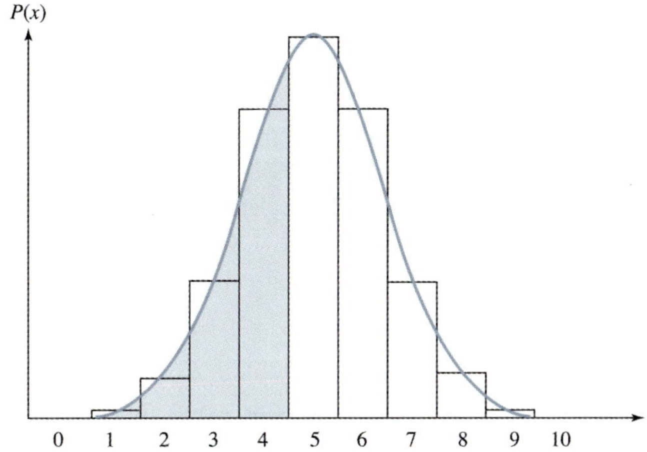

그림 4.25 $B(10,\ 0.5)$와 $N(5,\ 2.5)$의 확률분포

일반적으로 이산확률분포에서 연속확률분포로의 근사를 보다 정확히 하기 위해서는 보정이 필요한데 이것을 **연속성 수정**(continuity correction)이라고 한다. 예를 들어, 확률변수 X가 이항분포 $B(n,\ p)$를 따를 경우 $P(X=k)$(단, k는 정수)를 $P(k-0.5<X<k+0.5)$로 수정하는 것을 의미한다.

<그림 4.25>는 이항분포 $B(10,\ 0.5)$와 이에 대응하는 $\mu=np=(10)(0.5)=5$, $\sigma^2=np(1-p)=(10)(0.5)(0.5)=2.5$인 정규분포 $N(5,\ 2.5)$를 함께 나타낸 것이다. 여기서 음영 부분은 $P(x\le 4)$에 해당하는 확률을 정규분포상에 나타내고 있다. 부록의 부표 1에서 $P(x\le 4)=0.377$임을 알 수 있는데, 0.5의 연속성 수정을 하여 정규분포로부터 확률을 구하면 다음과 같다.

$$P(X\le 4)\simeq P(X<4+0.5)=P\left(\frac{X-5}{\sqrt{2.5}}<\frac{4.5-5}{\sqrt{2.5}}\right)$$
$$=P(Z<\ -0.32)=0.3745$$

그러므로 $n=10$인 경우와 같이 n이 그리 크지 않을 때도 정규분포에 의한 근사적 확률이 이항분포로부터 구한 실제 확률 0.377에 상당히 가까운 것을 볼 수 있다.

이제 확률변수 X가 이항분포 $B(20,\ 0.7)$을 따를 때 $P(\le X\le 16)$을 이항분포와 정규분포에 의한 근사적 계산으로 비교하여 보자. 먼저 이항분포표에서

$$P(10\le X\le 16)=P(X\le 16)-P(X\le 9)$$
$$=0.893-0.017=0.876$$

임을 알 수 있다. 다음으로 정규분포에 의한 근사적 확률은 $\mu = (20)(0.7) = 14$, $\sigma^2 = (20)(0.7)(0.3) = 4.2$를 가지는 정규분포로 계산한다. 즉,

$$\begin{aligned}
P(10 \le X \le 16) &\simeq P(10 - 0.5 \le X \le 16 + 0.5) \\
&= P\left(\frac{9.5 - 14}{\sqrt{4.2}} < \frac{X - 14}{\sqrt{4.2}} < \frac{16.5 - 14}{\sqrt{4.2}}\right) \\
&= P(-2.20 < Z < 1.22) \\
&= P(-2.20 < Z < 0) + P(0 < Z < 1.22) \\
&= P(0 < Z < 2.20) + P(0 < Z < 1.22) \\
&= 0.4861 + 0.3888 = 0.8749
\end{aligned}$$

4.5.3 t-분포(Student's t-Distribution)

모집단의 분포가 정규분포를 따르고 모수 μ와 σ^2을 알고 있다면 표본평균 $\bar{x}$의 분포가 정규분포를 따르므로, $\bar{x}$에 대한 확률값을 쉽게 계산할 수 있다. 그러나 모표준편차 σ를 모를 때는 어떻게 될까? 1908년 고셋(W. S. Gosset; 필명 Student)은 정규분포 $N(\mu, \sigma^2)$로부터 추출된 표본평균 $\bar{x}$에 대해서, 표본 표준편차 s를 이용하여 다음과 같은 변환을 취하면

$$t = \frac{\bar{x} - \mu}{s/\sqrt{n}} \tag{4.14}$$

이는 표준정규분포를 하지 않고 표본크기 n에 따라서 분포 형태가 달라진다는 것을 발견하였다. 이 통계량의 분포는 그 후 휘셔(R. A.Fisher)에 의해서 규명되었으며, 이와 같은 분포를 자유도(degree of freedom) $\nu = n - 1$을 가지는 '스튜던트의 t-분포'라고 하였다.

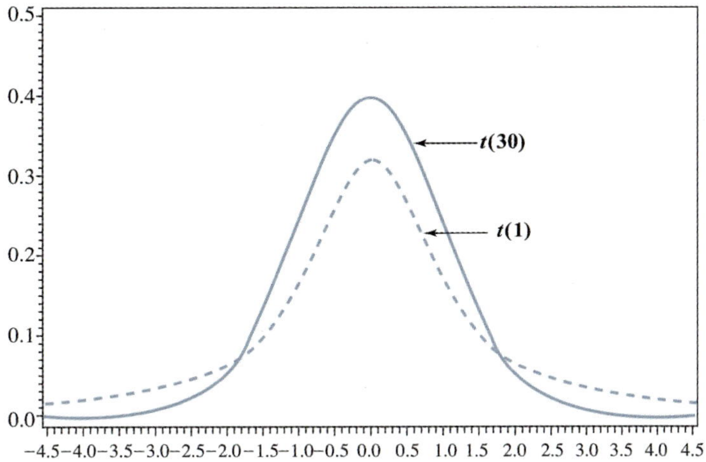

그림 4.26 t−분포(실선: $\nu = 30$, 점선: $\nu = 1$)

<그림 4.26>은 t−분포에 대한 확률밀도함수로서 실선으로 그려져 있는 것은 $\nu = 30$의 경우이고 점선으로 그려져 있는 것은 $\nu = 1$의 경우이다. 이 그림에서 t−분포도 표준정규분포와 마찬가지로 평균 0을 중심으로 좌우 대칭이고, 자유도가 커지면 높이가 커지면서 폭이 좁아진다는 것을 알 수 있다. 그러나 일반적으로 t−분포는 표준정규분포에 비해서 두터운 꼬리를 가지고 있으며, 따라서 표준정규분포에 비해서 극단적인 값이 나타날 확률이 더 크다. 한편, 자유도가 커서 30 이상이 되면 표준정규분포와 거의 유사하게 된다.

4.5.4 카이제곱분포(Chi-square Distribution)

앞에서 다룬 t−분포는 평균에 관한 통계적추론에 유용하다. 이제 표본분산 s^2의 분포에 대해서 살펴보도록 하자. 수리 통계적 이론에 의하면 서로 독립인 n개의 표준정규변수 $z_1, z_2, \cdots, z_n$ 에 대해서 그들의 제곱합

$$\chi^2 = \sum_{i=1}^{n} z_i^2 \tag{4.15}$$

은 자유도 $v = n$인 카이제곱분포 $\chi^2(v)$을 따른다.

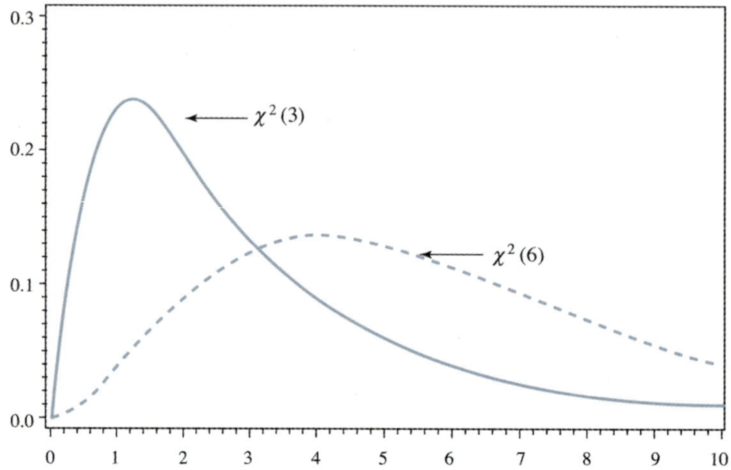

그림 4.27 χ^2–분포(실선: $\nu=3$, 점선: $\nu=6$)

또한, 정규모집단 $N(\mu, \sigma^2)$에서 추출한 n개의 랜덤표본 $x_1, x_2, \cdots, x_n$으로부터 계산된 s^2에 대해

$$\frac{(n-1)s^2}{\sigma^2} \tag{4.16}$$

이 자유도 $n-1$인 χ^2–분포 $\chi^2(n-1)$을 따른다는 것을 볼 수 있다.

<그림 4.27>은 카이제곱분포 확률밀도함수로서, 실선으로 그려져 있는 것은 $\nu=3$의 경우이고 점선으로 그려져 있는 것은 $\nu=6$의 경우이다. 확률변수 X가 $\chi^2(\nu)$에 따른다고 할 때 X는 0 이상의 값을 가지는 연속확률변수로서, 그의 평균과 분산은 다음과 같다.

$$E(X)=\nu, \quad Var(X)=2\nu$$

4.5.5 F-분포(F-Distribution)

F–분포는 두 정규모집단의 분산비에 대한 추론에 주로 사용된다. 두 확률변수 χ_1^2과 χ_2^2가 각각 자유도 ν_1과 ν_2인 카이제곱분포를 따르며 서로 독립이라고 할 때, 통계량

$$F=\frac{\chi_1^2/\nu_1}{\chi_2^2/\nu_2} \tag{4.17}$$

는 자유도 $(k_1,\ k_2)$인 F-분포 $F(\nu_1, \nu_2)$를 따른다.

이제 $x_1, \cdots, x_{n_1}$과 $y_1, \cdots, y_{n_2}$ 가 각각 두 정규모집단 $N(\mu_1, \sigma_1^2)$과 $N(\mu_2, \sigma_2^2)$에서 독립적으로 추출된 확률표본이라고 하자. 이때 s_1^2과 s_2^2을 두 표본에서의 표본분산이라고 하면 다음 두 확률변수에 대해

$$\frac{(n_1-1)s_1^2}{\sigma_1^2} \sim \chi^2(n_1-1), \quad \frac{(n_2-1)s_2^2}{\sigma_2^2} \sim \chi^2(n_2-1) \tag{4.18}$$

이 성립하며 이들은 서로 독립이므로, 확률변수

$$\frac{\sigma_2^{2/}s_2^2}{\sigma_1^{2/}s_1^2} \tag{4.19}$$

은 자유도 (n_1-1, n_2-1)인 F-분포를 따른다.

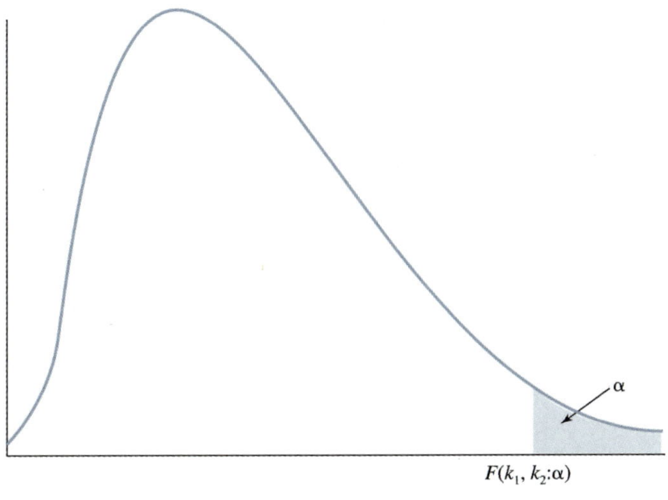

그림 4.28 F-분포의 형태

4.6 연습문제

4-1 2개의 공정한 주사위를 던질 때 적어도 한 주사위의 눈의 개수가 3보다 작을 확률을 구하여라.

4-2 어느 신혼부부가 3명의 아이를 낳을 계획이라 하고 아들과 딸의 확률이 각각 57%, 43%라고 가정하자.

(가) 딸이 적어도 한 명 이상일 확률을 계산하여라.
(나) 아들이 적어도 한 명 이상인 확률을 계산하여라.
(다) 아들과 딸이 적어도 한 명 이상인 확률을 계산하여라.

4-3 어떤 노름꾼의 주머니 속에는 앞면과 뒷면이 나올 확률이 같은 동전(fair coin) 1개와 앞면만 나오게 되어 있는 동전(unfair coin)이 1개 있다고 하자. 이 노름꾼이 노름판에서 그의 주머니에서 동전 1개를 꺼내어 던졌는데 앞면이 나왔다. 이 동전이 앞면과 뒷면이 나올 확률이 같은 동전이었을 확률을 구하여라.

4-4 주머니가 2개가 있는데 첫 번째 주머니에는 흰 공 2개, 검은 공 7개가 들어 있고, 두 번째 주머니에는 흰 공 5개, 검은 공 6개가 들어 있다. 동전 1개를 던져서, 앞면이 나오면 첫 번째 주머니에서 뒷면이 나오면 두 번째 주머니에서 공 1개를 꺼낸다고 하자. 이때 흰 공이 1개 꺼내졌는데 이 공이 첫 번째 주머니에서 나왔을 확률을 구하여라.

4-5 세 가지 사상 A, B, C와 세 사상의 결합확률이 다음과 같다.

$$P(A)=0.14,\ \ P(B)=0.23,\ \ P(C)=0.37$$
$$P(A\cap B)=0.08,\ P(A\cap C)=0.09,\ P(B\cap C)=0.13,\ P(A\cap B\cap C)=0.05$$

이때 확률 $P(A|B)$, $P(A|B\cup C)$, $P(A|A\cup B\cup C)$, $P(A\cup B|C)$를 각각 구하여라.

4-6 2개의 주사위를 던졌을 때, 이 중 하나의 주사위의 숫자가 3이 나온 것을 알았다.

(가) 이때 다른 하나도 3일 확률을 구하여라.
(나) 두 주사위의 합이 7일 확률을 구하여라.

4-7 어느 도시의 가구 중 40%가 A 신문을 구독하며 그중 50%가 B 신문을 같이 구독한다고 한다. 또한 전체의 50%가 B 신문을 구독한다고 한다. 한 가구를 무작위 추출하였을 때 그 가구가 A 또는 B 신문 중 적어도 하나를 구독할 확률을 구하여라. 또한 A와 B 신문 중 어느 것도 구독하지 않을 확률을 구하여라.

4-8 한 전기제품의 내부에 부품 3개가 병렬로 연결되어 있다. 적어도 하나가 작동한다면 전기제품은 정상적으로 움직이고, 각 부품이 고장나는 사상은 서로 독립적이고 각 부품이 고장날 확률이 0.05라고 하면, 이 전기제품이 정상적으로 움직일 확률이 얼마인지를 계산하여라.

4-9 어떤 공장에서 불량품이 나올 수 있는 확률이 각각 7%, 11%인 기계 두 대를 A, B라고 하자. 기계 A는 전체 제품의 40%를 생산하고 기계 B는 60%를 생산한다. 이 공장의 제품 가운데 불량품을 1개 뽑았는데, 이 불량품이 기계 A에서 제조되었을 확률을 계산하여라.

4-10 남녀의 수가 같은 어느 대학교에서 남자는 5퍼센트, 여자는 0.25퍼센트가 색맹이라고 한다. 색맹인 사람을 한 사람 뽑았을 때 이 사람이 남자일 확률을 계산하여라.

4-11 하나의 주사위를 두 번 던지는 실험에서 X와 Y가 아래와 같을 때 다음 물음에 답하여라.

X=두 번의 실험에서 나타난 짝수의 회수
Y=두 번의 실험에서 나타난 3배수의 회수

(가) X와 Y의 결합확률분포를 구하여라.
(나) X와 Y의 주변확률분포를 각각 구하여라.

4-12 A군은 두 대의 자가용을 소유하고 있는데, 하나는 대형차이고 또 하나는 소형차이다. 그런데 회사의 주차 공간이 협소하여 주차하는 데 많은 시간이 소요되므로, 소형차를 타고 출근할 날 10%의 지각을 그리고 대형차를 이용하는 날은 40%의 지각률을 나타낸다고 한다. 이러한 문제로 A군은 출근하는 날의 75%는 소형차를 그리고 25%는 대형차를 이용한다고 한다. 여기서 오늘 아침에 A가 지각하지 않고 정상적으로 출근하였을 때, 소형차를 이용하였을 확률을 계산하여라.

4-13 금형을 제작하는 어느 공장에서 3대의 압연기 A, B, C가 각각 전체 생산량의 20%, 30%, 50%를 생산한다고 하자. 또한 각 기계에서 생산된 금형의 불량률은 각각 1%, 2%, 3%라고 한다.

(가) 검사 결과 불량품으로 판명되었을 경우, 그것이 A 기계제품일 확률을 베이스 정리를 이용하여 구하여라.

(나) 검사 결과 양품으로 판명되었을 경우, 그것이 A 기계제품일 확률을 베이스 정리를 이용하여 구하여라.

4-14 한 개의 동전을 던져 앞면이 나오면 1,000원을 받고 뒷면이 나오면 500원을 준다고 할 때,

(가) 확률변수의 분포를 구하여라.

(나) 기대금액을 구하여라.

4-15 학생의 학부모가 통계학 과목에서 A^+학점을 받으면 5천 원, A학점을 받으면 3천 원, B^+학점을 받으면 2천 원, B학점을 받으면 1천 원을 준다는 약속을 했다. 각 경우의 확률이 다음과 같을 때 기댓값과 분산을 구하여라.

	A^+	A	B^+	B
확률	0.12	0.18	0.33	0.37

4-16 확률변수 X의 확률분포가 다음과 같다.

X	0	1	2	3	4	5
$P(x)$	0.05	0.3	0.3	0.2	0.1	0.05

(가) $E(X)$와 $Var(X)$를 구하여라.

(나) $E(2X-1)$와 $Var(2X-1)$을 구하여라.

4-17 확률밀도함수가 $f(x)=ax^2, 0 \le x < 1$일 때,

(가) a의 값을 구하여라.

(나) $P(X \le 1/2)$, $P(X \le 1/3)$, $P(1/4 \le X \le 3/4)$을 구하여라.

4-18 자유투 성공률이 90%인 선수가 100번의 자유투를 시도할 때 다음의 확률을 구하여라.

(가) 자유투 성공 횟수가 70번 미만인 확률을 구하여라.

(나) 자유투 성공 횟수가 90번 이상인 확률을 구하여라.

(다) 정확히 85번 성공할 확률을 구하여라.

4-19 어느 상점에 손님이 5분당 1명꼴로 물건을 사러 온다고 한다. 이때 25분간 주인이 자리를 비웠을 때 손님이 3명 미만 왔다 갔을 확률을 구하여라.

4-20 어느 신문에는 한 면당 오자가 발생할 확률이 10%라고 한다. 총 16면으로 발행되는 신문에서 오자가 3개 이상 나타날 확률을 구하여라.

4-21 어느 교환대에서는 5분 동안 평균적으로 2번의 발신음이 있다. 어떤 특정한 5분 동안의 발신음 수를 확률변수라 할 때, 다음과 같은 분포를 따른다고 알려져 있다.

$$P(X=x)=\frac{e^{-2}2^{x}}{x!}$$

(가) X가 취할 수 있는 값을 구하여라.

(나) 어느 특정한 5분 동안 발신음이 하나도 없을 확률을 구하여라.

4-22 평균이 30이고, 표준편차가 5인 정규분포를 따르는 확률변수 X에 대하여 확률 $P(X \geq 32.5)$, $P(X \leq 40)$, $P(X \leq 37.5)$, $P(35 \leq X \leq 40)$, $P(22.5 \leq X \leq 25)$, $P(25 \leq X \leq 32.5)$을 각각 구하여라.

4-23 52장의 트럼프 카드 중에서 2장을 뽑았을 때 두 숫자의 합에 관심이 있다고 할 때 (A=1, J=11, Q=12, K=13),

(가) 2장의 숫자의 합의 확률분포는 어떠한 확률분포를 따르는가?

(나) 두 숫자의 합이 16 미만이면 1,000원을 받고, 17 이상이면 1,000을 준다고 했을 때 기댓값을 구하여라.

4-24 어떤 항아리 속에 검은 공이 2개, 흰 공이 3개 들어 있는데 이 항아리 속에서 2개를 꺼냈을 때 검은 공의 개수를 세어 본다고 하자.

(가) 표본공간을 구하여라.

(나) 검은 공의 개수에 따른 확률을 계산하여 확률분포를 만들어라.

4-25 한 가정에서 아침 식사로 빵과 우유 한잔을 든다고 가정하자. 빵에서 섭취하는 열량은 평균이 200, 표준편차가 15인 정규분포를 따르고, 우유 한잔으로부터 섭취하는 열량은 평균이 80, 표준편차가 5인 정규분포를 따른다.

(가) 이 가정의 아침 식사에서 일 인당 섭취하는 열량의 평균과 표준편차를 각각 구하여라.

(나) 이 가정이 매일 아침 식사에서 300칼로리 이상을 섭취하려고 목표한다면 1년 중 몇 %에 해당하는 날에 목표가 달성되겠는가?

4-26 발전소에서 매일 방출되는 황산의 양은 평균 134파운드, 표준편차 22파운드인 정규분포를 따른다고 한다. 임의로 추출된 5일의 황산 방출량의 총합이 700파운드 이상일 확률을 구하여라.

4-27 어느 고등학교 학생들의 신장 평균이 170cm이고 표준편차가 5cm라고 알려져 있다. 100명을 무작위 추출하여 표본평균이 168cm 이상 171cm 이하일 확률을 구하여라.

4-28 3개의 동전을 동시에 던지는 시행을 600번 반복하여 앞면이 2개, 뒷면이 1개 나오는 횟수를 X라고 할 때 다음을 구하여라.

(가) X의 평균과 표준편차를 구하여라.

(나) $P(X \le 220)$을 계산하여라.

(다) $P(X \ge 250)$을 계산하여라.

4-29 χ^2은 자유도가 8인 카이제곱분포를 따른다고 할 때 다음을 구하여라.

(가) $P(\chi^2 \le 15.507)$을 계산하여라.

(나) $P(\chi^2 \ge 2.180)$을 계산하여라.

(다) $P(1.647 \le \chi^2 \le 13.362)$을 계산하여라.

4-30 어느 전구 회사에서 하루에 20,000개의 전구를 생산한다. 과거 전구의 품질검사에 의하면 전구의 수명은 평균 2,400시간이고 분산이 300인 정규분포를 따른다고 한다. 어떤 특정한 날에 11개의 전구를 추출하여 검사를 하였더니 표본분산이 500으로 계산되었다. 표본분산이 500 이상으로 나타날 확률은 얼마인지를 구하여라.

4-31 확률변수 T는 자유도가 8인 t–분포를 따른다고 할 때 다음을 구하여라.

(가) $P(T \leq 1.397)$을 계산하여라.

(나) $P(-1.397 \leq T \leq 1.180)$을 계산하여라.

(다) $P(P(T \geq t) = 0.02)$일 때 t값을 계산하여라.

4-32 두 정규모집단 $N(1, 2^2)$, $N(2, 2^2)$에서 각각 크기 10인 확률표본을 추출하여 구한 표본분산을 s_1^2, s_2^2이라고 할 때, $P(s_1^2 \leq ys_2^2)$가 성립하는 y값을 구하여라.

제 5 장

통계적 추정과 검정

우리는 일상생활에서의 경험이나 현재 상황을 토대로 미래에 관한 것이나 미지의 일을 추측한다. 오늘의 주식시장 관찰로 내일의 시세를 추측하기도 하고 일부의 여론조사로 전 국민의 여론을 추측하기도 한다. 즉, 우리의 관심 대상인 모집단으로부터 추출한 표본으로 우리가 실제로 관찰하지 않은 부분을 포함한 전체에 대해 서술하게 된다. 결론적으로 일부분에 대한 관찰을 통해 전체에 대해서 추측하게 되는 것이다. 여기서 우리가 추측하고자 하는 것은 대개 모집단의 특성인 모수라 할 수 있다. 이러한 통계적 추론(statistical inference)은 추정(estimation)과 검정(testing)으로 구분되는데, 이 장에서는 통계적 추정과 검정에 대해 그 개념들을 살펴보고자 한다. 또한 단일 모집단에 대한 통계적 추론에 대해서도 구체적으로 설명할 것이다.

5.1 모집단과 표본

실험이나 조사에서 관심의 대상이 되는 모든 자료를 수집한다는 것은 실제적 혹은 물리적으로 불합리한 경우가 대부분이다. 예를 들어, 어느 의약품의 효과를 알기 위해 모든 환자에게 임상실험을 하거나 한 회사에서 생산되는 타이어의 평균수명을 알기 위해 그 회사에서 생산되는 모든 타이어를 검사한다는 것은 불가능하거나 비경제적이다. 따라서 전체 수집 대상 중에서 일부만을 추출하여 자료를 얻고 이를 분석하는 것이 일반적이라고 할 수 있다.

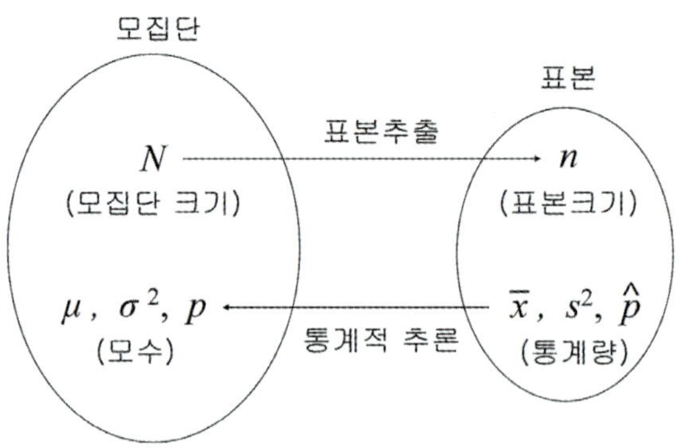

그림 5.1 모집단과 표본의 관계

이때 관심 대상이 되는 모든 가능한 자료값들의 집합을 **모집단**(母集團, population)이라고 하며, 통계적 분석을 위해 모집단에서 추출된 실제 관측값들의 집합을 **표본**(標本, sample)이라고 한다.

모집단의 특성을 나타내는 미지의 상수값을 **모수**(母數, parameter)라고 하는데, 통계학의 주목적은 모수에 관한 추론에 있다고 할 수 있다. 한편, 표본에 있는 정보를 양적으로 축약하여 얻는 표본의 함수값을 **통계량**(統計量, statistic)이라고 하는데, 통계처리의 중요한 목적 중의 하나는 통계량을 근간으로 모집단의 특성을 파악하는 것이다. 즉, 표본평균($\overline{x}$), 표본분산(s^2), 표본비율($\hat{p}$)과 같은 통계량을 통해 이에 대응되는 모평균(μ), 모분산(σ^2), 모비율(p)과 같은 모수들에 대한 통계적 추론을 하는 것이다.

5.2 통계적 추정

모평균 μ와 모분산 σ^2을 모수로 하는 모집단에서 확률표본을 추출하는 경우, 표본평균 $\overline{x}$와 표본분산 s^2의 기댓값이 각각 μ와 σ^2이 된다는 것을 앞장에서 설명한 바 있다. 이와 같은 성질에 의해 표본평균 $\overline{x}$와 표본분산 s^2을 각각 μ와 σ^2의 **불편추정량**(不偏推定量, unbiased estimator)이라고 한다.

하나의 모수를 추정하는 방법으로 여러 가지를 생각할 수 있다. 예를 들어 모평균 μ의 추정치로 표본평균을 사용할 수도 있고, 표본 중위수나 표본최빈수 등을 사용할 수도 있다. 대부분은 표본평균 $\overline{x}$를 모평균 μ대한 추정치로 사용하는데, 이는 표본평균이 불편성 등 여러 가지 좋은 성질들을 가지고 있기 때문이다. 추정량의 성질을 평가하는 기준으로 이와 같은 불편성(unbiasedness) 이외에도 일치성(consistency), 효율성(efficiency), 충분성(sufficiency) 등을 생각할 수 있으나, 이 책에서는 이에 관한 이론적 설명은 생략하도록 하겠다. 다만, 이 책에서 다루고 있는 대부분의 추정량은 앞에서 나열한 여러 가지 좋은 성질들을 가지고 있다는 것이 잘 알려져 있다는 정도만 언급하기로 한다.

위에서 언급한 바와 같이 표본평균이 모평균에 대한 추정치로서 여러 가지 좋은 성질들을 가지고 있다 하더라도, 이러한 사실이 $\overline{x}$가 μ와 똑같다는 것을 의미하는 것은 아니다. 따라서 $\overline{x}$의 표준오차 및 분포의 형태 등을 이용하여 μ에 대한 추론을 수행할 필요가 있는 것이다. 앞장에서 여러 가지 형태의 표본분포를 설명한 것도 바로 이런 이유에서이다.

5.2.1 점추정과 구간추정

모평균 μ의 추정치로 보통 표본평균 $\overline{x}$를 사용한다. 이처럼 하나의 값으로 모수를 추정하는 것을 **점추정**(點推定, point estimation)이라고 한다. 그런데, 이와 같은 점추정은 오차의 정도에 관하여 신뢰성 있는 정보를 제공하지 못한다. 왜냐하면 점추정은 모수의 값과 가까울 것으로 생각되는 표본의 추정치이지만 이 값이 어느 정도나 옳을 것인지 신뢰할 수 없기(표본으로부터 구한 추정치가 미지인 모수와 어느 정도 차이 나는지 알 수가 없기) 때문이다.

이에 반해 미지인 모수가 속할 구간(추정하고자 하는 모수의 추측에 대해 확률(신뢰성)을 가지고 모수가 포함될 구간)으로 모수를 추정하는 것을 **구간추정**(區間推定, interval estimation)한다고 하는데, 모수 θ에 대해

$$P[L(\hat{\theta}) \leq \theta \leq U(\hat{\theta})] \geq 1-\alpha \tag{5.1}$$

을 만족하는 구간 $(L(\hat{\theta}), U(\hat{\theta}))$을 모수 θ에 대한 $100(1-\alpha)\%$ **신뢰구간**(信賴區間, confidence interval)이라고 한다. 이때 $1-\alpha$를 **신뢰수준**(信賴水準, confidence level)이라고 하고, $L(\hat{\theta})$을 **신뢰하한**(信賴下限, lower confidence limit) 그리고 $U(\hat{\theta})$을 **신뢰상한**(信賴上限, upper confidence limit)이라고 한다.

예를 들어 모분산 σ^2을 안다고 가정하는 경우(실제로는 모수라 알 수가 없음) 정규모집단 $N(\mu, \sigma^2)$의 모평균 μ에 대한 추정을 하는 경우, 점추정량으로는 표본평균 $\overline{x}$를 사용할 수 있고 $100(1-0.05)\% = 95\%$ 신뢰구간은 다음과 같이 주어진다.

$$\left(\overline{x}-1.96\frac{\sigma}{\sqrt{n}}, \qquad \overline{x}+1.96\frac{\sigma}{\sqrt{n}}\right)$$

사실 한 번의 관측에서 이와 같은 신뢰구간은 고정된 미지의 모수 μ를 포함하지 않을 수도 있다. 다만 이러한 신뢰구간이 의미하는 것은 구간추정 방법 $(\overline{x}-1.96\sigma/\sqrt{n},\ \overline{x}+1.96\sigma/\sqrt{n})$을 사용하여 반복적으로 μ에 대한 구간추정을 수행한다면 100번 중 약 95번 정도가 참값 μ를 포함할 것으로 기대할 수 있다는 것이다. 이때 $1.96\sigma/\sqrt{n}$를 95% 신뢰수준 하에서의 **오차한계**(誤差限界, limit of error)라고 하는데, 이는 추정량 $\overline{x}$를 사용하여 모수 $\overline{x}$를 100번 정도 추정한다면 오차가 $1.96\sigma/\sqrt{n}$ 이내인 경우가 95번 정도라고 할 수 있다는 것을 의미한다.

최근 신문이나 TV에서 "정부의 이번 정책에 대해 표본조사를 시행한 결과 찬성한다는 비율이 74%이었다. … 이번 조사의 신뢰수준은 95%이고 오차한계는 ±4%p이다."와

같은 보도를 자주 접하게 된다. 이 경우 찬성률에 대한 점 추정치는 0.74로서, 국민 전체에 대한 찬성률을 한 수치로 추정한다면 74%라고 할 수 있다는 것이다. 또한 신뢰구간은 (0.74−0.04, 0.74+0.04)로서 이번 조사 결과를 이용하여 미지인 찬성률에 대해 구간추정을 수행한다면 (70%, 78%)라고 할 수 있다는 것을 의미한다.

또 다른 예로 "이번 선거에 대해 표본조사를 시행한 결과 A 후보의 지지율은 53%이고 B 후보의 지지율은 47%이었다. ⋯ 이번 조사의 오차한계는 ±4%p로 두 후보의 지지율은 오차범위 내에 존재한다."라는 조사 결과를 생각해 보자. 이 경우 두 후보의 지지율에 대한 신뢰구간은 각각(49%, 57%)과 (43%, 51%)로서, 두 후보의 신뢰구간이 겹치게 되므로 어느 후보가 승리할지 예측하기 어려운 상황이라는 것을 의미하고 있다.

이제 이러한 개념을 이용하여 모평균, 모비율, 모분산 등 흔히 관심 대상이 되는 몇 가지 모수에 대한 통계적 추정을 다루어 보도록 하자.

5.2.2 모평균에 대한 추정

모분산 σ^2이 알려진 정규모집단 $N(\mu, \sigma^2)$의 모평균 μ에 대한 추정에 대해서 생각해 보자. 크기 n인 확률표본의 표본평균 $\overline{x} = \sum_{i=1}^{n} x_i/n$가 평균이 μ이고 분산이 σ^2/n인 정규분포에 따른다는 것을 4장에서 설명한 바 있다. 즉,

$$\overline{x} \sim N(\mu, \sigma^2/n) \quad \text{또는} \quad z = \frac{\overline{x} - \mu}{\sigma/\sqrt{n}} \sim N(0,\ 1). \tag{5.2}$$

이와 같은 사실을 이용하면,

$$P\left(-z_{\alpha/2} \le \frac{\overline{x} - \mu}{\sigma/\sqrt{n}} \le z_{\alpha/2}\right) = 1 - \alpha \tag{5.3}$$

임을 쉽게 보일 수 있고, 위 식을 μ에 관하여 정리하면 다음과 같은 식을 얻을 수 있다.

$$P\left(\overline{x} - z_{\alpha/2}\frac{\sigma}{\sqrt{n}} \le \mu \le \overline{x} + z_{\alpha/2}\frac{\sigma}{\sqrt{n}}\right) = 1 - \alpha. \tag{5.4}$$

정규모집단 $N(\mu, \sigma^2)$의 모평균 μ에 대한 $100(1-\alpha)\%$ 신뢰구간: σ^2이 알려진 경우

$$\left(\overline{x} - z_{\alpha/2}\frac{\sigma}{\sqrt{n}},\ \overline{x} + z_{\alpha/2}\frac{\sigma}{\sqrt{n}}\right)$$

그런데 이와 같은 구간추정법을 이용하는 데는 현실적으로 어려움이 따르는데, 그 이유는 모분산 σ^2을 모르는 경우가 많기 때문이다. 따라서 모분산 σ^2을 표본분산 $s^2 = \sum_{i=1}^{n}(x_i - \overline{x})^2/(n-1)$로 대체하여 신뢰구간을 구하게 된다. 즉, 4장에서 설명한 바와 같이

$$T = \frac{\overline{x} - \mu}{s/\sqrt{n}} \sim t(n-1) \tag{5.5}$$

가 성립하므로, 이를 이용하면 다음 식을 얻을 수 있고

$$P\left(\overline{x} - t_{\alpha/2}(n-1)\frac{s}{\sqrt{n}} \le \mu \le \overline{x} + t_{\alpha/2}(n-1)\frac{s}{\sqrt{n}}\right) = 1 - \alpha \tag{5.6}$$

따라서 이 경우 모평균 μ에 대한 100(1−α)% 신뢰구간은 다음과 같다.

정규모집단 $N(\mu,\sigma^2)$의 모평균 μ에 대한 $100(1-\alpha)\%$ 신뢰구간: σ^2이 알려지지 않은 경우

- **표본크기 n이 작은 경우**

$$\left(\overline{x} - t_{\alpha/2}(n-1)\frac{s}{\sqrt{n}},\ \overline{x} + t_{\alpha/2}(n-1)\frac{s}{\sqrt{n}}\right)$$

- **표본크기 n이 큰 경우**

$$\left(\overline{x} - z_{\alpha/2}\frac{s}{\sqrt{n}},\ \overline{x} + z_{\alpha/2}\frac{s}{\sqrt{n}}\right)$$

한편 모분산 σ^2이 알려지지 않은 경우라도 표본의 크기 n이 충분히 크다면($n \ge 30$), $t_{\alpha/2}(n-1)$이 $z_{\alpha/2}$와 거의 같아지므로, 모평균 μ에 대한 신뢰구간을 $\left(\overline{x} - z_{\alpha/2}\ s/\sqrt{n},\ \overline{x} + z_{\alpha/2}\ s/\sqrt{n}\right)$을 이용하여 구할 수도 있다.

예 5.1 특정한 제조회사에서 만들어 내는 볼트 지름의 변동량을 추정하고자 한다. 이를 위하여 이 회사에서 생산된 볼트 중 20개를 임의로 추출하여 이들의 지름을 측정한 결과가 다음<그림 5.2>와 같다. 이때 볼트 지름의 평균에 대한 95% 신뢰구간을 구하여라.

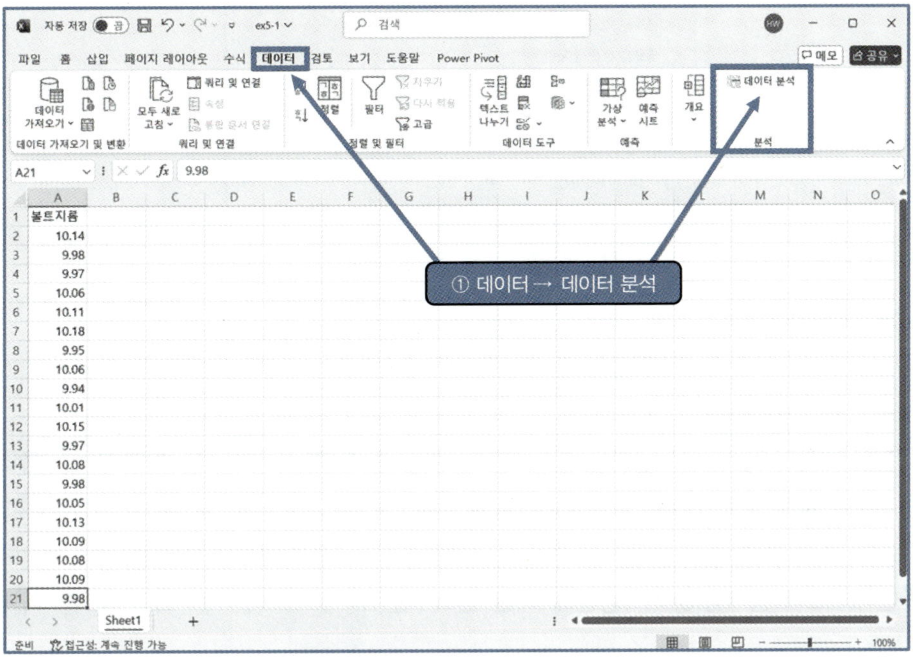

그림 5.2 '볼트 지름' 자료의 입력

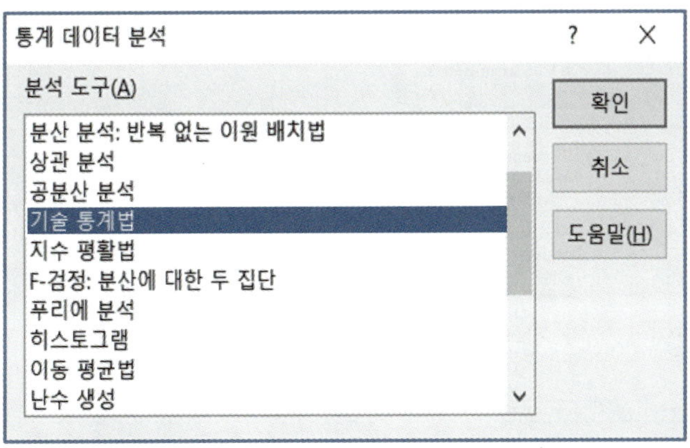

그림 5.3 '통계 데이터 분석' 대화상자

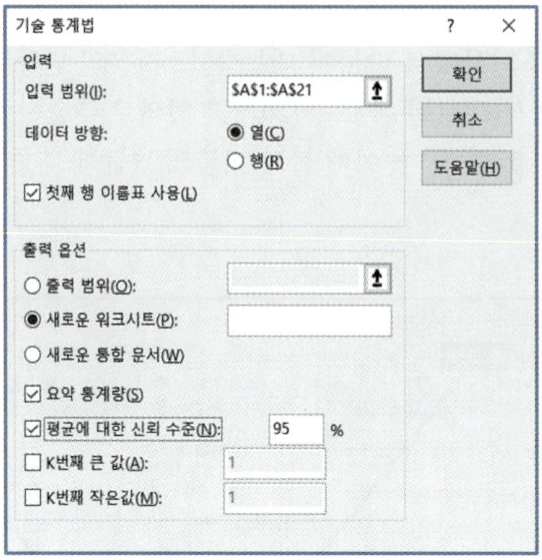

그림 5.4 '기술 통계법' 대화상자

분석 절차

① 워크시트에 자료를 입력하고 풀다운 메뉴에서 **'데이터 → 데이터 분석'**을 선택한다(그림 5.2).

② **'통계 데이터 분석'** 대화상자(그림5.3)에서 **'기술 통계법'**을 선택하고 **'확인'**을 클릭한다.

③ **'기술 통계법'** 대화상자(그림5.4)에서 **'입력 범위(I)'**($A$1:$A$21)를 지정한다. 또한 입력자료의 첫 번째 행에 변수의 이름들을 입력하였으므로 **'첫째 행 이름표 사용(L)'**에 체크(☑)한다. **'요약 통계량(S)'**과 **'평균에 대한 신뢰수준(N)'**에 체크한 후 **'확인'**을 클릭한다.

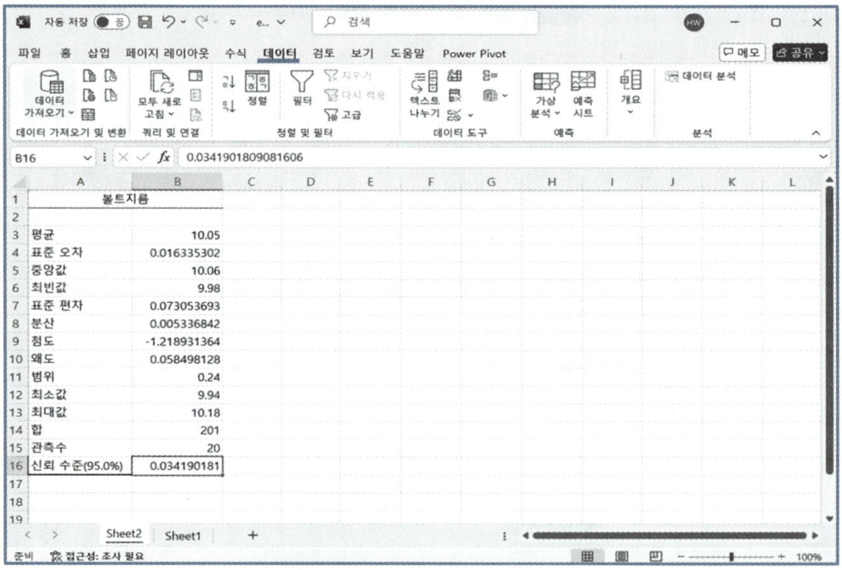

그림 5.5 기술 통계량의 출력

결과 해석

<그림 5.5>의 출력 결과를 살펴보면 먼저 표본평균 $\bar{x} = 10.05$와 표준편차 $s = 0.073$임을 알 수 있고, 표준오차(standard error)가 $s/\sqrt{n} = 0.016$으로 계산되어 있다. 또한 부록의 부표 4에서 $t_{0.025}(19) = 2.093$임을 알 수 있고, 오차한계

$$t_{0.025}(19)\frac{s}{\sqrt{n}} = 2.093\frac{0.073}{\sqrt{20}} = 2.093(0.016) = 0.034$$

를 얻을 수 있다. 따라서 볼트 지름의 평균에 대한 95% 신뢰구간은 다음과 같다.

$$(10.05 - 0.034, 10.05 + 0.034) = (10.016, 10.084)$$

5.2.3 모비율에 대한 추정

크기가 n인 표본으로부터 성공 회수가 x일 때 모비율 p에 대한 통계적 추론은 표본비율 $\hat{p} = x/n$에 의해서 이루어진다. 즉, 확률변수 x가 이항분포 $B(n,\ p)$를 따른다는 사실을 이용하여 통계적 추정과 검정을 수행할 수 있다. 이때 x의 평균과 분산이 각각 $E(x) = np$와 $Var(x) = np(1-p)$임을 앞장에서 설명한 바 있다.

한편, 표본의 크기 n이 충분히 큰 경우 4장에서 설명한 중심극한정리에 의해 표본비율 $\hat{p}$의 분포는 근사적으로 정규분포에 가까워지며, 이때 $\hat{p}$의 평균과 표준편차는 각각 다음과 같다.

$$E(\hat{p}) = p,\quad Var(\hat{p}) = p(1-p)/n \tag{5.7}$$

따라서 표본의 크기가 충분히 큰 경우

$$z = \frac{\hat{p} - p}{\sqrt{\hat{p}(1-\hat{p})/n}} \dot{\sim} N(0,\ 1) \tag{5.8}$$

가 성립한다는 사실을 이용하여, 다음과 같이 근사 신뢰구간을 구할 수 있다.

모비율에 대한 근사 신뢰구간

표본크기 n이 충분히 큰 경우($n\hat{p} \ge 5$ 또는 $n(1-p) \ge 5$), 모비율 p에 대한 $(100-\alpha)\%$ 근사 신뢰구간은 다음과 같다.

$$\left(\hat{p} - z_{\alpha/2}\sqrt{\frac{\hat{p}(1-\hat{p})}{n}},\ \hat{p} + z_{\alpha/2}\sqrt{\frac{\hat{p}(1-\hat{p})}{n}}\right)$$

예 5.2 어떤 선거구의 유권자 중에서 400명을 임의로 추출하여 입후보자 A에 대한 지지 여부를 알아본 결과 220명이 지지하는 것으로 나타났다고 하자. 지지율 p에 대한 95% 신뢰구간을 구하여라.

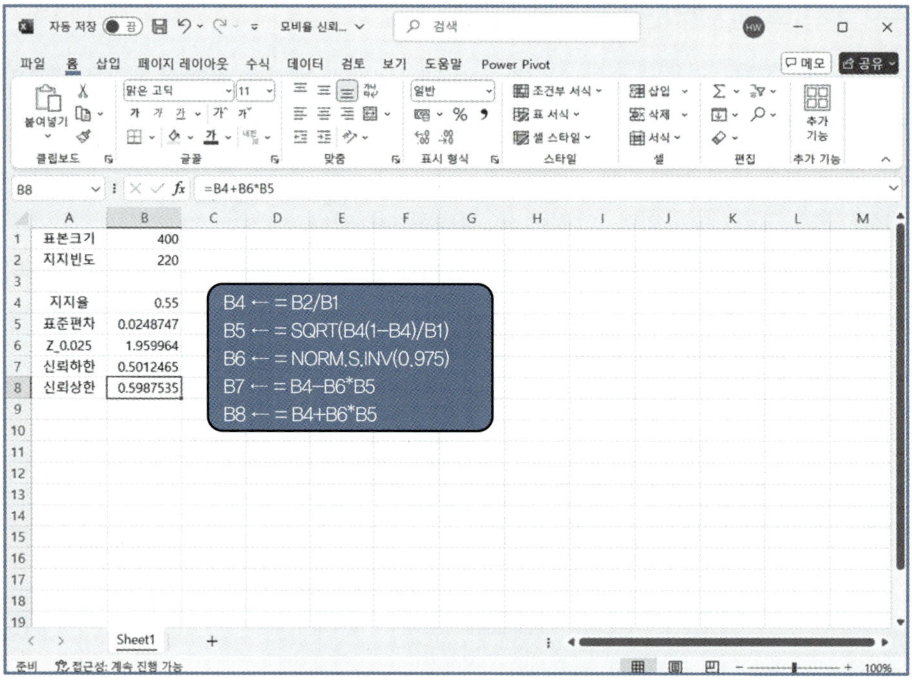

그림 5.6 '지지율'에 대한 신뢰구간 계산

분석 절차

워크시트에 표본크기 400과 지지 빈도 220을 입력하고(그림 5.6), 다음과 같이 각 셀에 수식을 입력한다.

B4 ← =220/400

B5 ← =SQRT(B4*(1−B4)/B1)

B6 ← =NORM.S.INV(0.975)

B7 ← =B4−B6*B5

B8 ← =B4+B6*B5

결과 해석

표본 지지율은 $\hat{p}=220/400=0.55$이고 표준오차는 $\sqrt{\hat{p}(1-\hat{p})/n}=0.025$이며, $Z_{0.025}=1.96$(부록의 부표 3 참조)이므로, 지지율 p에 대한 95% 근사 신뢰구간은 다음과 같이 계산된다.

$$(0.55-1.96\times0.025, 0.55+1.96\times0.025)=(0.501, 0.599)$$

5.2.4 모분산에 대한 추정

모평균 μ와 모분산 σ^2을 가지는 정규모집단에서 표본크기 n인 확률표본을 추출하는 경우 표본분산

$$s^2=\frac{1}{n-1}\sum_{i=1}^{n}(x_i-\overline{x})^2$$

을 계산하면 s^2은 모분산 σ^2의 불편추정량이 된다. 또한 다음 확률변수

$$\chi^2=\frac{(n-1)s^2}{\sigma^2}$$

은 자유도가 $n-1$인 카이제곱분포를 따른다는 것을 4장에서 설명한 바 있다.

따라서 이와 같은 사실을 이용하면

$$P\left(\chi^2_{1-\alpha/2}(n-1)<\frac{(n-1)s^2}{\sigma^2}<\chi^2_{\alpha/2}(n-1)\right)=1-\alpha \tag{5.9}$$

가 성립함을 보일 수 있고, 따라서 모분산 σ^2에 대한 100(1−α)% 신뢰구간은 다음과 같이 주어진다.

모분산에 대한 신뢰구간

정규모집단 $N(\mu,\sigma^2)$의 모분산 σ^2에 대한 $100(1-\alpha)$% 신뢰구간은 다음과 같다.

$$\left(\frac{(n-1)s^2}{\chi^2_{\alpha/2}(n-1)},\ \frac{(n-1)s^2}{\chi^2_{1-\alpha/2}(n-1)}\right)$$

예 5.3 예 5.1의 자료에 대해 모분산 σ^2에 대한 95% 신뢰구간을 구하여라.

분석 절차

워크시트에 표본분산 0.005337과 자유도 19를 입력하고(그림 5.7), 다음과 같이 각 셀에 수식을 입력한다.

B4 ← =CHIQ.INV(0.975, B2)

B5 ← =CHIQ.INV(0.025, B2)

B6 ← =B2*B1/B4

B7 ← =B2*B1/B5

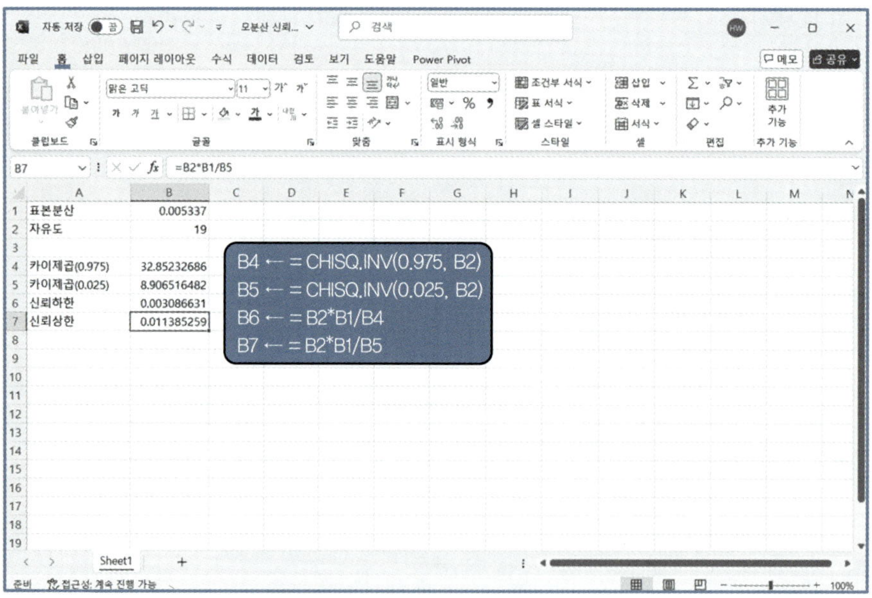

그림 5.7 모분산에 대한 신뢰구간 계산

결과 해석

표본분산이 s^2이며, 부록의 부표 5로부터 $\chi^2_{0.025}$와 $\chi^2_{0.975}$을 알 수 있다. 따라서 볼트 지름의 모분산에 대한 95% 신뢰구간은 다음과 같이 계산된다.

$$\left(\frac{(19)(0.005337)}{32.85},\ \frac{(19)(0.005337)}{8.91}\right) = (0.003087,\ 0.011385)$$

5.2.5 표본크기의 결정

모집단에 대한 조사를 설계하는 단계에서 가장 먼저 생각해야 할 것은 표본의 크기를 몇으로 정해야 할 것인가 하는 문제이다. 이것은 조사 목적과 추론 결과의 정밀도에 대한 요구에 따라 결정되는 것인데, 여기서는 모평균과 모비율의 추정에 있어서 표본의 크기를 결정하는 문제를 소개하기로 하겠다.

모평균을 추정하는 경우, 표본의 크기가 추정값의 정밀도에 어떠한 영향을 미치는지 생각해 보자. 표본의 크기가 고정되어 있는 경우 신뢰수준이 높을수록 신뢰구간의 길이는 길어지게 되어 정밀도는 떨어지게 된다. 따라서 똑같은 신뢰수준을 유지하면서 신뢰구간의 정밀도를 높이기 위해서는 표본의 크기를 크게 해야 한다. 그러나 표본의 크기를 무한정 크게 할 수는 없다. 왜냐하면 표본의 크기는 곧 소요되는 시간과 비용에 직결되기 때문이다. 따라서 신뢰구간이 요구하는 정밀도를 만족하는 데 필요한 최소 표본의 크기는 어떻게 결정해야 하는지 알아보도록 하자.

정규모집단의 모분산 σ^2이 알려져 있는 경우 모평균 μ에 대한 $100(1-\alpha)$%의 신뢰구간은 다음과 같다는 것을 앞에서 설명한 바 있다.

$$\left(\bar{x} - z_{\alpha/2}\frac{\sigma}{\sqrt{n}},\ \bar{x} + z_{\alpha/2}\frac{\sigma}{\sqrt{n}}\right)$$

이때 $z_{\alpha/2}\ \sigma/\sqrt{n}$은 추정값 $\bar{x}$모평균 μ의 차이를 표현하는 값으로 **오차한계**(誤差限界, limit of error)라고 하며 이것은 추정값의 정밀도를 표시한다. 여기서 알 수 있듯이 오차한계는 표본크기 n에 의존하게 된다. 즉, 표본크기 n이 커지면 오차한계는 작아지고 추정값의 정도는 높아지게 된다.

한편, 연구자는 실험이나 조사를 실시하기 전에 모평균 μ를 어느 정도의 오차범위 내에서 추정하려 하는가를 구체적으로 정해놓아야 하는데 이를 최대 **허용오차**라고 한다. 이때 연구자는 오차한계를 사전에 규정된 최대 허용오차 d보다 작거나 같게 하기를 원하게 되는데, 따라서 필요한 표본크기는 다음과 같이 결정된다.

$$z_{\alpha/2}\frac{\sigma}{\sqrt{n}} \le d \tag{5.10}$$

이제 위 식을 n에 관하여 풀면 다음과 같은 식을 얻는다.

모평균의 추정에서 표본크기 n의 결정: $100(1-\alpha)$% 오차한계를 d 이하로 하고자 하는 경우

$$n \ge \left(\frac{z_{\alpha/2}\ \sigma}{d}\right)^2$$

그런데 위와 같은 식을 실제 문제에 적용하는 경우 모분산 σ^2을 모르는 경우가 많아서 적용상 어려움이 따르게 된다. 따라서 과거의 경험으로부터 σ^2에 대해 예측되는 값을 이용하거나, 작은 크기의 표본을 예비적으로 추출하여 얻어지는 표본분산으로 σ^2을 추정하여 사용하기도 한다.

모비율에 대한 구간추정의 경우에도 정규 근사법을 사용하여 모평균의 경우와 유사하게 표본크기를 결정할 수 있다. 즉, 모비율 p에 대한 추정에 있어 근사 오차한계가 $z_{\alpha/2}\sqrt{\hat{p}(1-\hat{p})/n}$이 된다는 것을 앞에서 설명한 바 있는데, 이를 이용하여 표본크기를 결정할 수 있다. 그런데 이 경우도 자료가 수집되기 전에는 $\hat{p}$을 알 수 없으므로, 실제로는 사전 정보를 이용하여 모비율 p에 가까울 것으로 예측되는 값 p^*를 이용하게 된다. 즉, 최대 허용오차를 d라고 할 때

$$d \ge z_{\alpha/2}\sqrt{p^*(1-p^*)/n} \tag{5.11}$$

을 만족하는 n을 표본크기로 결정하는 것이다. 한편, p에 대한 사전 정보가 전혀 없는 경우에는 p^*=0.5로 두어 표본크기를 계산하기도 한다.

모비율의 추정에서 표본크기 n의 결정: $100(1-\alpha)$% 오차한계를 d 이하로 하고자 하는 경우

- **p에 대한 사전 정보(p^*)가 있는 경우**

$$n \ge p^*(1-p^*)\left(\frac{z_{\alpha/2}}{d}\right)^2$$

- **p에 대한 사전 정보가 없는 경우**

$$n \ge \frac{1}{4}\left(\frac{z_{\alpha/2}}{d}\right)^2$$

예를 들어 p에 대한 사전 정보가 없는 경우 최대 허용오차 d를 0.03(즉 3%)으로 한다면, $n \geq (1/4)(1.96/0.03)^2 = 1068$로부터 필요한 표본크기가 $n = 1068n$임을 알 수 있다.

5.3 통계적 가설검정

일상생활에서 주관적인 판단이나 경험적 사실을 토대로 어떠한 집단의 특성에 대하여 가설을 설정하고 자료를 통하여 그 가설이 맞는지에 대한 타당성을 검토해 보는 경우가 있다. 이와 같이 모집단의 특성에 대한 어떠한 주장을 확인하기 위하여 그 모집단으로부터 표본을 추출하여 분석해 봄으로써 모집단에 대한 어떠한 주장의 타당성을 검토해 보는 것을 가설검정이라 한다.

앞장에서 소개한 점추정 및 구간추정이 미지의 모수를 추정하는 데 목적이 있다면, 가설검정(또는 검증)은 모수에 관한 가설의 타당성에 대하여 경험적 증거를 제시하는 데 목적이 있다고 하겠다. 이 절에서는 통계적 가설검정의 기본개념과 절차를 설명할 것이다.

5.3.1 귀무가설과 대립가설

통계적 가설(statistical hypothesis)이란 모집단의 특성인 모수에 관한 주장이나 서술을 의미한다. 예를 들어, '가구당 월 소득의 평균은 250만 원이다.', '새로운 약품의 치유율이 기존 약품의 치유율보다 더 높다.', '남학생과 여학생의 학업성취 능력의 평균은 같다.' 등은 통계적 가설의 예이다. 모수에 관한 이러한 가설은 표본으로부터 도출된 (검정) 통계량에 기초한 일련의 통계적 검정 절차를 통해 그 가설의 진위에 관한 결론을 유도하게 되는데, 이를 통계적 **가설검정**(假說檢定, testing hypothesis)이라 한다.

통계적 가설검정에서는 모수에 관한 가설을 두 개로 설정하고, 표본으로 얻어진 자료를 분석하여 두 가설 중 어느 하나를 선택하는 방법을 사용한다. 예를 들어, '새로운 약품의 평균 치료기간(μ)은 기존 약품의 평균 치료기간(15일)보다 작다고 할 수 있는가?'와 같은 문제를 검정하는 경우 고려되는 두 개의 가설은 다음과 같이 표현할 수 있다.

- $H_0 : \mu = 15$ (새로운 약품의 평균 치료기간은 15일이다.)
- $H_1 : \mu < 15$ (새로운 약품의 평균 치료기간은 15일보다 작다.)

이와 같은 두 개의 가설에서 **대립가설**(對立假說, alternative hypothesis)은 관측된 자료를 통해 입증하고자 하는 가설로 H_1로 표기하고, **귀무가설**(歸無假說, null hypothesis)은 대립가설에 상반되는 가설로 H_0으로 표기한다.

- 귀무가설(H_0): 효과가 없다, 차이가 없다, 서로 다르지 않다(반증의 대상).
- 대립가설(H_1): 효과가 있다, 차이가 있다, 서로 다르다(연구의 관심).

예시 1 소비자 고발센터에 접수된 불만은 치약의 함량이 기준치인 150g에 대부분 미달한다는 것이었다. 이러한 접수 결과를 검정하기 위하여 귀무가설과 대립가설을 설정하면 다음과 같다.

- 귀무가설(H_0): 치약의 함량 기준치가 150g이다.
- 대립가설(H_1): 치약의 함량 기준치가 150g에 미달한다.

예시 2 휴대폰을 만드는 회사에서 휴대폰의 색상에 따라 남성과 여성의 선호도가 같은지를 알기 위하여 설문조사를 하였다. 이때 선호도를 검정하기 위하여 귀무가설과 대립가설을 설정하면 다음과 같다.

- 귀무가설(H_0): 휴대폰의 색상에 따라 남성과 여성의 선호도가 같다.
- 대립가설(H_1): 휴대폰의 색상에 따라 남성과 여성의 선호도가 다르다.

5.3.2 검정통계량과 기각역

귀무가설과 대립가설 중 어느 하나를 채택하는 데 사용되는 통계량을 **검정통계량**(檢定統計量, test statistic)이라고 한다. 예를 들어, $x_{1,}x_{2,}\ \cdots, x_n$이 정규분포를 따르는 모집단으로부터 추출되었고 모분산 σ^2알려져 있다고 가정할 때, 다음과 같은 가설을 검정하고자 하는 경우

$$H_0 : \mu \geq 15 \quad vs \quad H_1 : \mu < 15$$

표본평균 $\bar{x}$를 검정통계량으로 이용할 수 있다. 즉, 모평균의 추정량인 $\bar{x}$의 값이 15보다 작으면 작을수록 대립가설 $H_1 : \mu < 15$를 채택할 수 있는 강한 증거로 여길 수 있다는 것이다. 이러한 검정통계량은 가설의 형태와 대상 모집단의 분포에 관한 가정에 의해서 달라진다. 검정통계량의 실제값에 따른 결정은 '귀무가설 H_0을 기각할 수 있다' 또는 '귀무가설 H_0을 기각할 수 없다' 형식으로 이루어지는데, 귀무가설 H_0을 기각하여 대립가설 H_1을 채택하는 검정통계량의 영역을 **기각역**(棄却域, rejection region, critical region)이라고 한다. 앞의 예에서는 기각역이 적절한 상수 c에 대해 '$\bar{x} \leq c$'의 형태로 주어지게 된다.

5.3.3 제1종 오류와 제2종 오류

가설검정을 할 때마다 매번 옳은 결정을 하게 하는 검정 방법을 사용할 수 있다면 좋은 일이겠지만 실제로는 이러한 검정 방법은 존재하지 않으며, 통계적 가설검정이 표본이라는 모집단의 부분 정보에 기초하는 귀납적 추론의 범주에 속하므로 의사결정에 따른 오류의 수반은 필연적이라 할 수 있다. 통계적 가설검정에서 고려될 수 있는 오류는 다음과 같은 두 가지이다.

- **제1종 오류:** 귀무가설이 사실일 때 귀무가설을 기각하는 오류
- **제2종 오류:** 대립가설이 사실일 때 귀무가설을 채택하는 오류

이러한 오류를 살인사건의 재판에 비유하여 보자. 검사는 혐의자를 기소하여 유죄를 주장한다. 이 경우 검사의 주장은 대립가설 H_1이 된다. 그러나 모든 사람은 재판의 유죄판결이 있기까지는 무죄이며, 이러한 무죄의 주장이 귀무가설 H_0이 된다. 재판에서 검사는 유죄를 입증할 증거나 자료를 제시하게 함으로써 유죄의 주장을 할 것이다. 그러나 이러한 증거가 불충분할 때 피고는 자동으로 본연의 위치인 무죄로 판결을 받게 된다. 그러므로 유죄를 뒷받침하지 못하면 무죄는 저절로 성립된다.

여기서 무죄인 혐의자가 유죄판결을 받는 잘못은 귀무가설이 참일 때 이를 기각하여 생기는 오류와 유사하며, 이러한 오류를 **제1종 오류**(type I error)라 부른다. 즉, 귀무가설 H_0이 맞는데도 불구하고 잘못하여 이를 기각하고 대립가설 H_1을 채택하는 오류로서 α로 표시한다(제1종 오류$= \alpha = P(H_0$기각$|H_0$참$)$).

반대로 살인자가 무죄 판결로 풀려나는 오판과 같이 대립가설이 참일 때 이를 기각하고 귀무가설을 채택하여 생기는 오류가 있는데, 이런 오류를 **제2종 오류**(type II error)라고 부른다. 즉, 대립가설 H_1이 맞는데도 불구하고 귀무가설 H_0을 채택하는 오류로 β로 표시한다(제2종 오류$= \beta = P(H_0$채택$|H_0$거짓$)$).

이와 같이 두 종류의 오류는 전혀 다른 것으로 꼭 구별되어야 할 것이다. 그리고 가설검정에서 오류를 완전히 배제할 수는 없으며, 단지 어느 정도의 작은 확률로 이를 피하고자 할 수밖에 없다. 즉 제1종 오류를 범하는 확률 α를 0으로 하면, 제2종 오류를 범하는 확률 β를 1로 만들게 된다. 이는 마치 죄 없는 선량한 백성에게 유죄판결이 되지 않게 하려면, 범인을 포함한 모든 사람을 무죄로 하면 될 것이다. 반대로 범인을

표 5.1 가설검정에서 발생하는 오류의 형태

	H_0이 참일 때 (H_1이 거짓일 때)	H_0이 거짓일 때 (H_1이 참일 때)
H_0을 채택 (H_1을 기각)	옳은 결정 ($1-\alpha$)	**제2종 오류** (β)
H_0을 기각 (H_1을 채택)	**제1종 오류** (α)	옳은 결정 ($1-\beta$)

하나도 빠뜨리지 않고 유죄판결이 되도록 하려면, 이를 확실하게 하는 방법은 모든 사람을 유죄로 하면 된다.

실제로 가설검정을 수행할 때 이와 같은 두 가지 오류를 범할 확률을 되도록 작게 하는 것이 바람직할 것이다. 그러나 두 가지 오류를 동시에 최소로 할 수 있는 검정 방법은 일반적으로 존재하지 않는다. 따라서 실제로 보다 중요한 의미를 가지는 제1종 오류(즉, 귀무가설이 사실임에도 불구하고 대립가설을 채택하여 연구자의 주장을 받아들이는 오류)를 범할 확률을 미리 지정된 확률 이하로 하는 검정 방법을 사용한다. 이때, 제1종 오류를 범할 확률의 최대 허용한계를 **유의수준**(有意水準, significance level)이라 하고 보통 $\alpha=0.01$, 0.05, 0.10과 같은 값을 선택한다. 즉, 유의수준이 0.05(5%)인 검정 방법이란 제1종 오류를 범할 확률이 0.05 이하인 검정 방법을 의미한다.

5.3.4 단측검정과 양측검정

대립가설은 보통 다음과 같은 세 가지 형태 중 하나를 취하게 되는데, 대립가설의 형태에 따라 **양측검정**(two-sided test; two-tailed test)과 **단측검정**(one-sided test; one-tailed test)으로 구분된다.

양측검정(two-sided test)은 기각역이 각각 왼쪽과 오른쪽의 두 부분으로 구성되는 가설검정이다. 예를 들어 어느 회사에서 생산하는 치약의 함량 치가 150g인지 아닌지에 대하여 검정하고자 하는 경우 귀무가설과 대립가설은 다음과 같이 표현할 수 있고

$$H_0 : \mu = 150 \quad vs \quad H_1 : \mu \neq 150$$

이 검정에 대한 기각역은 다음 <그림 5.8>과 같이 주어진다.

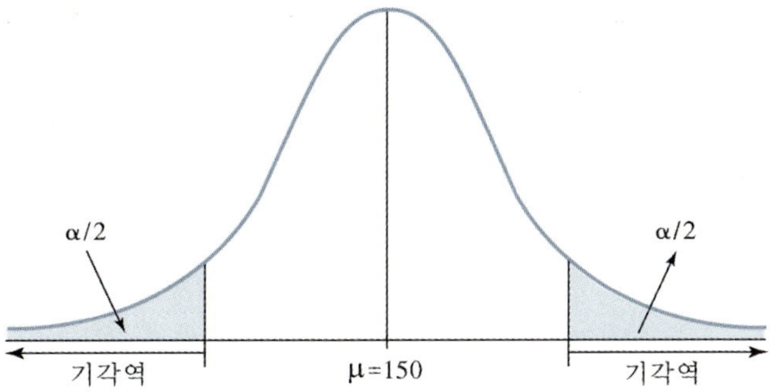

그림 5.8 양측검정에서의 기각역

단측검정(one-sided test)은 기각역이 왼쪽 또는 오른쪽의 한쪽으로만 구성되는 가설검정으로 각각 왼쪽 검정과 오른쪽 검정으로 구분된다. 즉, 왼쪽 검정(left-sided test)은 기각역이 왼쪽에 있는 검정 방법이고 오른쪽 검정(right-sided test)은 기각역이 오른쪽에 있는 검정 방법이다.

예를 들어, 치약의 함량 치가 150g인지 아니면 그보다 작은지에 대하여 검정하고자 하는 경우 귀무가설과 대립가설은 다음과 같고(**왼쪽 단측검정**),

$$H_0 : \mu = 150(\text{또는} \quad \mu \geq 150) \quad vs \quad H_1 : \mu < 150$$

이 검정에 대한 기각역은 다음 <그림 5.9>와 같이 주어진다.

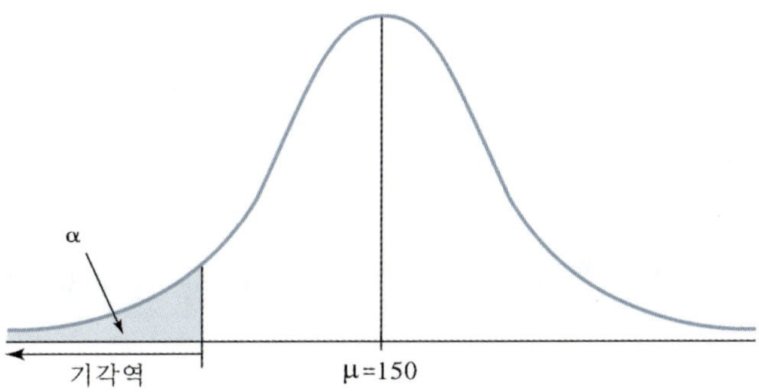

그림 5.9 왼쪽 단측검정에서의 기각역

또한, 치약의 함량 치가 150g인지 아니면 그보다 큰지에 대하여 검정하고자 하는 경우 귀무가설과 대립가설은 다음과 같이 표현할 수 있고(**오른쪽 단측검정**),

$$H_0 : \mu = 150(\text{또는} \quad \mu \leq 150) \quad vs \quad H_1 : \mu > 150$$

이 검정에 대한 기각역은 다음 <그림 5.10>과 같이 주어진다.

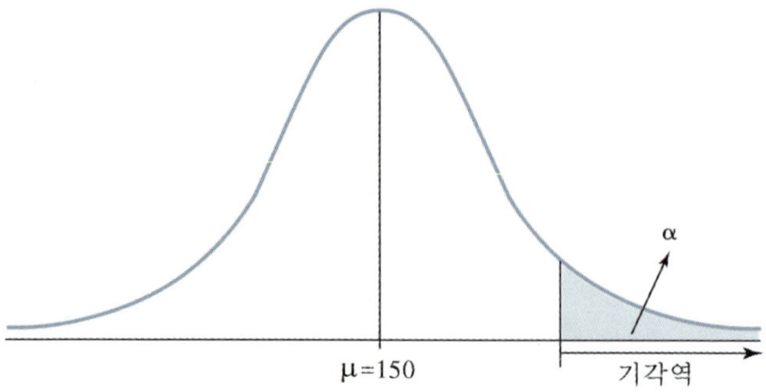

그림 5.10 오른쪽 단측검정에서의 기각역

5.4 단일 모집단에 대한 검정

이 절에서는 단일 모집단에서 모평균(μ), 모비율(p), 모분산(σ^2)에 대한 검정을 설명하고자 한다.

5.4.1 모평균에 대한 검정

정규분포 $N(\mu,\ \sigma^2)$을 따르는 모집단으로부터 n개의 표본 $x_1, x_2, \cdots, x_n$이 추출되었고 모분산 σ^2이 알려진 경우, 모평균 μ에 대한 가설검정은 표본평균 $\overline{x}$를 이용하여 다음과 같이 수행할 수 있다.

모평균 μ에 대한 검정: 모분산 σ^2을 아는 경우

- **검정통계량**

$$Z = \frac{\overline{x} - \mu_0}{\sigma / \sqrt{n}}$$

- **기각역**

	귀무가설	대립가설	기각역
(a)	$H_0 : \mu \le \mu_0$	$H_1 : \mu > \mu_0$	$Z \ge z_\alpha$
(b)	$H_0 : \mu \ge \mu_0$	$H_1 : \mu < \mu_0$	$Z \le -z_\alpha$
(c)	$H_0 : \mu = \mu_0$	$H_1 : \mu \ne \mu_0$	$\lvert Z \rvert \ge z_{\alpha/2}$

그러나 모분산 σ^2을 알지 못하는 경우가 많으므로, 실제로는 위와 같은 공식을 사용하기가 어렵게 된다. 따라서 이 경우 σ^2의 추정치인 표본분산 s^2을 고려한 다음과 같은 통계량을 사용하여 검정을 수행하게 된다.

$$T = \frac{\overline{x} - \mu_0}{s/\sqrt{n}} \tag{5.12}$$

이와 같은 T 통계량은 H_0이 사실일 때 자유도(degree of freedom)가 $n-1$인 t-분포를 따른다는 것을 4장에서 설명한 바 있고, 이러한 사실을 이용하여 단일 모집단의 평균에 대한 가설검정을 수행할 수 있다. 한편 모분산 σ^2이 알려지지 않은 경우라도 표본크기 n이 충분히 크다면($n \geq 30$), $t_\alpha(n-1)$(또는 $t_{\alpha/2}(n-1)$)이 z_α(또는 $z_{\alpha/2}$)와 거의 같게 되므로 정규분포로부터 기각역을 구할 수도 있다.

모평균 μ에 대한 검정: 모분산 σ^2을 모르는 경우

- 검정통계량

$$T = \frac{\overline{x} - \mu_0}{s/\sqrt{n}}$$

- 기각역(표본크기가 작은 경우)

	귀무가설	대립가설	기각역
(a)	$H_0 : \mu \leq \mu_0$	$H_1 : \mu > \mu_0$	$T \geq t_\alpha(n-1)$
(b)	$H_0 : \mu \geq \mu_0$	$H_1 : \mu < \mu_0$	$T \leq -t_\alpha(n-1)$
(c)	$H_0 : \mu = \mu_0$	$H_1 : \mu \neq \mu_0$	$\lvert T \rvert \geq t_{\alpha/2}(n-1)$

- 기각역(표본크기가 큰 경우)

	귀무가설	대립가설	기각역
(a)	$H_0 : \mu \leq \mu_0$	$H_1 : \mu > \mu_0$	$T \geq z_\alpha$
(b)	$H_0 : \mu \geq \mu_0$	$H_1 : \mu < \mu_0$	$T \leq -z_\alpha$
(c)	$H_0 : \mu = \mu_0$	$H_1 : \mu \neq \mu_0$	$\lvert T \rvert \geq z_{\alpha/2}$

예 5.4 어느 자동차 회사에서 1ℓ당 평균 주행거리가 20㎞라며 자동차를 판매하고 있다. 이 종류의 차량을 10대 추출하여 검사한 후 다음과 같은 자료를 얻었다. 이 자동차 회사의 주장이 옳은지를 유의수준 5% 하에서 검정하여라.

21.2 20.1 22.1 18.5 19.6 22.8 20.0 22.3 19.0 21.4

분석 절차

① 귀무가설과 대립가설은 다음과 같다.

$$H_0 : \mu = 20 \quad vs \quad H_1 : \mu > 20$$

② 검정통계량 T값을 구하면 다음과 같다.

$$T = \frac{\bar{x} - \mu_0}{s/\sqrt{n}} = \frac{20.7 - 20}{1.47/\sqrt{10}} = 1.506$$

③ 부록의 부표 4에서 기각치가 $t_{0.05}(9) = 1.83$임을 알 수 있다(EXCEL을 사용하는 경우 TINV 함수를 이용하여 구할 수 있다).

④ 검정통계량의 값 1.506은 기각치인 1.83보다 크지 않으므로 귀무가설 H_0을 기각할 수 없다. 따라서 1ℓ당 평균 주행거리가 20㎞ 이상이라고 할 수 없다.

5.4.2 모비율에 대한 검정

찬성률, 치료율, 불량률 등과 같이 모집단 내에서 특정한 그룹이 차지하는 비율 p에 대한 가설검정에 대해 살펴보자. 예를 들어, 어느 제조회사에서 새로운 공정 방법을 도입하려고 하는데 기존의 공정 방법에 따른 불량률은 10%라고 하자. 이 회사에서는 새로운 공정 방법에 따른 불량률이 10%보다 작은지를 알아보기 위해 n개의 제품을 생산하였고 그 중 불량품이 x개였다. 이 경우 가설은 다음과 같다.

$$H_0 : p = p_0 (= 0.1) \quad vs \quad H_1 : p < p_0 (= 0.1)$$

한편, 표본의 크기 n이 충분히 큰 경우 표본비율 $\hat{p} = x/n$은 평균이 p이고 분산이 $p(1-p)/n$인 정규분포를 따른다는 것을 앞 절에서 설명한 바 있는데, 따라서 이 경우 다음과 같은 검정통계량을 사용하여 모비율에 대한 검정을 수행할 수 있다.

모비율 p에 대한 검정: 표본크기가 충분히 큰 경우

- **검정통계량**

$$z = \frac{\hat{p} - p_0}{\sqrt{p_0(1-p_0)/n}}$$

• **기각역**

	귀무가설	대립가설	기각역
(a)	$H_0 : p \leq p_0$	$H_0 : p > p_0$	$Z \geq z_{\alpha}$
(b)	$H_0 : p \geq p_0$	$H_0 : p < p_0$	$Z \leq -z_{\alpha}$
(c)	$H_0 : p = p_0$	$H_1 : p \neq p_0$	$\lvert Z \rvert \geq z_{\alpha/2}$

예 5.5 어느 회사의 제품에 대한 불량률은 15%이다. 이 불량률을 줄이기 위해 새로운 재료를 사용하려고 한다. 새로운 재료를 사용한 제품 중 400개를 뽑아 조사한 결과 54개의 불량품이 발견되었다. 불량률이 종전에 비해 낮아졌다고 할 수 있는지 유의수준 5% 하에서 검정하여라.

분석 절차

① 귀무가설과 대립가설은 다음과 같다.

$$H_0 : p = 0.15 \quad vs \quad H_1 : p < 0.15$$

② 검정통계량 Z값을 구하면 다음과 같다.

$$Z = \frac{\hat{p} - p_0}{\sqrt{p_0(1-p_0)/n}} = \frac{0.135 - 0.15}{\sqrt{(0.15)(0.85)/400}} = -0.84$$

③ 부록의 부표 3에서 기각치가 $-z_{0.05} =$ 1.645임을 알 수 있다(EXCEL을 사용하는 경우 NORMSINV 함수를 이용하여 구할 수 있다).

④ 검정통계량의 값 −0.84는 기각치인 −1.645보다 크므로 귀무가설 H_0을 기각할 수 없다. 따라서 불량률이 이전(15%)보다 낮아졌다고 할 수 없다.

5.4.3 모분산에 대한 검정

고도의 정밀도를 요구하는 현대산업에서 분산에 관한 정보는 매우 중요시된다. 제품의 균일성 확보나 품질의 향상은 분산을 줄이는 것과 밀접한 관련이 있기 때문이다. 이제 정규모집단의 모분산 σ^2에 대해 다음과 가설을 고려해 보자.

$$H_0 : \sigma^2 = \sigma_0^2 \quad vs \quad H_1 : \sigma^2 < \sigma_0^2$$

이때 크기가 n인 확률표본으로부터 구한 표본분산 s^2의 값이 작을수록 대립가설

H_1이 사실이라고 할 수 있을 것이다.

통계량 $(n-1)s^2/\sigma^2$이 자유도가 $n-1$인 카이제곱분포를 따른다는 것을 앞장에서 설명한 바 있는데, 따라서 다음과 같은 검정통계량을 사용하여 모분산에 대한 검정을 수행할 수 있다.

모분산 σ^2에 대한 검정

- **검정통계량**

$$\chi^2 = \frac{(n-1)s^2}{\sigma_0^2}$$

- **기각역**

	귀무가설	대립가설	기각역
(a)	$H_0:\sigma^2 \le \sigma_0^2$	$H_1:\sigma^2 > \sigma_0^2$	$\chi^2 \ge \chi_\alpha^2(n-1)$
(b)	$H_0:\sigma^2 \ge \sigma_0^2$	$H_1:\sigma^2 < \sigma_0^2$	$\chi^2 \le \chi_{1-\alpha}^2(n-1)$
(c)	$H_0:\sigma^2 = \sigma_0^2$	$H_1:\sigma^2 \ne \sigma_0^2$	$\chi^2 \ge \chi_{\alpha/2}^2(n-1)$ 또는 $\chi^2 \le \chi_{1-\alpha/2}^2(n-1)$

예 5.6 다음은 새 측정기구의 정확도를 검사하기 위해 어떤 액체에 포함된 불순물의 양을 16번 측정한 결과이다. 기존 측정기구의 분산은 0.09로 알려져 있다. 새 측정기구의 분산이 0.09보다 작다고 할 수 있는지 유의수준 5% 하에서 검정하여라.

3.6 3.4 3.6 3.7 3.3 3.2 3.7 3.6 3.5 3.3 3.4 3.4 3.1 3.3 3.5 3.2

분석 절차

① 귀무가설과 대립가설은 다음과 같다.

$$H_0 : \sigma^2 = 0.09 \quad vs \quad H_1 : \sigma^2 < 0.09$$

② 검정통계량 χ^2값을 구하면 다음과 같다.

$$\chi^2 = \frac{(n-1)s^2}{\sigma_0^2} = \frac{(15)(0.034)}{0.09} = 5.667$$

③ 부록의 부표 5에서 기각치가 $\chi_{0.95}^2(15)=7.261$임을 알 수 있다(EXCEL을 사용하는 경우 CHIINV 함수를 이용하여 구할 수 있다).

④ 검정통계량의 값 5.667은 기각치인 7.261보다 작으므로 귀무가설 H_0을 기각할 수 있다. 따라서 새 측정기구의 분산이 0.09보다 작다고 할 수 있다.

5.4.4 유의확률(p-값)

지금까지의 예에서 볼 수 있듯이, 통계적 가설검정에서는 검정통계량의 값과 기각치를 비교하여 결론을 내리게 된다. 즉 자료로부터 구한 검정통계량의 값이 기각역에 포함되면 귀무가설을 기각하고, 검정통계량의 값이 기각역에 포함되지 않으면 귀무가설을 채택하게 된다. 예를 들어, 앞(예 5.4)에서 검정통계량의 값은 $T=1.506$이고 기각역은 $T \geq t_{0.05}=1.83$이다. 따라서 $T=1.506$은 기각치 $t_{0.05}=1.83$보다 작으므로 귀무가설을 채택하게 된다.

그런데 이와 같은 과정에서는 연구자가 검정통계량의 확률밀도함수 또는 확률분포표를 이용하여 매번 기각치를 찾아야 하므로, 이는 여간 불편한 일이 아니다. 따라서 SAS 또는 SPSS를 비롯한 대부분의 통계 소프트웨어와 EXCEL의 '데이터 분석' 도구에서는 소위 p-값(p-value)이라고 불리는 **유의확률**(significance probability)을 제공하여 연구자가 가설검정을 쉽게 수행할 수 있도록 도움을 주고 있다. 여기서 p-값은 꼬리확률이라고도 하는데, 이는 '귀무가설 하에서 관측된 사건과 그것보다 더 귀무가설에 반하는 총 사건에 대한 확률(즉, 귀무가설 하에서 관찰된 검정통계량의 값보다 더 극단적인 값이 나올 확률)'로서 그 값이 작을수록 귀무가설 H_0에 반하는 강한 증거가 된다.

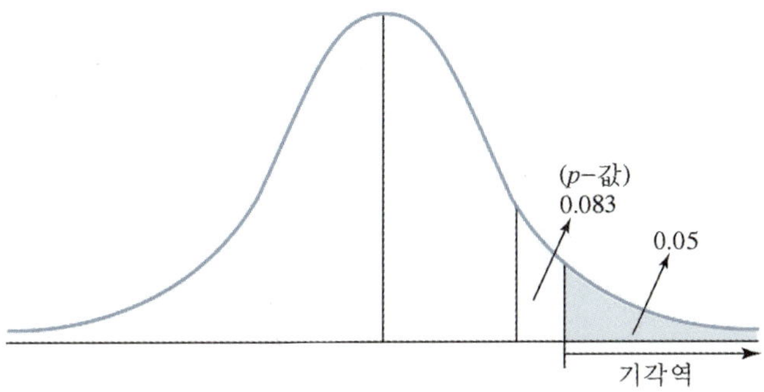

그림 5.11 p-값과 유의수준

예를 들어, (예 5.4)에 대해서 p-값$=P(t \geq 1.506)=0.083$이고 유의수준은 $\alpha=P(t \geq 1.83)=0.05$이다. 즉, 이 예를 통해서 알 수 있듯이 검정통계량의 값이 기각역에 포함되면 p-값이 유의수준(α)보다 작게 되고, 검정통계량의 값이 기각역에 포함되지 않으면 p-값이 유의수준(α)보다 크게 된다. 따라서 이러한 사실을 이용하면 굳이 확률분포표로부터 기각치를 찾지 않아도 소프트웨어에서 제공하는 p-값을 통해 가설검정을 쉽게 수행할 수 있다.

결론적으로 말하자면 p−값이 유의수준(α)보다 작으면 검정통계량의 실제값이 기각역에 포함되어서 귀무가설을 기각하고 대립가설을 채택할 수 있다는 것을 의미하며, p−값이 유의수준(α)보다 크면 귀무가설을 기각할 수 없다는 것을 의미한다.

5.5 연습문제

5-1 우리나라 프로농구팀에 소속된 농구 선수 중에서 81명을 표본추출 하였다. 이 선수들의 신장을 조사한 결과 평균신장은 198㎝이고 표준편차는 4㎝이다. 전체 농구 선수들의 평균신장이 얼마인지 95% 신뢰구간을 구하여라.

5-2 H 대학교 학생 중 100명을 무작위로 뽑아 나이를 조사하니 평균 나이는 20세이고 표준편차는 2이다. 이 대학교 학생의 평균나이에 대한 95%의 신뢰구간을 구하여라.

5-3 대한민국 군인의 평균 키는 171㎝이고 표준편차는 6㎝라고 한다.

(가) 100명의 군인을 표본으로 반복하여 뽑을 때 표본평균들의 95%가 포함되리라고 예상되는 구간을 구하여라.

(나) 위에서 400명의 군인을 표본으로 할 때는 구간은 어떠하겠는가? 또한 문제(가)에서 구한 구간이 (나)보다 큰 이유는 무엇인가?

5-4 어느 공장에서 생산되는 제품인 나사 5개를 무작위로 뽑아 나사 지름을 측정한 결과는 {6.33, 6.37, 6.32, 6.36, 6.37}(단위:㎜)과 같다. 나사 지름의 모평균과 모분산에 대한 불편추정치를 구하고, 95% 신뢰구간을 구하여라.

5-5 어느 수면제를 20명의 불면증 환자에게 투여한 결과 평균 2시간의 수면 증가가 있었고 그 표준편차는 30분이다. 이 수면제의 평균 증가 수면의 99% 신뢰구간을 구하여라.

5-6 커피 한잔에 포함되어 있는 카페인의 양을 조사하기 위하여 50잔의 커피를 조사하였더니 평균 114㎎, 표준편차 8.4㎎이었다. 이 커피 한잔에 포함된 카페인의 평균량의 95% 신뢰구간을 구하여라.

5-7 H 대학교 총학생회장 선거에서 A, B 두 학생이 후보자로 나섰다. 100명의 학생을 뽑아 조사하니 그중 55명이 A 학생을 지지하는 것으로 나타났다. 이때 A 학생 지지율에 대한 95% 신뢰구간을 구하여라.

5-8 가족계획연구소에서 아들 선호도 경향을 알아보기 위해 100쌍의 신혼부부를 뽑아 조사하니 67쌍이 딸보다 아들을 원하였다. 아들 선호도 비율에 대한 99%의 신뢰구간을 구하여라.

5-9 새로운 법안에 대한 지지율을 알아보기 위해 여론조사를 시행하고자 한다. 이때 모집단의 지지율에 대한 신뢰구간을 구함에 있어 오차한계를 0.03으로 하고 신뢰계수가 $1-\alpha=0.95$가 되도록 하려고 한다. 이때 적절한 표본의 크기를 구하여라.

5-10 어느 대학교 의과대학에서 흰쥐를 뽑아 주사함으로써 새로 만든 약품의 반응시간을 추정하고자 한다. 예비 실험으로 반응시간의 표준편차가 12초임을 알았을 때 평균 반응시간의 추정오차 한계가 4초가 넘지 않도록 하고, 신뢰계수를 95%로 할 때 몇 마리의 흰쥐가 필요한가?

5-11 어느 농부가 재배한 호박의 평균 무게를 조사하기 위하여 표본을 추출하고자 한다. 이때 오차의 허용한계를 0.1㎏으로 하고 신뢰계수를 95% 되게 하고자 할 때 표본을 몇 개 이상 추출해야 하는가? 단, 호박 무게의 표준편차는 2㎏이다.

5-12 어느 지역에서 200명의 표본을 추출하여 건강조사를 하였다. 지난 1년간 의사의 처방전을 받은 횟수를 조사한 결과 평균과 표준편차로 각각 6.7과 2.8을 얻었다. 모집단의 평균을 μ라 할 때 귀무가설 $H_0: \mu=5.0$이고 대립가설 $H_1: \mu>5.0$일 때 유의수준 5% 하에서 가설을 검정하여라.

5-13 어느 대학교 학생의 IQ는 근사적으로 분산이 100인 정규분포를 따른다고 한다. H_0: $\mu=110\ vs\ H_1$: $\mu>110$의 검정을 위해 이 학교 학생 16명을 뽑아 IQ 조사를 해보니 평균 IQ는 113.5였다. 유의수준 5% 하에서 귀무가설 H_0을 기각할 것인지 아닌지를 검정하여라.

5-14 건강한 성인의 맥박은 1분에 평균 60회 정도이고 표준편차는 5로 알려져 있다. 성인 16명을 대상으로 주변 온도를 높여서 맥박을 조사한 결과 1분에 평균 70번으로 나타났다. 이때 성인의 맥박이 주변 온도에 따라서 변화가 있다고 말할 수 있는지 유의수준 5% 하에서 가설을 검정하여라.

5-15 담배회사와 소비자 보호 연맹 사이에, 담배에 포함된 니코틴 함유량 문제로 의견이 대립하고 있다. 담배 한 개비당 니코틴 함유량이 14mg이라는 회사 측의 설명에 대하여 소비자 보호 연맹에서는 그 이상이라고 주장하기 때문이다. 이러한 문제를 해결하기 위하여 무작위 추출로 20개비의 담배를 분석한 결과, 니코틴 함유량이 평균 14.8mg이고 표준편차가 2.4mg으로 나왔다. 이때 적절한 가설을 설정하고 유의수준 5% 하에서 가설을 검정하여라.

5-16 어떤 야금학자가 망간이 녹는 온도를 측정한 결과 1269℃, 1271℃, 1263℃, 1265℃를 얻었다. 이 학자는 망간이 녹는 평균 온도가 1267℃라고 주장하려 한다. 이 주장을 유의수준 10% 하에서 검정하여 보아라. 단, 망간이 녹는 온도는 분산이 5인 정규분포라고 가정한다.

5-17 어떤 자동차 회사의 사장은 휘발유 1ℓ당 20km를 주행할 수 있다고 주장한 차종을 판매해 왔다. 이 종류의 차량 8대를 뽑아 검사한 결과 1ℓ당 평균 18km를 주행하고 표준편차는 3km이다. 이 회사의 주장이 옳은지 아니면 이 차종의 주행거리가 20km보다 작은지를 유의수준 5% 하에서 검정하여라.

5-18 어느 회사의 평균 출근율이 90%라고 한다. 3일의 연휴 다음날 출근상태를 조사한 결과 200명 가운데 40명이 결근하였다. 이때 평균 출근율과 같다고 말할 수 있는지를 유의수준 5% 하에서 검정하여라.

5-19 해충을 죽이는 효과가 50%인 살충제에 다른 특수 약품을 첨가한 다음 200마리의 해충에 뿌려보니 120마리가 죽었다. 특수 약품을 첨가함으로써 전보다 살충효과가 좋아졌는지를 유의수준 5% 하에서 검정하여라.

5-20 어떤 주사위를 240회 던져보니 6이 52회 출현하였다. 이 주사위가 바른 주사위인지 아닌지를 유의수준 10% 하에서 검정하여라.

5-21 시험공부를 전혀 하지 않은 학생이 O, X 문제에서 그 답을 추측하는 능력이 동전을 던져 판단하는 것보다는 나은지에 관해 알아보려고 한다. 총 200문항에서 110개의 답을 맞혔다고 할 때 유의수준 5% 하에서 검정하여라.

5-22 서울시의 고등학교 3학년생에 대하여 영어 종합 고사를 실시한 결과 그중 40%가 불합격권에 들었다. 그런데 강남고등학교 3학년생 중 120명을 조사해 보니 그중 54명이 불합격권에 속한다고 한다. 강남고등학교 3학년생의 영어 실력이 서울시 전체에 비교하여 열등한지를 유의수준 5%에서 검정하여라.

5-23 전구와 같이 일상용품에 있어서는 그 수명의 표준편차를 알고 있는 것이 어떤 일정 기간 후에 모든 전구를 바꾸어 끼울 것인가 아니면 그때그때 바꿔 끼울 것인가 하는 문제를 결정하는 데 중요한 역할을 한다. 전구의 개수가 71이고 전구의 수명에 대한 표본 편차가 4라고 할 때 귀무가설 $H_0 : \sigma^2 = 30$과 대립가설 $H_1 : \sigma^2 < 30$에 대하여 유의수준 5% 하에서 검정하여라.

5-24 어느 산부인과 의사에 따르면 요즘 출생한 어린이는 여아보다 남아가 많다고 한다. 이를 확인하기 위하여 갓난아이 200명에 대하여 성별을 조사한 결과 110명이 남아였고 90명은 여아였다. 이를 근거로 하여 산부인과 의사의 주장이 옳은지를 유의수준 5% 하에서 검정하여라.

5-25 시계추의 진동 폭 분산이 0.04cm 이내면 좋은 제품이라고 한다. 이것을 확인하기 위하여 시계추의 진동 폭을 9번 조사한 결과 그 분산이 0.038cm임을 알았다. 이 자료를 이용하여 시계추의 진동 폭 분산이 0.04cm 이하라고 말할 수 있는지 유의수준 5% 하에서 검정하여라.

제 6 장

두 모집단에 대한 비교

앞장에서 단일 모집단에서 하나의 모평균, 모비율, 모분산에 대한 가설검정을 설명하였다. 그러나 실제 현실에 적용되는 경우는 대부분 두 개 이상의 모집단의 특성을 비교하는 것이다. 왜냐하면 우리가 사는 세상은 경쟁과 비교의 모습 속에 살아가고 있기 때문일 것이다. 따라서 통계적 방법을 통한 여러 분야의 개선은 끊임없는 비교에 있다고 해야 할 것이다. 예를 들면, 새로운 약품을 개발했을 때 새로운 약품의 효능을, 임상실험을 통하여 검증하게 된다. 즉 새로운 약품을 사용한 환자와 사용하지 않은 환자 간의 자료를 비교함으로써 새로운 약품의 효능을 검토할 수 있다. 또한 이동통신 회사의 마케팅 부서에서는 휴대폰의 사용 시간이 성별(남, 여) 간에 차이가 있는지를 검토하여 여러 가지 새로운 마케팅을 제안할 수 있을 것이다. 이 이외에도 사회현상에 대한 남녀별 인식 정도의 차이, 흡연 집단과 비흡연 집단의 폐암 발생률의 차이, 두 가지 교수법에 따른 학업성취도의 차이, 두 가지 치료 방법에 따른 치료율의 차이, 두 회사 제품에 대한 소비자들의 선호도 차이 등 두 집단에 대한 비교는 매우 많이 존재한다. 이 장에서는 두 모집단의 모평균, 모비율, 모분산의 차이에 대한 가설검정 문제를 소개하고자 한다.

6.1 모평균 차이에 대한 검정

'남학생과 여학생의 학업 성취 능력의 평균이 같은가?' 또는 '서로 다른 두 공장에서 생산된 냉장고 냉각능력의 평균은 같은가?'와 같이 두 모집단 평균의 동일성 검정을 하는 경우를 생각해 보자.

두 집단에 대해 확률표본 $x_{11},\ x_{12}, \cdots, x_{1n_1}$과 $x_{21},\ x_{22}, \cdots, x_{2n_2}$가 각각 정규분포 $N(\mu_1, \sigma_1^2)$과 $N(\mu_2, \sigma_2^2)$로 부터 추출되었다고 하자. 이때, 각 집단에서의 표본평균과 표본분산은 다음과 같다.

$$\overline{x}_1 = \frac{1}{n_1}\sum_{i=1}^{n_1} x_{1i}, \quad \overline{x}_2 = \frac{1}{n_2}\sum_{i=1}^{n_2} x_{2i} \tag{6.1}$$

$$s_1^2 = \frac{1}{n_1-1}\sum_{i=1}^{n_1}(x_{1i}-\overline{x}_1)^2, \ s_2^2 = \frac{1}{n_2-1}\sum_{i=1}^{n_2}(x_{2i}-\overline{x}_2)^2 \tag{6.2}$$

6.1.1 모분산 σ_1^2과 σ_2^2이 알려져 있는 경우

두 모분산 σ_1^2과 σ_2^2이 모두 알려진 경우에 두 모평균의 차 $(\mu_1 - \mu_2)$에 대한 추정량은 두 표본평균의 차 $(\overline{x}_1 - \overline{x}_2)$로 생각할 수 있다. 여기서 통계적 추론을 위해서는 추정량 $\overline{x}_1 - \overline{x}_2$의 분포를 알아야 하는데, 이는 다음과 같은 평균과 분산을 갖는 정규분포를 따른다.

$$E(\overline{x}_1 - \overline{x}_2) = E(\overline{x}_1) - E(\overline{x}_2) = \mu_1 - \mu_2, \tag{6.3}$$

$$Var(\overline{x}_1 - \overline{x}_2) = Var(\overline{x}_1) + Var(\overline{x}_2) = \frac{\sigma_1^2}{n_1} + \frac{\sigma_2^2}{n_2} \tag{6.4}$$

따라서 다음과 같은 표준화 변환을 취하면 표준화된 새로운 확률변수 Z은 표준정규분포 $N(0,1)$을 따르게 되고,

$$Z = \frac{(\overline{x}_1 - \overline{x}_2) - (\mu_1 - \mu_2)}{\sqrt{\sigma_1^2/n_1 + \sigma_2^2/n_2}} \sim N(0,1) \tag{6.5}$$

이와 같은 사실을 이용하여 $H_0 : \mu_1 - \mu_2 = \delta_0$에 대한 통계적 추론을 수행할 수 있다. 여기서 δ_0는 연구자가 검정하고자 하는 모평균의 차로서, 만약 $\delta_0 = 0$으로 두면 이는 $H_0 : \mu_1 = \mu_2$(즉, 두 모평균이 동일한지)를 검정하는 것이 된다.

모평균의 차에 대한 추론: σ_1^2과 σ_2^2이 알려져 있는 경우

- **$\mu_1 - \mu_2$에 대한 $100(1-\alpha)$% 신뢰구간**

$$\left((\overline{x}_1 - \overline{x}_2) - z_{\alpha/2}\sqrt{\frac{\sigma_1^2}{n_1} + \frac{\sigma_2^2}{n_2}},\ (\overline{x}_1 - \overline{x}_2) + z_{\alpha/2}\sqrt{\frac{\sigma_1^2}{n_1} + \frac{\sigma_2^2}{n_2}} \right) \tag{6.6}$$

- **검정통계량**

$$Z = \frac{(\overline{x}_1 - \overline{x}_2) - \delta_0}{\sqrt{\sigma_1^2/n_1 + \sigma_2^2/n_2}} \tag{6.7}$$

• 기각역

	귀무가설	대립가설	기각역
(a)	$H_0 : \mu_1 - \mu_2 \le \delta_0$	$H_1 : \mu_1 - \mu_2 > \delta_0$	$Z \ge z_\alpha$
(b)	$H_0 : \mu_1 - \mu_2 \ge \delta_0$	$H_1 : \mu_1 - \mu_2 < \delta_0$	$Z \le -z_\alpha$
(c)	$H_0 : \mu_1 - \mu_2 = \delta_0$	$H_1 : \mu_1 - \mu_2 \ne \delta_0$	$\lvert Z \rvert \ge z_{\alpha/2}$

예 6.1 어느 음료수 회사에서 1.5 ℓ 의 캔 속에 음료수를 주입하는데 A와 B 두 대의 자동 주입 시스템을 이용하고 있다. 캔 속에 주입되는 제품의 용량은 정규분포를 따르며, 모분산이 각각 $\sigma_A^2 = 0.14$와 $\sigma_B^2 = 0.19$임을 알고 있다. A와 B에 대해 각각 20개와 25개의 표본을 추출하여 표본평균 $\overline{x}_A = 1.61$과 $\overline{x}_B = 1.45$를 얻었을 때, 두 모평균에 대한 차이가 있는지를 유의수준 5% 하에서 검정하여라.

분석 절차

① 귀무가설과 대립가설은 다음과 같다.

$$H_0 : \mu_A - \mu_B = 0 \;\; vs \;\; H_1 : \mu_A - \mu_B \ne 0$$

② 검정통계량 $\lvert Z \rvert$ 값을 구하면 다음과 같다.

$$Z = \frac{(\overline{x}_A - \overline{x}_B)}{\sqrt{\sigma_A^2/n_A + \sigma_B^2/n_B}} = \frac{(1.61 - 1.45) - 0}{\sqrt{0.14/20 + 0.19/25}} = 1.324$$

③ 부록의 부표 3에서 기각치가 $z_{0.025} = 1.96$임을 알 수 있다(EXCEL을 사용하는 경우 NORM.S.INV 함수를 이용하여 구할 수 있다).

④ 검정통계량의 값 $\lvert Z \rvert = 1.324$는 기각치인 1.96보다 작으므로 귀무가설 H_0을 기각할 수 없다. 따라서 두 용량의 모평균에는 차이가 있다고 할 수 없다.

그러나 앞에서와 같은 공식은 모분산 σ_1^2과 σ_2^2을 알지 못하는 경우가 많으므로, 실제로는 이를 사용하기가 어렵게 된다. 따라서 이 경우 두 모분산의 추정치인 표본분산 s_1^2과 s_2^2을 고려한 통계량을 사용하여 검정을 수행하게 되는데, 이제 이러한 내용에 대해서 살펴보도록 하자.

6.1.2 모분산 σ_1^2과 σ_2^2이 알려지지 않은 경우: 표본크기가 충분히 클 때

표본의 크기가 충분히 큰 경우에는 중심극한정리에 의해 모집단의 분포와 관계없이 $\overline{x}_1$과 $\overline{x}_2$가 근사적으로 정규분포를 따른다. 따라서 앞의 검정통계량 (6.7)에서 모분산 σ_1^2과 σ_2^2대신에 표본분산 s_1^2과 s_2^2을 대입하여 다음과 같은 검정통계량을 사용할 수 있는데,

$$Z = \frac{(\overline{x}_1 - \overline{x}_2) - \delta_0}{\sqrt{s_1^2/n_1 + s_2^2/n_2}} \ \dot{\sim}\ N(0,1) \tag{6.8}$$

이 통계량은 귀무가설 하에서 근사적으로 표준정규분포 $N(0,1)$에 따른다.

6.1.3 모분산 σ_1^2과 σ_2^2이 알려지지 않은 경우: $\sigma_1^2 = \sigma_2^2 (= \sigma^2)$일 때

두 모집단의 모분산이 알려져 있지 않지만, 모분산이 동일한 것으로 가정할 수 있는 경우(즉, $\sigma_1^2 = \sigma_2^2 (= \sigma^2)$), $\mu_1 - \mu_2$의 추정량 $\overline{x}_1 - \overline{x}_2$의 분포는 다음과 같은 평균과 분산을 가지는 정규분포를 따른다(두 모분산의 동일성에 대한 검정은 6.4절에서 다룰 것이다).

$$E(\overline{x}_1 - \overline{x}_2) = \mu_1 - \mu_2, \tag{6.9}$$

$$Var(\overline{x}_1 - \overline{x}_2) = \sigma^2 \left(\frac{1}{n_1} + \frac{1}{n_2}\right). \tag{6.10}$$

이때 공통 분산 σ^2의 **합동 추정량**(pooled estimator)은 다음과 같으며,

$$s_p^2 = \frac{(n_1 - 1)s_1^2 + (n_2 - 1)s_2^2}{n_1 + n_2 - 2} \tag{6.11}$$

이를 이용하여 자유도 $n_1 + n_2 - 2$인 t-분포를 따르는 다음과 같은 통계량을 구할 수 있다.

$$T = \frac{(\overline{x}_1 - \overline{x}_2) - (\mu_1 - \mu_2)}{s_p \sqrt{1/n_1 + 1/n_2}} \ \sim\ t(n_1 + n_2 - 2) \tag{6.12}$$

모평균의 차에 대한 추론: $\sigma_1^2 = \sigma_2^2 (= \sigma^2)$인 경우

- **$\mu_1 - \mu_2$에 대한 100(1−α)% 신뢰구간**

$$\left((\overline{x}_1 - \overline{x}_2) - t_{\alpha/2}\ s_p \sqrt{\frac{1}{n_1} + \frac{1}{n_2}}\ ,\quad (\overline{x}_1 - \overline{x}_2) + t_{\alpha/2}\ s_p \sqrt{\frac{1}{n_1} + \frac{1}{n_2}} \right) \tag{6.13}$$

- **검정통계량**

$$T = \frac{(\overline{x}_1 - \overline{x}_2) - \delta_0}{s_p \sqrt{1/n_1 + 1/n_2}} \tag{6.14}$$

- **기각역**

	귀무가설	대립가설	기각역
(a)	$H_0 : \mu_1 - \mu_2 \le \delta_0$	$H_1 : \mu_1 - \mu_2 > \delta_0$	$T \ge t_\alpha(n_1 + n_2 - 2)$
(b)	$H_0 : \mu_1 - \mu_2 \ge \delta_0$	$H_1 : \mu_1 - \mu_2 < \delta_0$	$T \le -t_\alpha(n_1 + n_2 - 2)$
(c)	$H_0 : \mu_1 - \mu_2 = \delta_0$	$H_1 : \mu_1 - \mu_2 \ne \delta_0$	$\lvert T \rvert \ge t_{\alpha/2}(n_1 + n_2 - 2)$

6.1.4 모분산 σ_1^2과 σ_2^2이 알려지지 않은 경우: $\sigma_1^2 \ne \sigma_2^2$일 때

두 모집단의 모분산이 서로 다른 경우($\sigma_1^2 \ne \sigma_2^2$)에는 앞에서 설명한 통계량이 t−분포를 따르지 않는다. 그러나 다음 검정통계량은

$$T = \frac{(\overline{x}_1 - \overline{x}_2) - \delta_0}{\sqrt{s_1^2/n_1 + s_2^2/n_2}} \tag{6.15}$$

이고, 다음과 같이 자유도(df)를 수정하면 근사적으로 t−분포를 따르게 된다.

$$df = \frac{(s_1^2/n_1 + s_2^2/n_2)^2}{(s_1^2/n_1)^2/(n_1 - 1) + (s_2^2/n_2)^2/(n_2 - 1)} \tag{6.16}$$

위의 검정통계량 t와 수정 자유도를 이용하는 검정법을 베렌즈−피셔(Behrens-Fisher)의 근사적 t−검정법이라고 한다.

예 6.2 부모가 모두 있는 아이 8명(A 집단)과 이혼한 부모 밑에서 자란 아이 10명(B 집단)에 대하여 심리검사를 한 결과가 다음과 같다(점수가 크면 심리가 더 안정적임을 의미한다). 두 집단에 대해 심리의 안정 정도가 차이가 있는지 유의수준 5% 하에서 검정하여 보아라. 단, 두 집단의 모분산은 $\sigma_A^2 = \sigma_B^2 (= \sigma^2)$이다.

표 6.1 '심리검사' 자료

양친이 모두 있는 아이	73 85 90 88 96 78 82 84
부모가 이혼한 아이	65 70 68 74 80 84 70 75 64 60

분석 절차

① 워크시트에 자료를 입력한 후(그림 6.1), 풀-다운 메뉴에서 **'데이터→데이터분석'**을 선택한다.

② **'통계 데이터 분석'** 대화상자(그림6.2)에서 **'t 검정: 등분산 가정 두집단'**을 선택하고 **'확인'**을 클릭한다.

③ **'t 검정'** 대화상자(그림 6.3)에서 **'변수 1 입력 범위(1)'**($A$1:$A$9)와 **'변수 2 입력범위(2)'**($B$1:$B$11)를 지정하고, **'가설 평균차(E)'**(0)를 입력한다. 또한 입력자료의 첫 번째 행에 변수의 이름들을 입력하였으므로 **'이름표(L)'**에 체크(☑)하고, **'유의수준(A)'**(0.05)과 **'출력 옵션'**(새로운 워크시트(P))을 지정한 후 **'확인'**을 클릭한다.

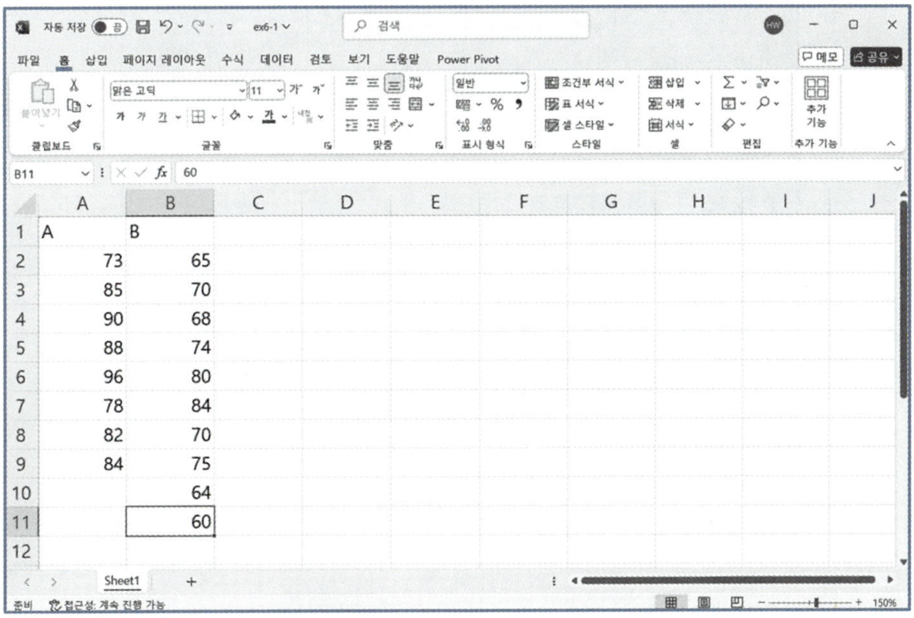

그림 6.1 '심리검사' 자료의 입력

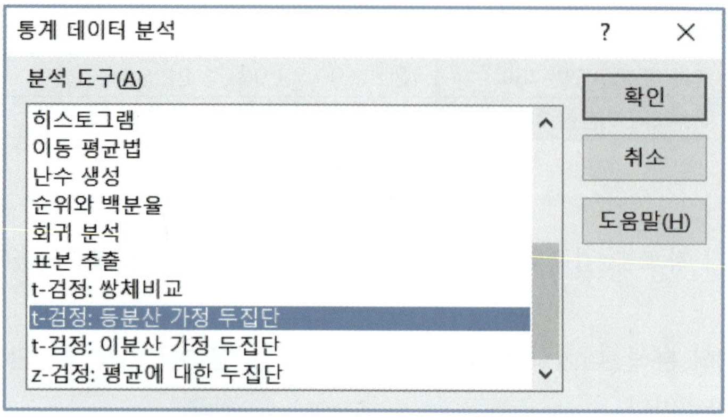

그림 6.2 '통계 데이터 분석' 대화상자

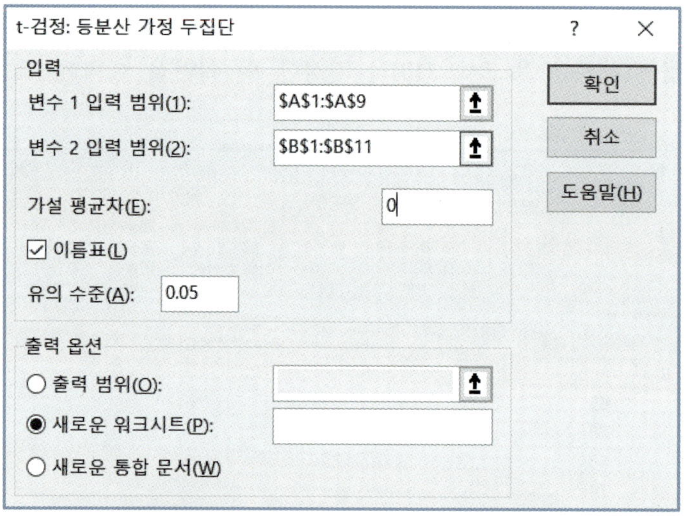

그림 6.3 't-검정: 등분산 가정 두집단' 대화상자

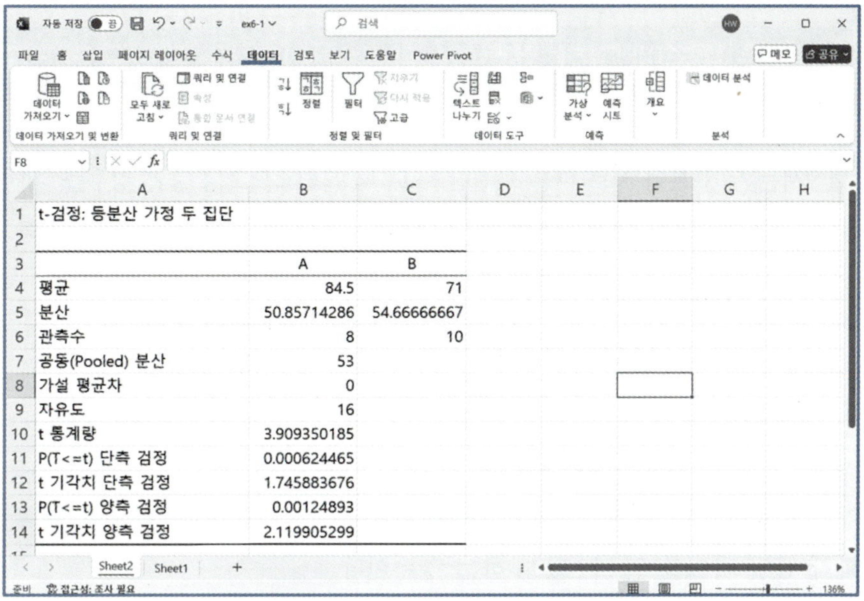

	A	B
t-검정: 등분산 가정 두 집단		
	A	B
평균	84.5	71
분산	50.85714286	54.66666667
관측수	8	10
공동(Pooled) 분산	53	
가설 평균차	0	
자유도	16	
t 통계량	3.909350185	
P(T<=t) 단측 검정	0.000624465	
t 기각치 단측 검정	1.745883676	
P(T<=t) 양측 검정	0.00124893	
t 기각치 양측 검정	2.119905299	

그림 6.4 't–검정' 등분산 가정 두 집단의 결과

결과 해석

① 귀무가설과 대립가설은 다음과 같다.

$$H_0 : \mu_1 - \mu_2 = 0 \quad vs \quad H_1 : \mu_1 - \mu_2 \neq 0$$

② 두 집단의 표본평균은 $\overline{x}_1 = 84.5$, $\overline{x}_2 = 71.0$이고 표본분산은 $s_1^2 = 50.86$, $s_2^2 = 54.67$이므로 공통 분산(pooled variance)은 다음과 같다.

$$s_p^2 = \frac{(n_1 - 1)s_1^2 + (n_2 - 1)s_2^2}{n_1 + n_2 - 2} = \frac{7 \times 50.86 + 9 \times 54.67}{16} = 53.00$$

따라서 검정통계량 t값은 다음과 같이 계산된다.

$$T = \frac{(\overline{x}_1 - \overline{x}_2)}{s_p\sqrt{1/n_1 + 1/n_2}} = \frac{13.5}{\sqrt{11.925}} = 3.909$$

③ 부록의 부표 4로부터 기각치가 $t_{0.025}(16) = 2.120$임을 알 수 있다(위 결과에 't 기각치 양측검정'이라는 이름으로 출력되어 있다).

④ 검정통계량의 값이 $|T|$=3.909로 기각치인 2.120보다 크므로 귀무가설 H_0을 기각한다. 따라서 두 집단의 심리 안정도의 모평균에 차이가 있다고 할 수 있다(위 결과에서 양측검정에 대한 p–값이 0.0012이고, 이는 유의수준 $\alpha = 0.05$ 보다 작다는 것을 확인하기를 바란다).

6.2 대응 표본에 대한 검정(쌍 관측에 의한 두 모평균의 비교)

앞 절에서는 두 표본이 서로 다른 모집단으로부터 독립적으로 추출된 경우를 다루었다. 이와 같은 실험에서 주의해야 할 것은 두 모집단의 실험단위들이 동질적이되도록 해야 한다는 것이다. 예를 들어 두 종류의 약품을 비교하고자 하는 경우 실험단위들이 동질하지 않으면, 반응값의 차이가 순수한 처리 효과에 의한 차이인지 아니면 성, 나이, 증상 등 실험에서 고려되지 않고 있는 다른 요인에 의한 차이인지를 구별할 수 없게 된다. 즉, 실험에서 조절할 수 없는 요인(교락 요인: confounding factor)으로 인해 순수한 실제 처리 효과의 차이를 알기 어렵게 되는 것이다. 예를 들어 두 종류의 운동화의 마모량을 비교하고자 하는 경우, 실험 대상의 나이, 성, 보행습관 등에 의해 순수한 운동화의 품질 차이를 알 수 없게 하는 경우이다.

그러나 성, 나이, 습관, 증상 등이 모두 동일한 환자들만으로 실험한다는 것은 현실적으로 매우 어렵고, 따라서 이와 같은 문제점을 해결하는 방법의 하나가 짝지은 표본을 구성하여 실험을 수행하는 것이다. 즉 실험단위를 동질적인 쌍으로 묶은 다음 각 쌍에 대해 랜덤하게 두 처리를 적용하고, 각 쌍에서 얻어진 반응값의 차이를 이용하여 두 모평균을 비교하는 것이다.

정규모집단으로부터 n개의 짝지은 표본 $(x_1, y_1), (x_2, y_2), \cdots, (x_n, y_n)$을 얻었을 때, $d_i = x_i - y_i (i = 1, \cdots, n)$이라고 하자. 그러면 두 반응값의 평균에 대한 가설 $\mu_x = \mu_y$를 검정하는 것은 $\mu_d = \mu_x - \mu_y = 0$을 검정하는 것과 같다. 여기서 변수 d는 다음과 같은 표본평균과 표본분산을 가진다.

$$\bar{d} = \frac{1}{n}\sum_{i=1}^{n} d_i, \; s_d^2 = \frac{1}{n-1}\sum_{i=1}^{n}(d_i - \bar{d})^2 \tag{6.17}$$

표 6.2 대응비교에서의 자료구조

번호	1	2	$\cdots$	n
처리 1 (x)	x_1	x_2	$\cdots$	x_n
처리 2 (y)	y_1	y_2	$\cdots$	y_n
차이($D = x - y$)	$d_1 = x_1 - y_1$	$d_2 = x_2 - y_2$	$\cdots$	$d_n = x_n - y_n$

따라서 귀무가설 $H_0 : \mu_d = 0$을 검정하기 위한 검정통계량은 다음과 같고, 이 T 통계량은 귀무가설 하에서 자유도 $n-1$을 가지는 t-분포를 따른다.

대응비교에서 모평균의 차에 대한 추론

• **검정통계량**

$$T = \frac{\bar{d} - \delta_0}{s_d / \sqrt{n}} \tag{6.18}$$

• **기각역**

	귀무가설	대립가설	기각역
(a)	$H_0 : \mu_1 - \mu_2 \le \delta_0$	$H_1 : \mu_1 - \mu_2 > \delta_0$	$T \ge t_\alpha(n-1)$
(b)	$H_0 : \mu_1 - \mu_2 \ge \delta_0$	$H_1 : \mu_1 - \mu_2 < \delta_0$	$T \le -t_\alpha(n-1)$
(c)	$H_0 : \mu_1 - \mu_2 = \delta_0$	$H_1 : \mu_1 - \mu_2 \ne \delta_0$	$\lvert T \rvert \ge t_{\alpha/2}(n-1)$

표본의 크기가 클 경우($n \ge 30$)에는 중심극한정리에 의하여 $\bar{d}$가 근사적으로 정규분포를 따르게 되므로, 모집단의 분포가 정규분포라는 가정 없이도 위와 같은 검정을 할 수 있다. 즉, 검정통계량

$$Z = \frac{\bar{d} - \delta_0}{s_D / \sqrt{n}} \sim N(0,1) \tag{6.19}$$

을 이용하여 $H_0 : \mu_1 - \mu_2 = \delta_0$에 대한 검정을 수행할 수 있다.

예 6.3 타이어 A와 B의 성능을 비교하기 위해 5대의 자동차를 임의로 선발하여, 자동차의 뒷바퀴 중에서 한쪽에는 A 타이어를 그리고 다른 한쪽에는 B 타이어를 끼우고 주행한 뒤에 타이어의 마모 상태를 조사한 결과 다음 <그림 6.5>와 같은 자료를 얻었다. 두 타이어 마모율의 모평균에 차이가 있는지를 유의수준 5% 하에서 검정하여라.

분석 절차

① 워크시트에 자료를 입력한 후(그림 6.5), 풀다운 메뉴에서 **'데이터→ 데이터분석'**을 선택한다.

② **'통계 데이터 분석'** 대화상자(그림 6.6)에서 **'t-검정: 쌍체비교'**를 선택하고 **'확인'**을 클릭한다.

③ **'t-검정'** 대화상자(그림 6.7)에서 **'변수 1 입력 범위(1)'**($A$1:$A$6)와 **'변수 2 입력범위**

(2)'($B$1:$B$6)를 지정하고, **'가설 평균차(E)'**(0)를 입력한다. 또한 입력자료의 첫 번째 행에 변수의 이름들을 입력하였으므로 **'이름표(L)'**에 체크(☑)하고, **'유의수준(A)'**(0.05)과 **'출력 옵션'**(새로운 워크시트(P))을 지정한 후 **'확인'**을 클릭한다.

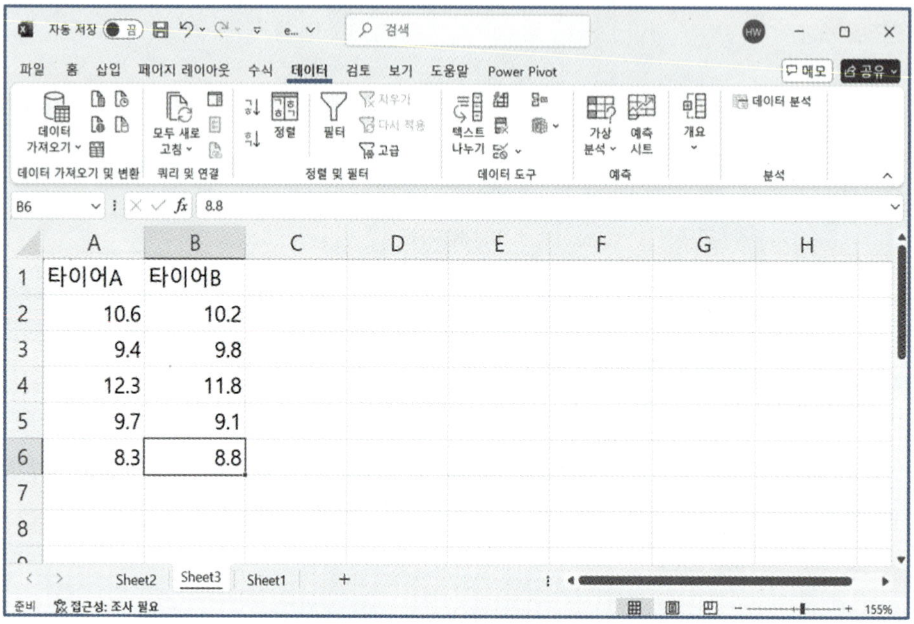

그림 6.5 '타이어 마모율' 자료의 입력

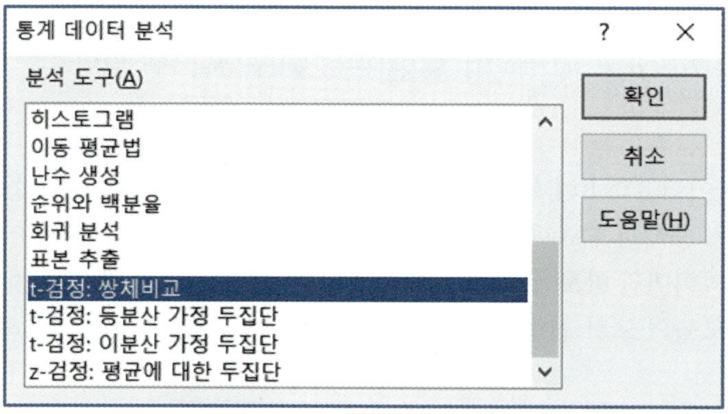

그림 6.6 '통계 데이터 분석' 대화상자

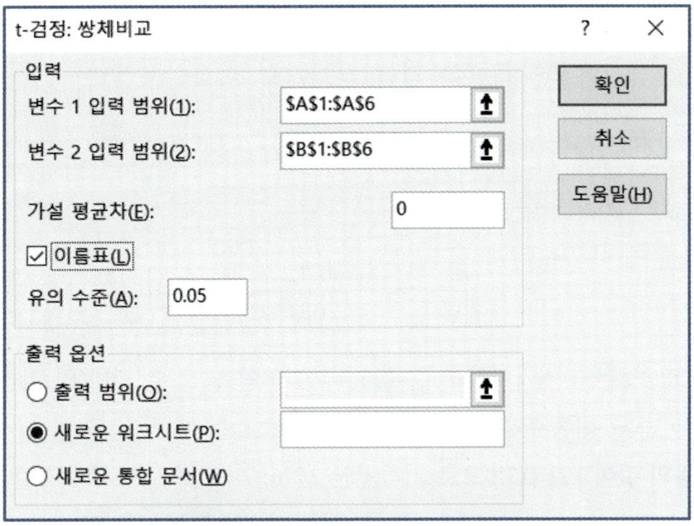

그림 6.7 't–검정: 쌍체비교' 대화상자

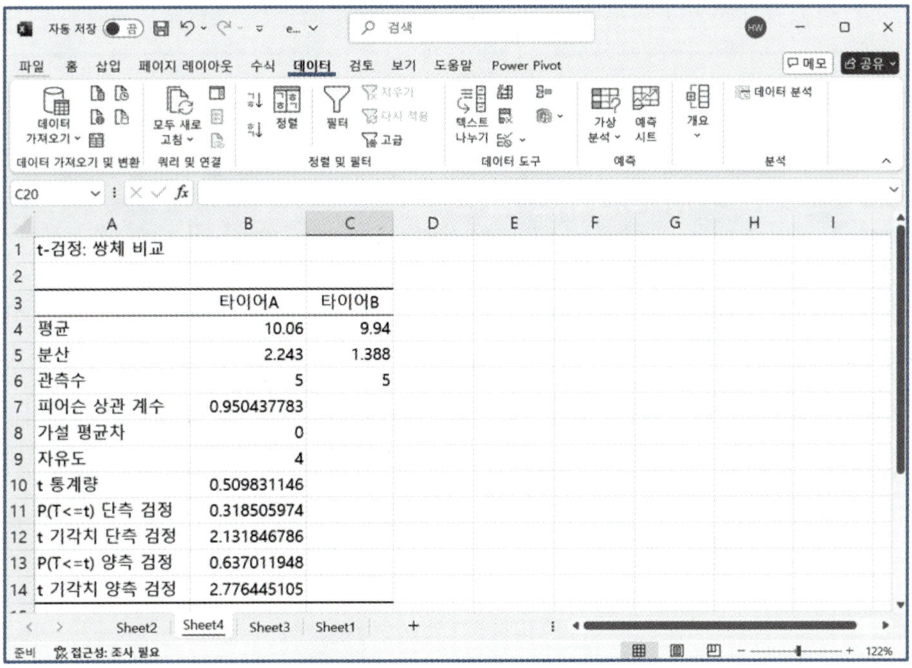

그림 6.8 't–검정 쌍체비교'의 결과

결과 해석

① 귀무가설과 대립가설은 다음과 같다.

$$H_0 : \mu_d(=\mu_1-\mu_2)=0 \quad vs \quad H_1 : \mu_d(=\mu_1-\mu_2)\neq 0$$

② 검정통계량 T값은 다음과 같다.

$$t=\frac{\bar{d}}{s_d/\sqrt{n}}=\frac{0.12}{0.5263/\sqrt{5}}=0.510$$

③ 부록의 부표 4로부터 기각치가 $t_{0.025}(4)=2.776$임을 알 수 있다(위 결과에 't 기각치 양측검정'이라는 이름으로 출력되어 있다).

④ 검정통계량의 값이 $|T|=0.510$으로 기각치인 2.776보다 작으므로 귀무가설 H_0을 기각할 수 없다. 따라서 두 타이어의 마모율에 대한 모평균에 차이가 있다고 할 수 없다(위 결과에서 양측검정에 대한 $p-$값이 0.6370이고, 이는 유의수준 $\alpha=0.05$ 보다 크다는 것을 확인하기를 바란다).

6.3 모비율 차이에 대한 검정

두 모집단의 모비율 차이에 대한 검정에서는 표본의 자료가 연속적인 값이 아닌 성공 횟수로 나타난다. 즉 첫 번째 모집단에서 표본의 크기를 n_1 그리고 성공회수를 x_1이라 하고, 이와는 독립적으로 두 번째 모집단에서 표본의 크기를 n_2 그리고 성공회수를 x_2라 하자. 이때, 두 모집단의 모비율 차이 p_1-p_2에 대한 추정량으로 표본비율의 차이 $\hat{p_1}-\hat{p_2}(=x_1/n_1-x_2/n_2)$를 생각할 수 있다. 이때 표본비율의 차이 $\hat{p}_1-\hat{p_2}$에 대한 평균과 분산은 다음과 같다.

$$E(\hat{p_1}-\hat{p_2})=p_1-p_2 \tag{6.20}$$

$$Var(\hat{p_1}-\hat{p_2})=\frac{p_1(1-p_1)}{n_1}+\frac{p_2(1-p_2)}{n_2} \tag{6.21}$$

여기서 표본크기 n_1과 n_2가 충분히 크면 $\hat{p}_1-\hat{p_2}$는 근사적으로 정규분포를 따르게 되므로, 다음과 같은 표준화 변환을 취하면 근사적으로 표준정규분포 $N(0,1)$을 따르는 확률변수 Z을 얻을 수 있다.

$$Z = \frac{(\widehat{p_1} - \widehat{p_2}) - (p_1 - p_2)}{\sqrt{\widehat{p_1}(1-\widehat{p_1})/n_1 + \widehat{p_2}(1-\widehat{p_2})/n_2}} \sim N(0,1) \tag{6.22}$$

따라서 두 모비율의 차이 $p_1 - p_2$에 대한 $100(1-\alpha)\%$ 신뢰구간은 다음과 같이 주어진다.

$$(\hat{p}_1 - \hat{p}_2) \pm z_{\alpha/2}\sqrt{\frac{\hat{p}_1(1-\hat{p}_1)}{n_1} + \frac{\hat{p}_2(1-\hat{p}_2)}{n_2}} \tag{6.23}$$

이제 두 모비율의 차이에 대한 가설검정 문제를 생각해 보자. 일반적으로 모비율에 관한 통계적 추론에서는 두 모비율의 차이에 대한 동일성에 관심이 있는 경우가 대부분이라고 할 수 있는데, 이 경우 귀무가설은 $H_0 : p_1 = p_2$이다. 이러한 귀무가설 하에서는 두 모비율이 서로 같으므로(즉 $p_1 = p_2 = p$), 다음과 같은 합동 추정량

$$\hat{p} = \frac{x_1 + x_2}{n_1 + n_2} \tag{6.24}$$

$\hat{p}$으로 공통인 모비율 p를 추정할 수 있다. 이때 두 표본비율의 차이인 $\hat{p}_1 - \widehat{p_2}$에 대한 표준오차는 다음과 같다.

$$\sqrt{\frac{\hat{p}(1-\hat{p})}{n_1} + \frac{\hat{p}(1-\hat{p})}{n_2}} = \sqrt{\hat{p}(1-\hat{p})\left(\frac{1}{n_1} + \frac{1}{n_2}\right)} \tag{6.25}$$

모비율 차이에 대한 검정

- **검정통계량**

$$Z = \frac{\hat{p}_1 - \widehat{p_2}}{\sqrt{\hat{p}(1-\hat{p})(1/n_1 + 1/n_2)}} \tag{6.26}$$

- **기각역**

	귀무가설	대립가설	기각역
(a)	$H_0 : p_1 \le p_2$	$H_1 : p_1 > p_2$	$Z \ge z_\alpha$
(b)	$H_0 : p_1 \ge p_2$	$H_1 : p_1 < p_2$	$Z \le -z_\alpha$
(c)	$H_0 : p_1 = p_2$	$H_1 : p_1 \ne p_2$	$\lvert Z\rvert \ge z_{\alpha/2}$

예 6.4 정부에 대한 지지율이 성인 남녀별로 차이가 있는가를 알아보기 위해 조사를 해 본 결과, 임의로 뽑은 250명의 성인 남자 중 110명이 현 정부를 지지하였고 200명의 성인 여자 중 104명이 현 정부를 지지하는 것으로 나타났다. 성인 남녀별로 현 정부에 대한 지지율이 차이가 있는지를 유의수준 5% 하에서 검정하여라.

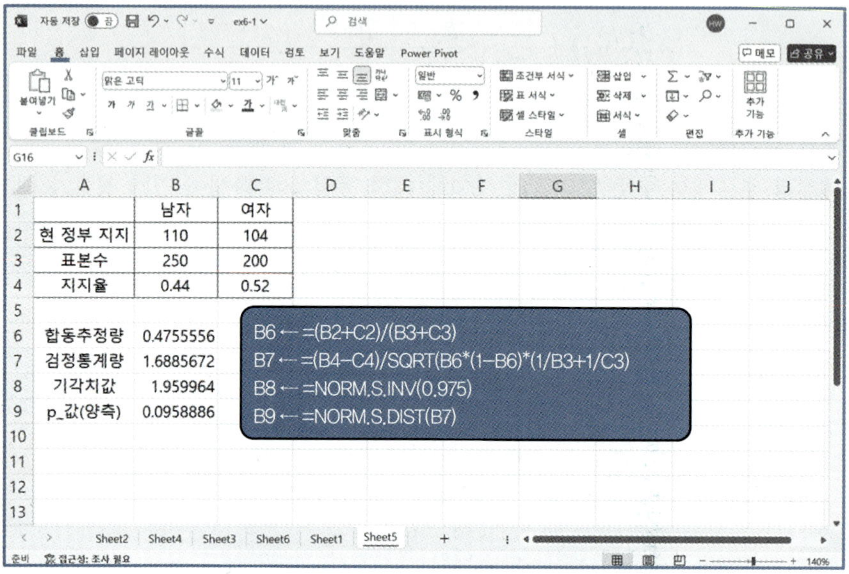

그림 6.9 '두 모비율 차이에 대한 검정' 결과

분석 절차

① 귀무가설과 대립가설은 다음과 같다.

$$H_0: p_1 = p_2 \quad vs \quad H_1: p_1 \neq p_2$$

② $\hat{p_1} = 110/250 = 0.440$, $\hat{p_2} = 104/200 = 0.520$, $\hat{p} = (110+104)/(250+200) = 0.476$이므로, 검정통계량 Z값을 구하면 다음과 같다.

$$Z = \frac{\hat{p}_1 - \hat{p}_2}{\sqrt{\hat{p}(1-\hat{p})(1/n_1 + 1/n_2)}} = \frac{0.440 - 0.520}{\sqrt{(0.476)(0.524)(1/250 + 1/200)}} = 1.69$$

③ 부록의 부표 3에서 기각치가 $z_{0.025} = 1.96$ 임을 알 수 있다(EXCEL을 사용하는 경우 NORMSINV 함수를 이용하여 구할 수 있다).

④ 검정통계량의 값 $|Z|$=1.69는 기각치인 1.96보다 작으므로 귀무가설 H_0을 기각할 수 없다. 따라서 정부에 대한 지지율이 남녀별로 차이가 있다고 할 수 없다.(위 결과에서 <그림 6.9> 양측검정에 대한 $p-$값이 0.0913이고 유의수준 $\alpha = 0.05$보다 크다는 것을 확인하기를 바란다).

6.4 모분산의 동일성에 대한 검정

고도의 정밀도를 요구하는 현대산업에 있어서 생산된 제품의 정밀도에 대한 측도를 나타내는 분산에 대한 비교는 매우 중요하다. 특히 두 모집단의 분산에 대한 비교의 경우가 이에 해당한다. 예를 들어, 일정한 규격의 베어링을 생산하는 경우 각 제조공정에 따라 베어링의 평균지름은 같으나 분산이 다르다면 심각한 문제가 발생할 수 있게 된다. 또한 6.1절에서 언급한 바와 같이 두 모집단의 평균 차이를 검정하는 과정에서 두 모분산의 동일성($H_0 : \sigma_1^2 = \sigma_2^2$)에 대한 검정을 수행해야 할 필요가 있게 된다.

앞의 4.5절에서 다음과 같이 정의되는 통계량은 자유도가 $(n_1 - 1, n_2 - 1)$인 F −분포를 따른다는 것을 설명한 바 있다. 즉,

$$F = \frac{s_1^2/\sigma_1^2}{s_2^2/\sigma_2^2} \sim F(n_1 - 1,\ n_2 - 1) \tag{6.27}$$

여기서 귀무가설 $H_0 : \sigma_1^2 = \sigma_2^2$ 하에서는 $F = s_1^2/s_2^2$이 되므로 이러한 사실을 이용하여 모분산에 대한 동일성을 검정하게 되는 것이다.

모분산의 동일성에 대한 검정

- **검정통계량**

$$F = \frac{s_1^2}{s_2^2} \tag{6.28}$$

- **기각역**

	귀무가설	대립가설	기각역
(a)	$H_0 : \sigma_1^2 \le \sigma_2^2$	$H_1 : \sigma_1^2 > \sigma_2^2$	$F \ge F_\alpha(n_1 - 1, n_2 - 1)$
(b)	$H_0 : \sigma_1^2 \ge \sigma_2^2$	$H_1 : \sigma_1^2 < \sigma_2^2$	$F \le F_{1-\alpha}(n_1 - 1, n_2 - 1)$
(c)	$H_0 : \sigma_1^2 = \sigma_2^2$	$H_1 : \sigma_1^2 \ne \sigma_2^2$	$F \ge F_{\alpha/2}(n_1 - 1, n_2 - 1)$ 또는 $F \le F_{1-\alpha/2}(n_1 - 1, n_2 - 1)$

한편, 두 모분산의 비 σ_1^2/σ_2^2에 대한 $100(1-\alpha)\%$ 신뢰구간은 다음과 같다.

$$\left(\frac{1}{F_{\alpha/2}(n_1 - 1, n_2 - 1)} \frac{s_1^2}{s_2^2},\ F_{\alpha/2}(n_2 - 1, n_1 - 1) \frac{s_1^2}{s_2^2} \right) \tag{6.29}$$

예 6.5 예 6.2의 '심리검사' 자료에 대해 가설 $H_0 : \sigma_1^2 = \sigma_2^2 \quad vs \quad H_1 : \sigma_1^2 < \sigma_2^2$을 유의수준 5% 하에서 검정하여라.

분석 절차

① 워크시트에 자료를 입력한 후(그림 6.1), 풀다운 메뉴에서 **'데이터→ 데이터분석'**을 선택한다.

② **'통계 데이터 분석'** 대화상자(그림 6.10)에서 **'F-검정: 분산에 대한 두 집단'**을 선택하고 **'확인'**을 클릭한다.

③ **'F-검정'** 대화상자(그림 6.11)에서 **'변수 1 입력 범위(1)'**($A$1:$A$9)와 **'변수 2 입력범위(2)'**($B$1:$B$11)를 지정한다. 또한 **'이름표(L)'**에 체크(☑)하고, **'유의수준(A)'**(0.05)과 **'출력옵션'**(새로운 워크시트(P))을 지정한 후 **'확인'**을 클릭한다.

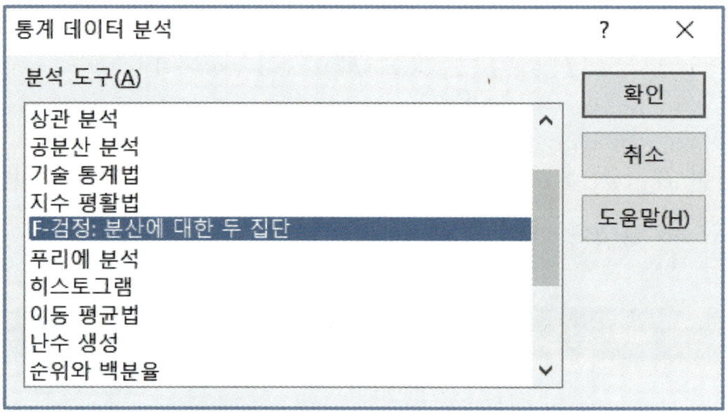

그림 6.10 '통계 데이터 분석' 대화상자

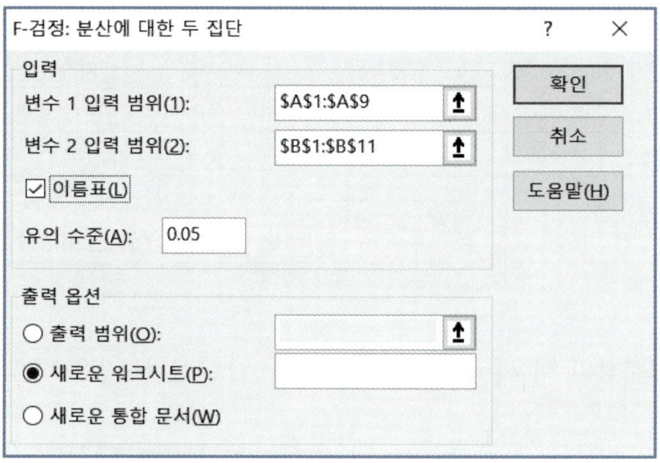

그림 6.11 'F-검정: 분산에 대한 두 집단' 대화상자

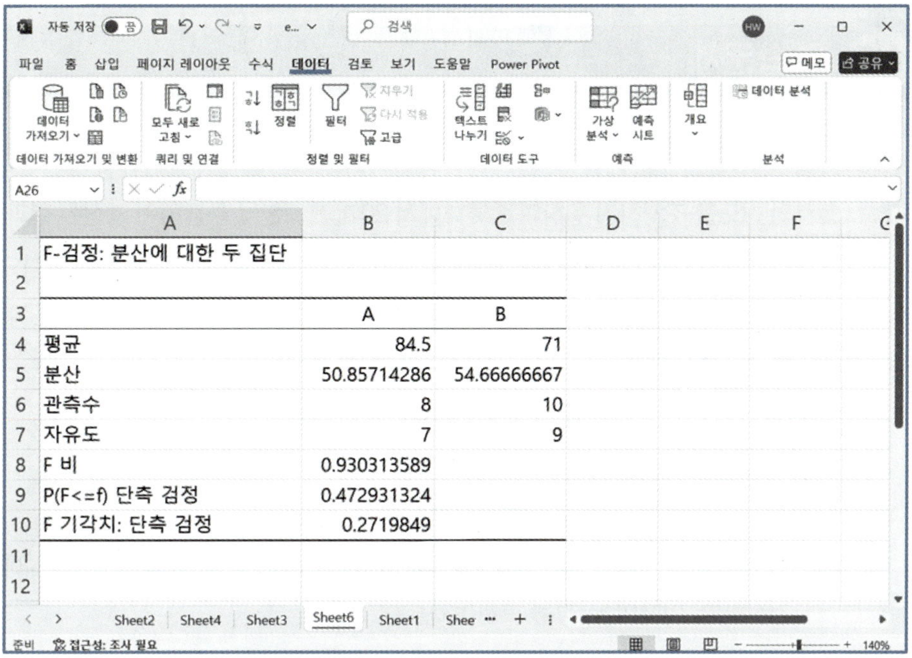

	A	B	C
1	F-검정: 분산에 대한 두 집단		
2			
3		A	B
4	평균	84.5	71
5	분산	50.85714286	54.66666667
6	관측수	8	10
7	자유도	7	9
8	F 비	0.930313589	
9	P(F<=f) 단측 검정	0.472931324	
10	F 기각치: 단측 검정	0.2719849	

그림 6.12 'F-검정 분산에 대한 두 집단'의 결과

결과 해석

① 귀무가설과 대립가설은 다음과 같다.

$$H_0 : \sigma_1^2 = \sigma_2^2 \quad vs \quad \sigma_1^2 < \sigma_2^2$$

② 검정통계량 값은 다음과 같다.

$$F = \frac{s_1^2}{s_2^2} = \frac{50.85}{54.67} = 0.930$$

③ 위 결과의 'F 기각치: 단측 검정'으로부터 $F_{0.95}(7,9) = 0.272$임을 알 수 있다.

④ 검정통계량의 값이 $F = 0.930$으로 기각치인 0.272보다 크므로 귀무가설 H_0를 기각할 수 없다. 따라서 σ_2^2이 σ_1^2보다 크다고 할 수 없다(위 결과에서 p-값이 0.4729이고, 이는 유의수준 $\alpha = 0.05$보다 크다는 것을 확인하기를 바란다).

6.5 연습문제

6-1 철사의 강도를 조사하기 위하여 종류 A에서 20개의 표본을 추출하여 계산한 결과 평균 강도 $\bar{x}_1$가 32.5ksi이다. 같은 종류의 철사에 전기처리를 한 후에 같은 실험으로 25개의 표본을 추출하여 계산한 결과 평균 강도 $\bar{x}_2$가 36.4ksi의 값을 얻었다. 이때 철사의 강도는 표준편차가 각각 3과 4인 정규분포를 따른다고 가정하고 다음을 답하여라.

(가) 각 모집단의 평균을 μ_1, μ_2라 하고 각각의 95% 신뢰구간을 구하여라.

(나) $\mu_1 - \mu_2$의 95% 신뢰구간을 구하여라.

(다) 귀무가설 $H_0 : \mu_1 - \mu_2 = 0$과 대립가설 $\mu_1 < \mu_2$에 대해 유의수준 5% 하에서 검정하고, 이때의 p-값을 구하여라.

6-2 배기량이 동일한 자동차 A와 자동차 B의 연료소비량에 차이가 있는지를 조사하기 위하여 1ℓ의 연료를 넣고 자동차 A는 9번을 자동차 B는 16번의 주행거리(㎞)를 실험하여 다음과 같은 결과를 얻었다.

	평균	분산
자동차 A	14.5	4
자동차 B	13.0	16

이 결과로부터 두 자동차의 연료소비량은 같다고 말할 수 있는지 유의수준 5% 하에서 검정하여라.

6-3 벼의 시험 재배에서 품종 A와 품종 B의 수확량을 비교하고자 한다. 임의로 24개의 지역을 택하여 두 품종의 벼를 경작하여 다음과 같은 자료를 얻었다.

품종 A	31 34 29 26 32 35 38 34 30 29 32 31
품종 B	26 24 28 29 30 29 32 26 31 29 32 28

(가) A 품종이 B 품종보다 더 수확량이 많다고 할 수 있는가를 검정하여라.

(나) 두 품종 간의 수확량의 차에 대한 95% 신뢰구간을 계산하여라.

6-4 우편물의 국내외 취급은 우체국을 통하게 되어 있다. 그러나 최근 들어 수출입 상품의 견본 등 지급을 요하는 우편물(소포 포함)의 양이 증가함에 따라 이들 지급 우편물의 배달을 전문으로 하는 회사가 생겼다. 어느 중소 업체에서는 이들 두 가지(우체국과 전문회사) 중 어느 곳을 택하는 것이 좋은지 알아보기 위하여 12곳의 거래 회사로 견본을 보내어 배달에 걸린 일수를 기록하였다.

	1	2	3	4	5	6	7	8	9	10	11	12
우체국	4	6	8	3	3	7	4	5	9	10	9	7
전문회사	3	4	6	2	5	8	3	5	10	9	8	5
차이	1	2	2	1	−2	−1	1	0	−1	1	1	2

전문회사에 맡기는 것이 빠르다고 주장하려면 어떠한 가설을 세워야 하는가? 또한 세운 가설을 유의수준 5% 하에서 검정하여라.

6-5 두 콜라 회사 제품에서 A 성분의 함유량을 조사한 결과 다음과 같았다. 두 회사의 A 성분 함유량이 다른지를 유의수준 5% 하에서 검정하여라.

갑	1	2	3	4	5	6	7
을	1	2	2	1	2	1	1

6-6 적당한 육체적 운동이 당뇨의 양에 영향을 미치는지를 알기 위하여 20명의 당뇨병 환자를 표본으로 추출하여 500m 달리기를 하기 1시간 전과 2시간 후에 당뇨의 양을 측정하였다.

번호	달리기 전	달린 후	번호	달리기 전	달린 후
1	1.45	.019	2	2.37	1.03
3	0.79	0.15	4	0.77	0.35
5	0.93	1.19	6	0.77	0.27
7	1.35	0.67	8	0.33	0.58
9	0.80	0.39	10	1.42	0.68
11	2.50	1.58	12	0.51	0.82
13	0.41	1.58	14	2.83	1.28
15	1.56	0.91	16	1.01	2.02
17	1.96	0.28	18	0.81	0.24
19	1.35	0.12	20	3.48	0.36

적당한 양의 운동이 좋다는 것을 위의 자료로부터 증명하고자 한다. 유의수준 5% 하에서 검정하여라.

6-7 A, B 두 생명보험에 대하여 계약 파기 비율이 다른지를 조사하고자 한다. 지난 일 년간의 자료는 다음과 같다. 두 보험에 대한 계약 파기 비율이 다르다고 할 수 있는지를 유의수준 5% 하에서 가설을 검정하여라.

	총계약자 수	계약 파기자 수
A 생명보험사	2,350	580
B 생명보험사	5,210	1,500

6-8 두 개의 다른 제조 방법에 따라서 생산된 자동차 배터리의 수명을 측정한 결과이다.

A 방법	2.0	2.1	2.5	3.0	3.3	4.2	4.2	4.3	6.8	7.6	
B 방법	3.6	3.7	3.9	3.9	3.9	4.0	4.0	4.0	4.1	4.2	4.3

(가) A 방법에 따라서 생산된 배터리의 분산이 B 방법에 따라서 생산된 배터리의 분산보다 크다고 할 수 있는지를 검정하여라.

(나) 두 분산의 비에 대한 95%의 신뢰구간을 구하여라.

6-9 여학생들의 신진대사에 대한 조사에서 7시간 이상 잠을 자는 집단과 7시간 미만 잠을 자는 집단으로 구분하여 각 집단이 하루에 소비하는 에너지의 양을 측정하여 다음의 결과를 얻었다.

7시간 이상	35.3	35.9	37.2	33.0	31.9	33.7	36.0	35.0
	33.3	36.6	37.9	35.6	29.0	33.7	35.7	
7시간 미만	32.4	34.0	34.4	31.8	35.0	34.6	34.6	33.5
	33.6	31.5	33.8					

(가) 7시간 이상 잠을 자는 집단이 7시간 미만 잠을 자는 집단보다 에너지 소비량의 분산이 크다고 할 수 있는지를 5% 유의수준 하에서 검정하여라.

(나) 두 집단의 표준편차의 비에 대한 95% 신뢰구간을 구하여 보아라.

제 7 장

분산분석

앞의 6장에서는 두 모집단의 평균 차이에 대한 검정을 소개하였다. 그러나 현실에 있어서는 세 개 이상의 모집단에 대한 평균을 동시에 비교해야 하는 경우가 많이 존재한다. 이러한 문제를 해결하기 위한 통계적 분석 방법이 휘셔(R.A. Fisher)에 의해서 제안되고 발전된 **분산분석**(分散分析, analysis of variance, ANOVA)기법이다.

예를 들어, '철의 강도'가 '담금질의 온도'에 따라 어떻게 변하는지를 비교하기 위해 50℃, 60℃, 70℃ 온도의 물에서 각각 담금질하는 경우를 생각해 보자. 이때 '담금질의 온도'를 실험통계용어로 **요인**(要因, factor)이라 하고, 선택된 온도 50℃, 60℃, 70℃를 담금질의 온도라는 요인의 각 **수준**(水準, level) 또는 **처리**(處理, treatment)라고 한다. 또한 '철의 강도'를 **반응변수**(反應變數, response variable) 또는 **종속변수**(從屬變數, dependent variable)라고 하며, 요인 '담금질의 온도'를 **설명변수**(說明變數, exploratory variable) 또는 **독립변수**(獨立變數, independent variable)라고 하기도 한다.

이와 같이 분산분석은 여러 처리에 의한 반응변수의 평균 차이를 비교하는 문제로 생각할 수 있는데, 이때 반응변수의 평균 차이를 **효과**(效果, effect)라고 한다. 두 개의 처리 간의 효과를 비교하는 문제는 6장에서 소개한 t-검정을 이용하여 해결할 수 있으나 분산분석을 이용해도 동일한 결과를 얻게 된다. 이 장에서는 요인이 한 개인 경우를 다루는 일원분류 분산분석과 두 개인 경우를 다루는 이원분류 분산분석으로 나누어 설명할 것이다.

7.1 일원분류 분산분석

일원설계(one-way layout)란 하나의 요인에 대해 여러 처리수준들 간의 실험 결과를 비교·분석하고자 하는 것으로, 특히 실험하는 데 있어서 각 처리의 순서를 랜덤하게 이루어지도록 하므로 완전임의화계획법(completely randomized design, CRD)이라고도 한다. 처리수준이 k개인 일원설계로부터 얻어진 자료의 구조는 다음 <표 7.1>과 같이 나타낼 수 있는데, 이러한 자료를 분석하기 위한 **일원분류**(一元分類, one-way) 분산분석 모형은 다음 식(7.1)과 같이 표현할 수 있다. 여기서 ϵ_{ij}는 **오차항**(誤差項, error term)으로서 기댓값 0과 분산 σ^2을 가지며 서로 독립인 확률변수이다(즉, $\epsilon_{ij} \sim N(0,\sigma^2)$). 여기서 오차항에 대해 이러한 분포가정을 하는 이유는 효과에 대한 통계적추론을 하기 위해서이다.

표 7.1 일원분류 분산분석의 자료구조

처리	1	$\cdots$	i	$\cdots$	k
반응값	y_{11} y_{1j} $\vdots$ y_{1n_1}	$\cdots$	y_{i1} $\vdots$ y_{ij} $\vdots$ y_{in_i}	$\cdots$	y_{k1} $\vdots$ y_{kj} $\vdots$ y_{kn_k}
평균	$\overline{y}_{1.} = \sum_{j=1}^{n_1} y_{1j}/n_1$	$\cdots$	$\overline{y}_{i.} = \sum_{j=1}^{n_i} y_{ij}/n_i$	$\cdots$	$\overline{y}_{k.} = \sum_{j=1}^{n_k} y_{kj}/n_k$
제곱합	$\sum_{j=1}^{n_1}(y_{1j} - \overline{y}_{1.})^2$	$\cdots$	$\sum_{j=1}^{n_i}(y_{ij} - \overline{y}_{i.})^2$	$\cdots$	$\sum_{j=1}^{n_k}(y_{kj} - \overline{y}_{k.})^2$

일원분류 분산분석모형

$$\begin{aligned} y_{ij} &= \mu_i + \epsilon_{ij} \\ &= \mu + \alpha_i + \epsilon_{ij}, \quad i = 1, \cdots, k; \ j = 1, \cdots, n_i \end{aligned} \tag{7.1}$$

- y_{ij}: i번째 처리를 받은 n_i개의 개체 중 j번째 개체에 대한 반응변수의 값
- μ: 전체 모평균
- μ_i: i번째 처리의 모평균
- $\alpha_i (= \mu_i - \mu)$: i번째 처리의 효과
- ϵ_{ij}: 오차항으로서 서로 독립인 $N(0, \sigma^2)$을 따르는 확률변수

7.1.1 제곱합의 분할과 F-검정

일원분류 분산분석 모형에서의 주 관심은 모든 처리 수준에서의 모평균이 모두 같다는 다음과 같은 가설

$$H_0 : \mu_1 = \mu_2 = \cdots = \mu_k = \mu \ (\text{또는 } H_0 : \alpha_1 = \alpha_2 = \cdots = \alpha_k = 0) \tag{7.2}$$

을 검정하는 것이라고 할 수 있는데, 이러한 가설을 검정하는 F–통계량은 전체제곱합에 대한 다음과 같은 분할로부터 유도된다.

$$\begin{array}{ccccc} \sum_{i=1}^{k}\sum_{j=1}^{n_i}(y_{ij} - \overline{y}_{..})^2 & = & \sum_{i=1}^{k} n_i(\overline{y}_{i.} - \overline{y}_{..})^2 & + & \sum_{i=1}^{k}\sum_{j=1}^{n_i}(y_{ij} - \overline{y}_{i.})^2 \\ TSS & = & SST & + & SSE \end{array} \tag{7.3}$$

위 식에서 좌변의 항을 **전체제곱합**(TSS, total sum of squares)이라고 하며, 이는 반응값들의 총변동(total variation)을 나타낸다. 한편 우변의 첫 항은 **처리제곱합**(SST, sum of squares for treatment)으로서 처리간제곱합(between sum of squares)이라고도 하며, 우변의 두 번째 항은 **잔차제곱합**(SSE, sum of squares for residual)으로서 처리내제곱합(within sum of squares)이라고도 한다.

이와 같은 제곱합의 분할에서 처리제곱합은 반응값들의 전체 변동 중에서 처리에 의해서 생기는 변동을 나타내므로, 전체제곱합에 비해 처리제곱합이 크다면 처리 수준 간에 평균 차이가 존재할 것으로 추론할 수 있게 된다.

일반적으로 제곱합을 자유도로 나누면 어떤 미지 분산의 추정량이 되는데 이를 **평균제곱**(mean squares)이라고 한다. 즉 처리평균제곱과 잔차평균제곱은 각각 다음과 같다.

$$\begin{aligned} MST &= SST/(k-1), \\ MSE &= SSE/(n-k) \end{aligned} \tag{7.4}$$

이때 잔차평균제곱 MSE는 항상 오차분산 σ^2의 불편추정량이 된다(단, 여기서 $n=\sum_{i=1}^{k} n_i$이다).

이와 같은 내용을 표로 요약하여 나타낸 것을 **분산분석표**(分散分析表, ANOVA table)라고 하는데, 일원설계에 대한 분산분석표는 다음 <표 7.2>와 같다.

표 7.2 분산분석표: 일원분류

요인	자유도	제곱합	평균제곱합	F-통계량
처리	$k-1$	SST	$MST=SST/(k-1)$	$F=MST/MSE$
오차	$n-k$	SSE	$MSE=SSE/(n-k)$	
전체	$n-1$	TSS		

앞의 분산분석표에서 두 평균제곱의 비인 F통계량은

$$F=\frac{MST}{MSE}=\frac{SST/(k-1)}{SSE/(n-k)} \tag{7.5}$$

모든 처리효과가 같다는 가설(즉, $H_0:\alpha_1=\alpha_2=\cdots=\alpha_k=0$)을 검정하는 검정통계량으로서 귀무가설 H_0하에서 자유도가 $(k-1, n-k)$인 F-분포를 따른다. 따라서 계산된 F값이 기각치 $F_\alpha(k-1,\ n-k)$보다 크면 귀무가설 H_0을 기각하게 된다.

일원분류 분산분석에서 가설 $H_0 : \alpha_1 = \alpha_2 = \cdots = \alpha_k (= 0)$에 대한 검정법

• **검정통계량**

$$F = \frac{MST}{MSE} = \frac{SST/(k-1)}{SSE/(n-k)}$$

• **기각역**

$$F > F_\alpha(k-1,\ n-k)$$

• EXCEL을 이용한 일원분류 분산분석

예 7.1 어떤 제품의 내마모성을 향상시키기 위해 3종류의 제품을 만들어 마모 상태를 조사하고자 한다. 이때 A는 첨가제를 넣지 않은 것이고, B는 첨가제를 1% 넣은 것이며, C는 첨가제를 2% 넣은 것이다. 다음 <표 7.3>은 같은 조건에서 각각 4개씩의 제품에 대해 실험하고 내마모량(mg)을 조사한 결과이다. 분석분석표를 작성하고, 세 가지 방법에 따른 제품의 내마모성에 차이가 있는지를 유의수준 5% 하에서 검정하여라.

표 7.3 내마모성 자료

처리	0%	1%	2%	
	16	10	8	
	18	12	10	
	20	16	9	
	17	13	11	
평균	17.75	12.75	9.50	13.33(총평균)

분석 절차

① 워크시트에 자료를 입력한다(그림 7.1).

② 풀다운 메뉴에서 **'데이터→데이터분석'**을 선택한 후, **'통계 데이터 분석'** 대화상자(그림 7.2)에서 **'분산분석: 일원배치법'**을 선택하고 **'확인'**을 클릭한다.

③ **'분산분석: 일원배치법'** 대화상자(그림 7.3)에서 **'입력 범위(I)'**($A$1:$C$5)를 지정하고 **'데이터 방향'**(열(C))을 선택한다. 또한 입력자료의 첫 번째 행에 처리의 이름들을 입력하였으므로 **'첫째 행 이름표 사용(L)'**에 체크☑한다. **'유의수준(A)'**(0.05)과 **'출력 옵션'**(새로운 워크시트(P))을 지정한 후 **'확인'**을 클릭한다.

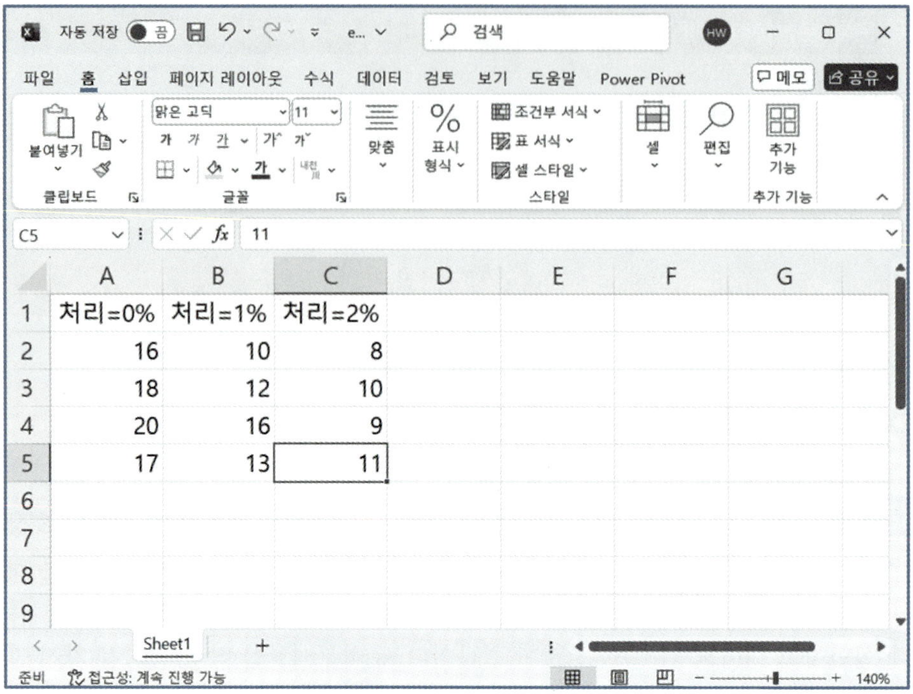

그림 7.1 '내마모성 자료'의 입력

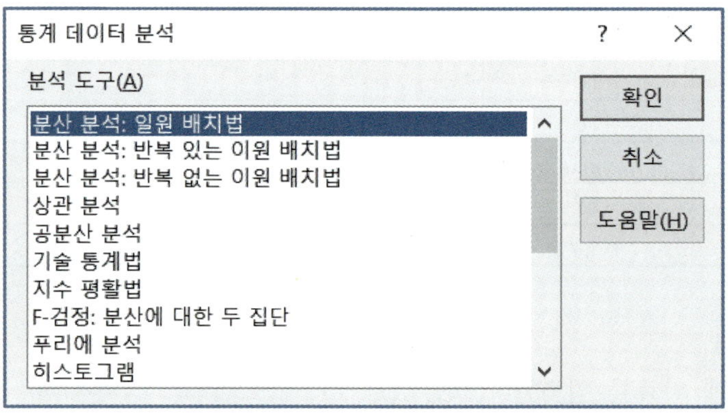

그림 7.2 '통계 데이터 분석' 대화상자

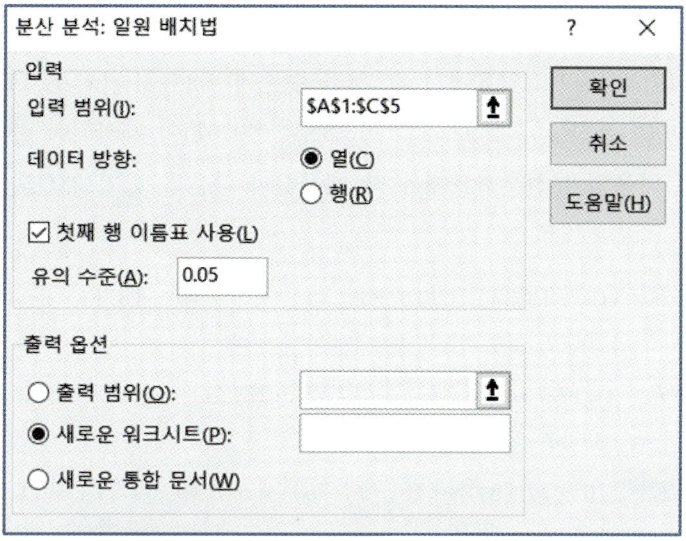

그림 7.3 '분산분석: 일원배치법' 대화상자

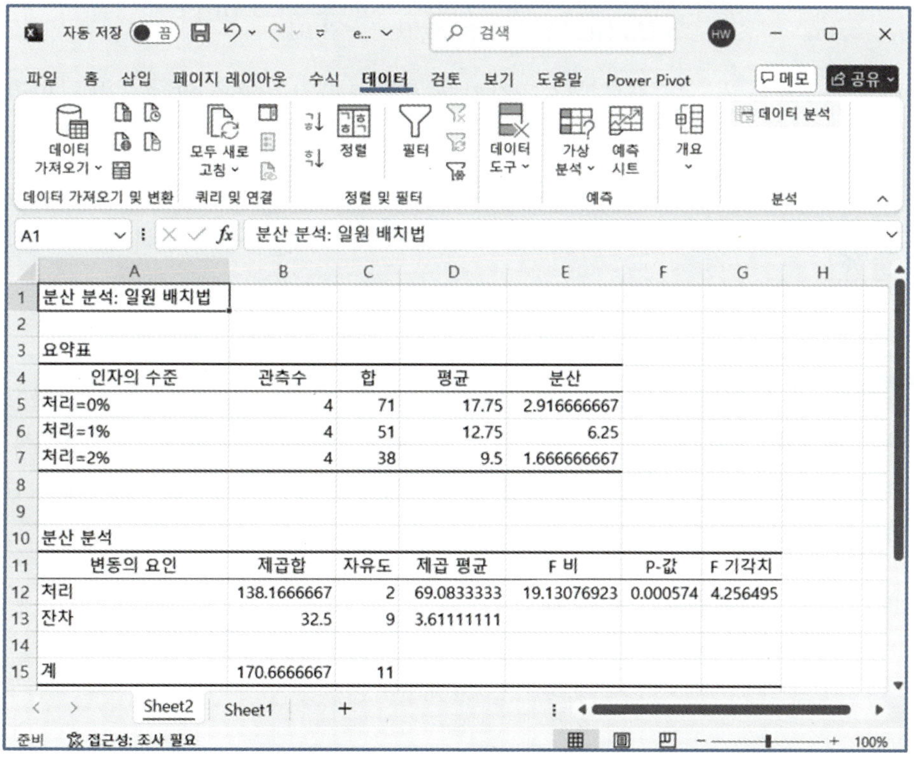

분산 분석: 일원 배치법

요약표

인자의 수준	관측수	합	평균	분산
처리=0%	4	71	17.75	2.916666667
처리=1%	4	51	12.75	6.25
처리=2%	4	38	9.5	1.666666667

분산 분석

변동의 요인	제곱합	자유도	제곱 평균	F 비	P-값	F 기각치
처리	138.1666667	2	69.0833333	19.13076923	0.000574	4.256495
잔차	32.5	9	3.61111111			
계	170.6666667	11				

그림 7.4 '일원분류 분산분석'의 결과

결과 해석

먼저 <그림 7.4>의 요약표에서 각 처리 수준에 따른 평균($\overline{x}_1 = 17.75$, $\overline{x}_2 = 12.75$, $\overline{x}_3 = 9.5$)과 분산($s_1^2 = 2.92$, $s_2^2 = 6.25$, $s_3^2 = 1.67$)이 계산되어 출력되어 있음을 볼 수 있고, 다음의 분산분석표에서 각 제곱합이 다음과 같이 계산되어 있음을 확인할 수 있다.

$$TSS = (16-13.33)^2 + (18-13.33)^2 + \cdots + (9-13.33)^2 + (11-13.33)^2$$
$$= 170.67$$
$$SST = 4((17.75-13.33)^2 + (12.75-13.33)^2 + (9.5-13.33)^2)$$
$$= 138.17$$
$$SSE = (16-17.75)^2 + (18-17.75)^2 + \cdots + (9-9.5)^2 + (11-9.5)^2$$
$$= 32.5$$

이를 이용하여 F값은 다음과 같이 계산되고,

$$F = \frac{SST/(k-1)}{SSE/(n-k)} = \frac{138.17/2}{32.5/9} = \frac{69.08}{3.61} = 19.13$$

부록의 부표 6 F-분포표로부터 기각치가 $F_{0.05}(2,9)=4.26$임을 알 수 있다. 따라서 F값 19.13이 기각치 4.26보다 크므로 귀무가설 $H_0 : \alpha_1 = \alpha_2 = \cdots = \alpha_k (= 0)$를 기각하여, 세 가지 방법에 따른 제품의 내마모성에 차이가 있다고 할 수 있다(분산분석표에서 p-값이 0.00057이고 이는 유의수준 $\alpha = 0.05$보다 작다는 것을 확인하기를 바란다).

예 7.2 세 곳의 회사에서 생산한 경승용차의 리터당 평균 주행거리를 비교하고자 한다. 다음 <표 7.4>는 같은 조건에서 실시한 주행거리 실험 결과이다. 세 회사에서 생산한 경승용차의 리터당 평균 주행거리 간에 차이가 있는지 유의수준 5% 하에서 검정하여라.

표 7.4 주행거리 자료

자동차	A	B	C	
	16.5	15.3	19.0	
	18.0	14.8	18.4	
	14.1	16.1	15.3	
	17.8		17.3	
평균	16.6	15.4	17.5	16.6(총평균)

다음 <그림 7.5>는 이 자료를 워크시트에 입력한 화면이며, 분석 절차는 앞의 예에서와 동일하다.

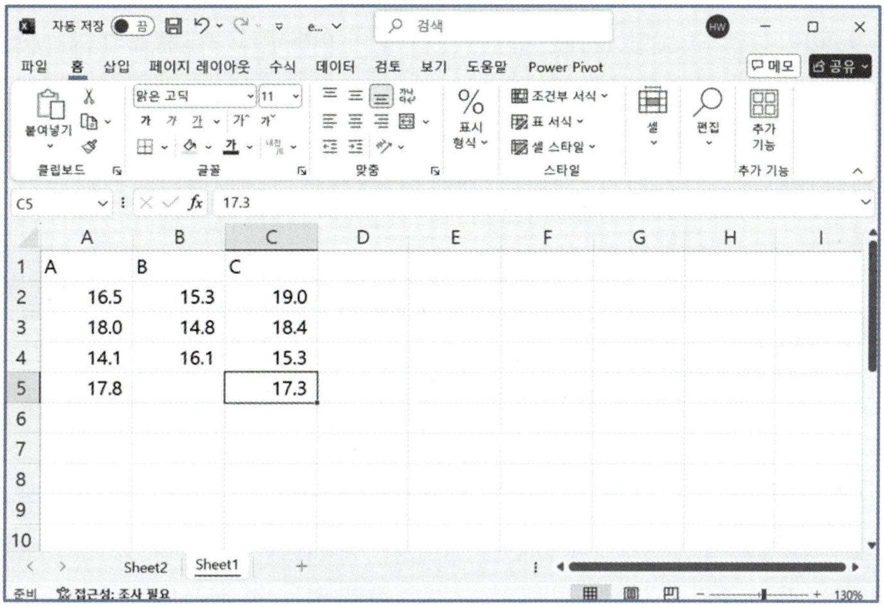

A	B	C
16.5	15.3	19.0
18.0	14.8	18.4
14.1	16.1	15.3
17.8		17.3

그림 7.5 '주행거리 자료' 입력

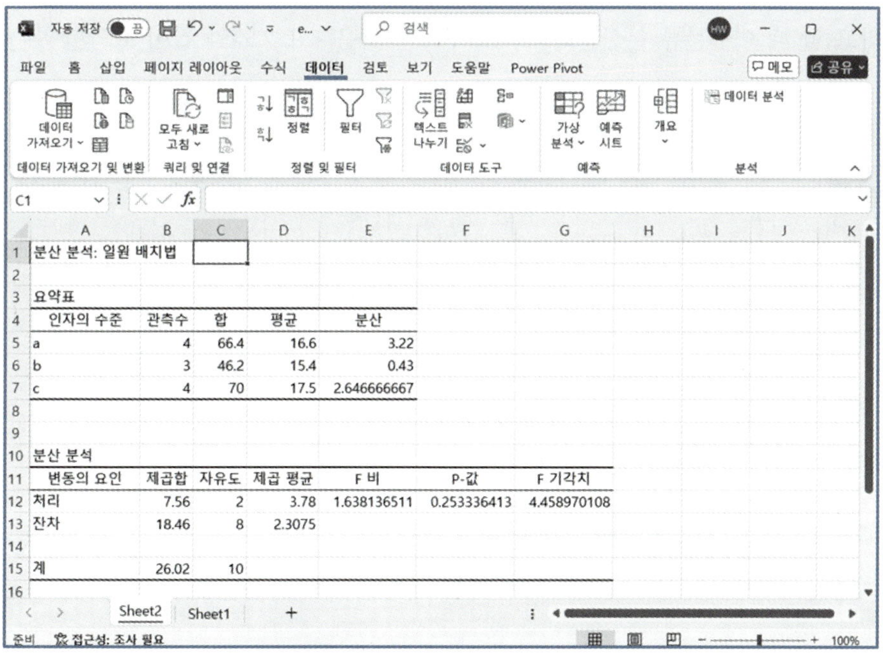

분산 분석: 일원 배치법

요약표

인자의 수준	관측수	합	평균	분산
a	4	66.4	16.6	3.22
b	3	46.2	15.4	0.43
c	4	70	17.5	2.646666667

분산 분석

변동의 요인	제곱합	자유도	제곱 평균	F 비	P-값	F 기각치
처리	7.56	2	3.78	1.638136511	0.253336413	4.458970108
잔차	18.46	8	2.3075			
계	26.02	10				

그림 7.6 '일원분류 분산분석'의 결과

앞의 <그림 7.6>의 분산분석표로부터 F값이 1.64이고 기각치는 $F_{0.05}(2,8)=4.46$임을 알 수 있다. 따라서 F값이 기각치보다 작으므로 귀무가설 $H_0:\alpha_1=\alpha_2=\cdots=\alpha_k(=0)$를 기각할 수 없으며, 세 곳의 회사에서 생산한 경승용차의 리터당 평균 주행거리 간에는 차이가 있다고 할 수 없다(분산분석표에서 $p-$값이 0.253이고 이는 유의수준 α=0.05보다 크다는 것을 확인하기를 바란다).

7.2 이원분류 분산분석: 반복이 없는 경우

앞 절에서 설명한 일원분류 분산분석은 하나의 요인에 대해 여러 처리 수준에 따른 효과가 차이가 있는지를 검정하는 분석방법이다. 그러나 실험을 통해 얻어지는 자료들은 한 가지 요인뿐만 아니라 여러 요인이 관계되는 경우가 많다. 이원분류 분산분석은 반응값에 영향을 주는 두 개의 요인에 대해 그 영향을 알아보고자 할 때 사용하는 기법으로, 각 수준의 조합에서 반복이 없는 경우와 있는 경우로 나눌 수 있다. 먼저 이 절에서는 반복이 없는 이원분류 분석분석에 대해서 다루어 보도록 하자.

두 개의 처리를 A와 B로 표현하고 요인 A의 수준이 a개 그리고 요인 B의 수준이 b개라고 할 때 이원분류 분산분석의 자료구조는 다음 <표 7.5>와 같이 요약할 수 있다.

표 7.5 이원분류 분산분석의 자료구조: 반복이 없는 경우

처리	B_1	$\cdots$	B_j	$\cdots$	B_b	평균
A_1	y_{11}	$\cdots$	y_{1j}	$\cdots$	y_{1b}	$\overline{y}_{1.}$
$\vdots$	$\vdots$	$\cdots$	$\vdots$	$\cdots$	$\vdots$	$\vdots$
A_i	y_{i1}	$\cdots$	y_{ij}	$\cdots$	y_{ib}	$\overline{y}_{i.}$
$\vdots$	$\vdots$	$\cdots$	$\vdots$	$\cdots$	$\vdots$	$\vdots$
A_a	y_{a1}	$\cdots$	y_{aj}	$\cdots$	y_{ab}	$\overline{y}_{a.}$
평균	$\overline{y}_{.1}$	$\cdots$	$\overline{y}_{.j}$	$\cdots$	$\overline{y}_{.b}$	$\overline{y}_{..}$(총평균)

위와 같은 자료 형태의 이원설계에서는 요인 A의 효과와 요인 B의 효과가 반응값에 영향을 주게 되는데, 이때 분산분석모형은 다음과 같이 표현할 수 있다.

이원분류 분산분석모형: 반복이 없는 경우

$$y_{ij} = \mu + \alpha_i + \beta_j + \epsilon_{ij},\ i = 1, \cdots, a;\ j = 1, \cdots, b \tag{7.6}$$

- y_{ij}: 요인 A의 i번째 처리와 요인 B의 j번째 처리를 받은 반응변수의 값
- μ: 전체 모평균
- α_i: 요인 A의 i번째 처리의 효과
- β_j: 요인 B의 j번째 처리의 효과
- ϵ_{ij}: 오차항으로서 서로 독립인 $N(0, \sigma^2)$을 따르는 확률변수

이원분류 분산분석에서 관심 가설은 요인 A에 대해서 각 수준에서의 효과가 같다는 가설

$$H_0 : \alpha_1 = \alpha_2 = \cdots = \alpha_a (= 0) \tag{7.7}$$

과 요인 B에 대해서 각 수준에서의 효과가 같다는 가설

$$H_0 : \beta_1 = \beta_2 = \cdots = \beta_b (= 0) \tag{7.8}$$

이라고 할 수 있다.

이와 같은 가설들에 대한 검정통계량은 일원분류 분산분석에서와 유사하게 전체제곱합(TSS)에 대한 다음과 같은 분할로부터 유도된다.

$$\begin{aligned}\sum_{i=1}^{a}\sum_{j=1}^{b}(y_{ij} - \overline{y}_{..})^2 = &\ b\sum_{i=1}^{a}(\overline{y}_{i.} - \overline{y}_{..})^2 + a\sum_{j=1}^{b}(\overline{y}_{.j} - \overline{y}_{..})^2 \\ &+ \sum_{i=1}^{a}\sum_{j=1}^{b}(y_{ij} - \overline{y}_{i.} - \overline{y}_{.j} + \overline{y}_{..})^2.\end{aligned} \tag{7.9}$$

이 식에서 우변의 첫 번째 항을 **처리 A의 제곱합(SSA)**, 두 번째 항을 **처리 B의 제곱합(SSB)**, 그리고 세 번째 항을 **잔차제곱합(SSE)**이라고 하며, 이들로부터 다음 <표 7.6> 같은 분산분석표가 만들어진다.

<표 7.6>에서 두 개의 F-통계량 F_A와 F_B는 대응되는 귀무가설(7.7)과 (7.8) 하에서 각각 자유도가 $(a-1, (a-1)(b-1))$, $(b-1, (a-1)(b-1))$인 F-분포를 따르므로, 이에 기초하여 두 가설에 대한 검정이 수행된다.

표 7.6 분산분석표: 반복이 없는 이원분류

요인	자유도	제곱합	평균제곱합	F-통계량
처리A	$a-1$	SSA	$MSA=\dfrac{SSA}{a-1}$	$F_A=\dfrac{MSA}{MSE}$
처리B	$b-1$	SSB	$MSB=\dfrac{SSB}{b-1}$	$F_B=\dfrac{MSB}{MSE}$
잔차	$(a-1)(b-1)$	SSE	$MSE=\dfrac{SSE}{(a-1)(b-1)}$	
전체	$ab-1$	TSS		

반복이 없는 이원분류 분산분석에서의 검정법

- **귀무가설** $H_0 : \alpha_1 = \alpha_2 = \cdots = \alpha_a (=0)$
  - **검정통계량:** $F_A = MSA/MSE$
  - **기각역:** $F_A > F_\alpha\ (a-1,(a-1)(b-1))$
- **귀무가설** $H_0 : \beta_1 = \beta_2 = \cdots = \beta_b (=0)$
  - **검정통계량:** $F_B = MSB/MSE$
  - **기각역:** $F_B > F_\alpha(b-1,(a-1)(b-1))$

• EXCEL을 이용한 이원분류 분산분석: 반복이 없는 경우

예 7.3 다음 <표 7.7>은 휘발유의 상표(brand)와 자동차의 종류(auto)에 따라서 평균 주행거리(mileage)에 차이가 있는지를 알아보기 위해 각 처리 조합에 대한 리터당 주행거리를 km로 측정한 것이다. 이 자료에 대한 분산분석을 실시하여라.

표 7.7 주행거리 자료

휘발유	자동차			
	B1	B2	B3	B4
A1	9.9	8.0	8.4	7.6
A2	9.7	8.1	8.6	8.1
A3	9.1	7.9	7.6	9.0

분석 절차

① 워크시트에 자료를 입력한다(그림 7.7).

② 풀다운 메뉴에서 **'데이터 → 데이터 분석'**을 선택한 후, **'통계 데이터 분석'** 대화상자(그림 7.8)에서 **'분산분석: 반복 없는 이원 배치법'**을 선택하고 **'확인'**을 클릭한다.

③ **'분산분석'** 대화상자(그림 7.9)에서 **'입력 범위(I)'**($A$1:$E$4)를 지정한다. 또한 입력자료의 첫 번째 행과 첫 번째 열에 처리의 이름들을 입력하였으므로 **'이름표(L)'**에 체크(☑)한다. **'유의수준(A)'**(0.05)과 **'출력 옵션'**(새로운 워크시트(P))을 지정한 후 **'확인'**을 클릭한다.

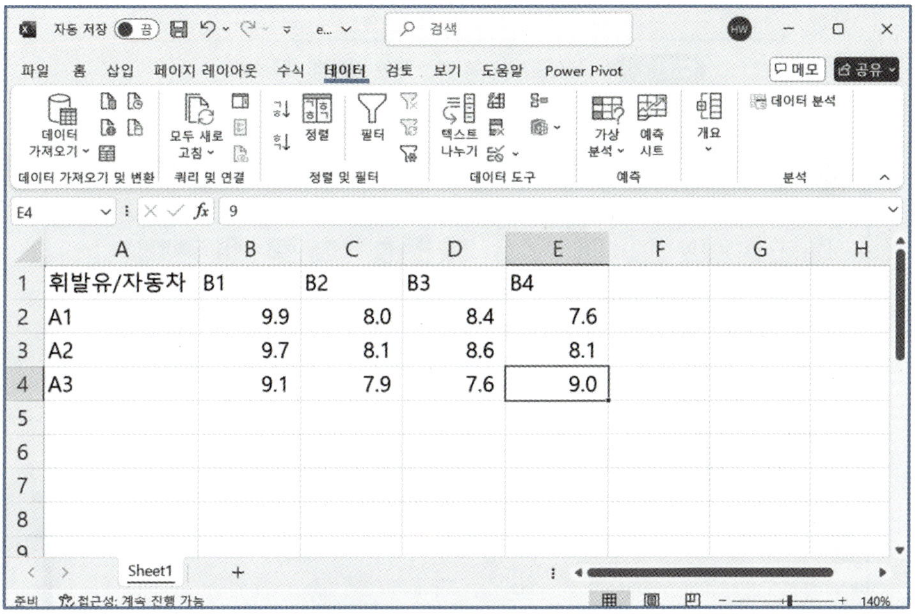

그림 7.7 '주행거리 자료'의 입력

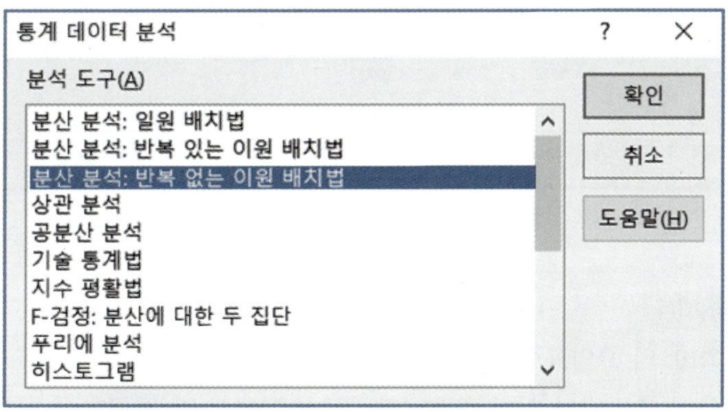

그림 7.8 '통계 데이터 분석' 대화상자

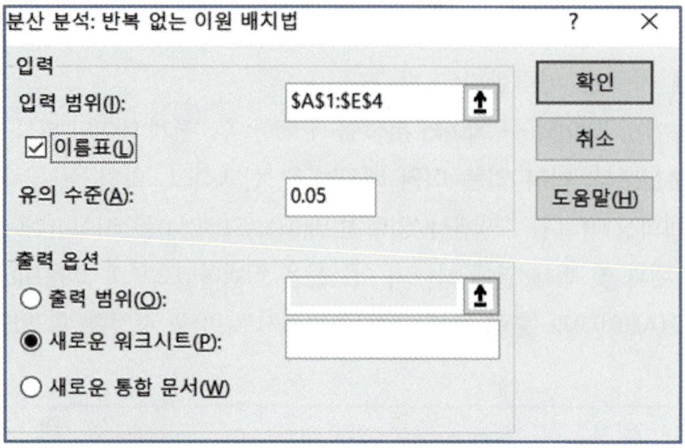

그림 7.9 '분산분석: 반복 없는 이원 배치법' 대화상자

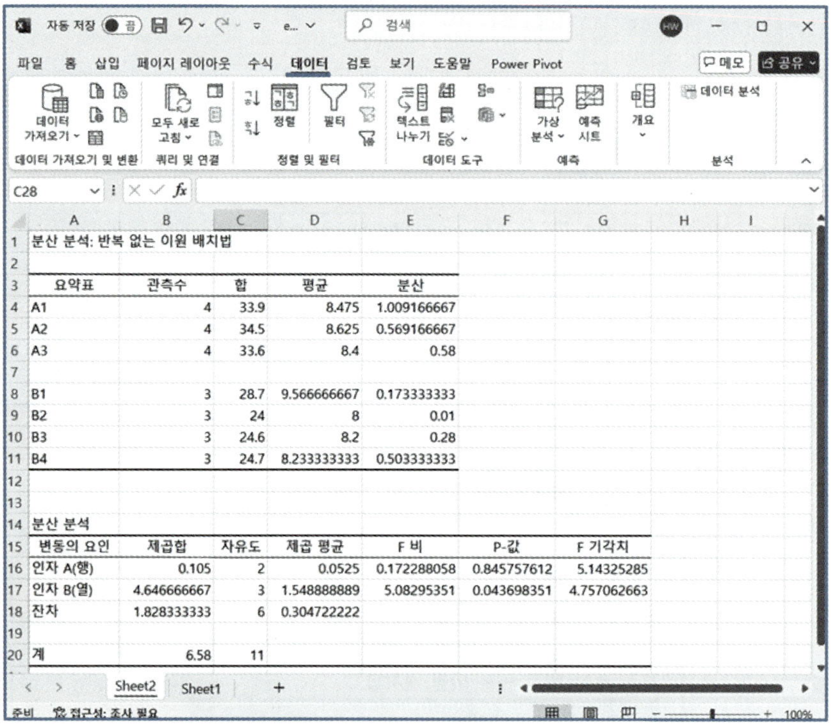

분산 분석: 반복 없는 이원 배치법

요약표	관측수	합	평균	분산
A1	4	33.9	8.475	1.009166667
A2	4	34.5	8.625	0.569166667
A3	4	33.6	8.4	0.58
B1	3	28.7	9.566666667	0.173333333
B2	3	24	8	0.01
B3	3	24.6	8.2	0.28
B4	3	24.7	8.233333333	0.503333333

분산 분석

변동의 요인	제곱합	자유도	제곱 평균	F 비	P-값	F 기각치
인자 A(행)	0.105	2	0.0525	0.172288058	0.845757612	5.14325285
인자 B(열)	4.646666667	3	1.548888889	5.08295351	0.043698351	4.757062663
잔차	1.828333333	6	0.304722222			
계	6.58	11				

그림 7.10 '반복이 없는 이원분류 분산분석'의 결과

결과 해석

<그림 7.10>의 요약표에는 각 요인의 처리 수준에 따른 관측 수, 평균, 분산 등 기초 통계량들이 출력되어 있다. 또한 '분산분석표'에서 각 제곱합이 다음과 같이 계산되어 있음을 확인할 수 있다.

$$TSS = (9.9-8.5)^2 + (8.0-8.5)^2 + \cdots + (7.6-8.5)^2 + (9.0-8.5)^2$$
$$= 6.58$$
$$SSA = 4((8.48-8.5)^{2+}(8.63-8.5)^{2+}(8.40-8.5)^2)$$
$$= 0.11$$
$$SSB = 3((9.57-8.5)^{2+}(8.00-8.5)^{2+}(8.20-8.5)^{2+}(8.23-8.5)^2)$$
$$= 4.65$$
$$SSE = SST - SSA - SSB = 6.58 - 0.11 - 4.65$$
$$= 1.83$$

이를 이용하여 F_A와 F_B는 다음과 같이 계산된다.

$$F_A = \frac{SSA/(a-1)}{SSE/((a-1)(b-1))} = \frac{0.11/2}{1.83/6} = \frac{0.05}{0.30} = 0.17$$
$$F_B = \frac{SSB/(a-1)}{SSE/((a-1)(b-1))} = \frac{4.65/3}{1.83/6} = \frac{1.55}{0.30} = 5.08$$

따라서 $F_A = 0.11$은 기각치 $F_{0.05}(2,6) = 5.14$보다 작으므로 귀무가설 $H_0 : \alpha_1 = \alpha_2 = \alpha_3 (= 0)$를 기각할 수 없고(이에 대응되는 $p-$값이 0.846으로서 유의수준 0.05보다 큼을 확인하기를 바란다), 휘발유의 종류에 따른 평균 주행거리 간에는 차이가 없다고 할 수 있다. 반면, $F_B = 5.08$은 기각치 $F_{0.05}(3.6) = 4.76$보다 크므로 귀무가설 $H_0 : \beta_1 = \beta_2 = \cdots = \beta_4 (= 0)$를 기각할 수 있고(이에 대응되는 $p-$값이 0.044로서 유의수준 0.05보다 작음을 확인하기를 바란다), 자동차의 종류에 따른 평균 주행거리 간에는 차이가 있다고 할 수 있다.

7.3 이원분류 분산분석: 반복이 있는 경우

일반적으로 실험을 함에 있어 각 수준의 조합에서 단 1회 실험을 하는 것보다 여러 번의 실험을 반복하는 것이 실험 결과의 신뢰도를 높일 수 있게 된다.

이 절에서는 처리 A의 수준이 a개 그리고 처리 B의 수준이 b개이며, 각 수준의 조합에서의 반복횟수가 r인 이원분류 분산분석에 대해서 다루어 보자. 이때 이원분류 분산분석의 자료구조는 다음 <표 7.8>과 같이 요약할 수 있다.

표 7.8 이원분류 분산분석의 자료구조: 반복이 있는 경우

처리	B_1	$\cdots$	B_j	$\cdots$	B_b	평균
A_1	y_{111} y_{112} $\vdots$ y_{11r}	$\cdots$	y_{1j1} y_{1j2} $\vdots$ y_{1jr}	$\cdots$	y_{1b1} y_{1b2} $\vdots$ y_{1br}	$\bar{y}_{1..}$
	$\bar{y}_{11.}$		$\bar{y}_{1j.}$		$\bar{y}_{1b.}$	
$\vdots$	$\vdots$	$\cdots$	$\vdots$	$\cdots$	$\vdots$	$\vdots$
A_i	y_{i11} y_{i12} $\vdots$ y_{i1r}	$\cdots$	y_{ij1} y_{ij2} $\vdots$ y_{ijr}	$\cdots$	y_{ib1} y_{ib2} $\vdots$ y_{ibr}	$\bar{y}_{i..}$
	$\bar{y}_{i1.}$		$\bar{y}_{ij.}$		$\bar{y}_{ib.}$	
$\vdots$	$\vdots$	$\cdots$	$\vdots$	$\cdots$	$\vdots$	$\vdots$
A_a	y_{a11} y_{a12} $\vdots$ y_{a1r}	$\cdots$	y_{aj1} y_{aj2} $\vdots$ y_{ajr}	$\cdots$	y_{ab1} y_{ab2} $\vdots$ y_{abr}	$\bar{y}_{a..}$
	$\bar{y}_{a1.}$		$\bar{y}_{aj.}$		$\bar{y}_{ab.}$	
평균	$\bar{y}_{.1.}$	$\cdots$	$\bar{y}_{.j.}$	$\cdots$	$\bar{y}_{.b.}$	$\bar{y}_{...}$(총평균)

이원분류 분산분석모형: 반복이 있는 경우

$$y_{ijk} = \mu + \alpha_i + \beta_j + \gamma_{ij} + \epsilon_{ijk} \tag{7.10}$$

$$i = 1, \cdots, a;\ j = 1, \cdots, b;\ k = 1, \cdots, r$$

- y_{ij}: 처리 A_i와 B_j의 조합에 대해 r번째 반복에서 얻은 반응변수의 값
- μ: 전체 모평균
- α_i: 요인 A의 i번째 처리의 효과
- β_j: 요인 B의 j번째 처리의 효과
- γ_{ij}: 처리 A_i와 B_j의 교호작용 효과
- ϵ_{ijk}: 오차항으로서 서로 독립인 $N(0, \sigma^2)$을 따르는 확률변수

반복이 있는 이원분류 분산분석에서는 요인 A와 B의 효과에 대한 가설 이외에 **교호작용**의 효과가 존재하는가 하는 다음과 같은 가설에 관심을 두게 되는데,

$$H_0 : \gamma_{ij} = 0, \quad i = 1, \cdots, a;\ j = 1, \cdots, b. \tag{7.11}$$

교호작용(interaction)에 대해서는 다음 예에서 자세히 설명할 것이다.

반복이 있는 이원분류 분산분석에서도 앞에서와 유사하게 전체제곱합(TSS)을 다음과 같이 분할할 수 있는데,

$$\begin{aligned}\sum_{i=1}^{a}\sum_{j=1}^{b}\sum_{k=1}^{r}(y_{ijk}-\overline{y}_{...})^2 &= br\sum_{i=1}^{a}(\overline{y}_{i..}-\overline{y}_{...})^2 \\ &+ar\sum_{j=1}^{b}(\overline{y}_{.j.}-\overline{y}_{...})^2 \\ &+r\sum_{i=1}^{a}\sum_{j=1}^{b}(y_{ij.}-\overline{y}_{i..}-\overline{y}_{.j.}+\overline{y}_{...})^2 \\ &+\sum_{i=1}^{a}\sum_{j=1}^{b}\sum_{k=1}^{r}(y_{ijk}-\overline{y}_{ij.})^2\end{aligned} \quad (7.12)$$

이 식에서 우변의 첫 번째 항을 처리 **A의 제곱합(SSA)**, 두 번째 항을 **처리 B의 제곱합(SSB)**, 세 번째 항을 **교호작용의 제곱합(SSAB)**, 그리고 네 번째 항을 **오차제곱합(SSE)**라고 한다. 반복이 있는 이원분류 분산분석에 대한 분산분석표는 다음 <표 7.9>과 같다.

표 7.9 분산분석표: 반복이 있는 이원분류

요인	자유도	제곱합	평균제곱합	F–통계량
처리A	$a-1$	SSA	MSA=$\frac{SSA}{a-1}$	$F_A=\frac{MSA}{MSE}$
처리B	$b-1$	SSB	MSB=$\frac{SSB}{b-1}$	$F_B=\frac{MSB}{MSE}$
교호작용	$(a-1)(b-1)$	SSAB	MSAB=$\frac{SSAB}{(a-1)(b-1)}$	$F_{AB}=\frac{MSAB}{MSE}$
오차	$ab(r-1)$	SSE	MSE=$\frac{SSE}{ab(r-1)}$	
전체	$abr-1$	TSS		

반복이 있는 이원분류 분산분석에서의 검정법

- **귀무가설** $H_0: \alpha_1=\alpha_2=\cdots=\alpha_a(=0)$
  - **검정통계량:** $F_A=MSA/MSE$
  - **기각역:** $F_A > F_\alpha(a-1, abr-1)$
- **귀무가설** $H_0: \beta_1=\beta_2=\cdots=\beta_b(=0)$
  - **검정통계량:** $F_B=MSB/MSE$
  - **기각역:** $F_B > F_\alpha(b-1, abr-1)$

- 귀무가설 $H_0 : \gamma_{ij} = 0, \quad i=1,\cdots,a;\ j=1,\cdots,b.$
  - 검정통계량: $F_{AB} = MSAB/MSE$
  - 기각역: $F_{AB} > F_\alpha((a-1)(b-1), abr-1)$

앞의 <표 7.9>에서 세 개의 F-통계량 F_A, F_B, F_{AB}는 대응되는 귀무가설 하에서 각각 자유도가 $(a-1, abr-1)$, $(b-1, abr-1)$, $((a-1)(b-1), abr-1)$인 F-분포를 따르고, 가설 (7.7), (7.8), (7.11)에 대한 검정통계량으로 사용된다.

• EXCEL을 이용한 이원분류 분산분석: 반복이 있는 경우

예 7.4 한 회사에서는 새로운 제품에 대한 디자인을 설계하면서 A, B, C 세 가지 중 하나를 선택하려고 한다. 이를 위해 지역을 대, 중, 소도시로 구분하여 각각 9개씩의 매장을 선정하고, 새로운 제품을 시범적으로 판매하여 <표 7.10>과 같은 판매량 자료를 얻었다. 여기서 도시구분(city)과 디자인(design)은 두 개의 요인이고 각 처리 조합에 대한 반복횟수는 3이다.

표 7.10 판매량 자료

도시구분	디자인		
	A	B	C
대	23, 20, 21	22, 19, 20	19, 18, 21
중	22, 20, 19	24, 25, 22	20, 19, 22
소	18, 18, 16	21, 23, 20	20, 22, 24

분석 절차

① 워크시트에 자료를 입력한다(그림 7.11).

② 풀다운 메뉴에서 **'데이터 → 데이터 분석'**을 선택한 후, **'통계 데이터 분석'** 대화상자(그림 7.12)에서 **'분산분석: 반복 있는 이원 배치법'**을 선택하고 **'확인'**을 클릭한다.

③ **'분산분석'** 대화상자(그림 7.13)에서 **'입력 범위(I)'**($A$1:$D$10)를 지정하고, '표본당 행수'(3)을 입력한다. **'유의수준(A)'**(0.05)과 **'출력 옵션'**(새로운 워크시트(P)를 지정한 후 **'확인'**을 클릭한다.

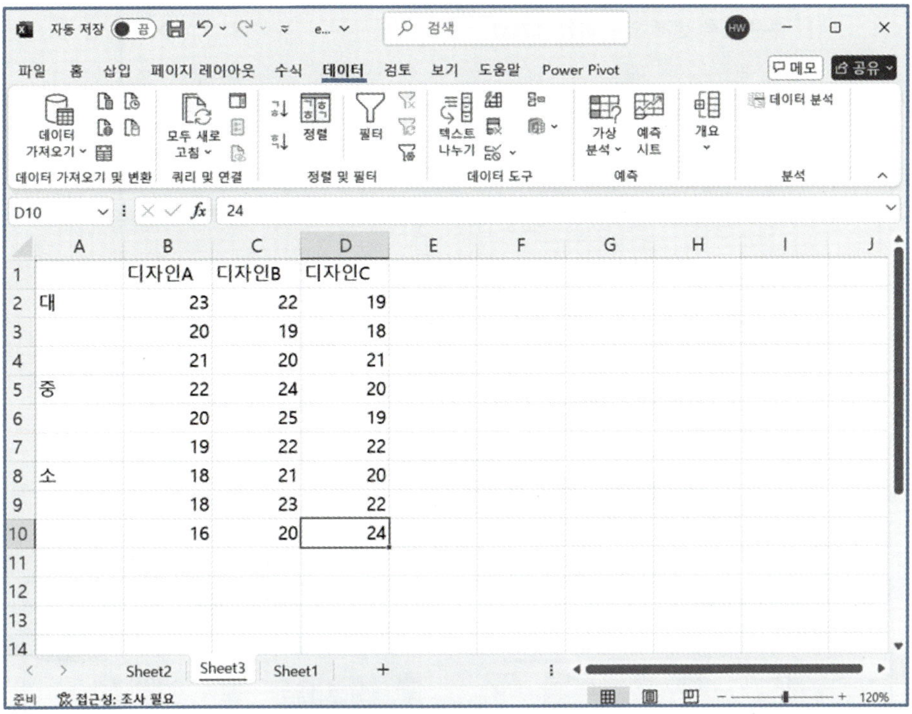

	A	B	C	D
1		디자인A	디자인B	디자인C
2	대	23	22	19
3		20	19	18
4		21	20	21
5	중	22	24	20
6		20	25	19
7		19	22	22
8	소	18	21	20
9		18	23	22
10		16	20	24

그림 7.11 '판매량 자료'의 입력

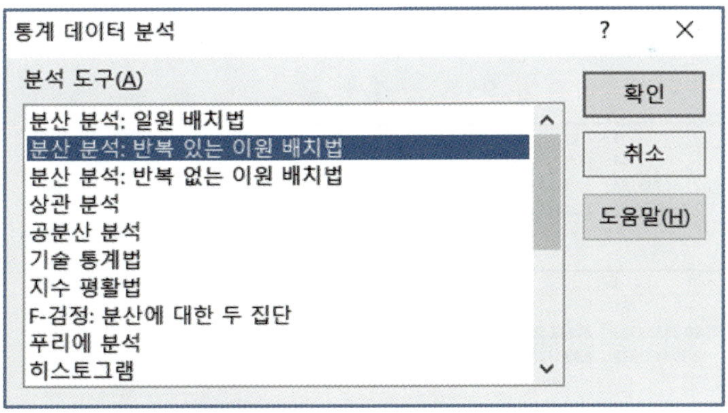

그림 7.12 '통계 데이터 분석' 대화상자

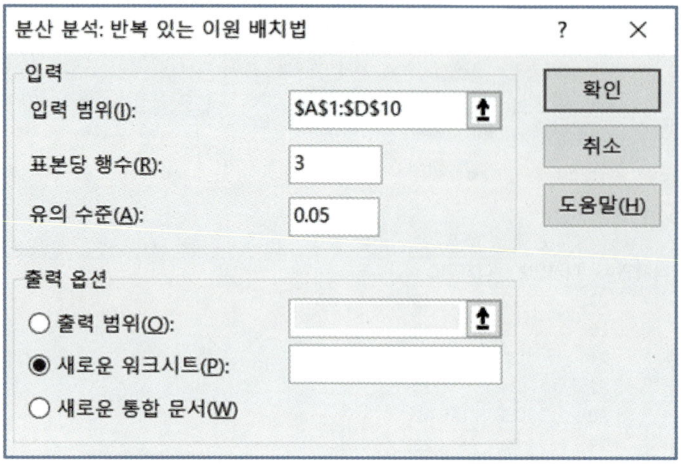

그림 7.13 '분산분석: 반복 있는 이원 배치법' 대화상자

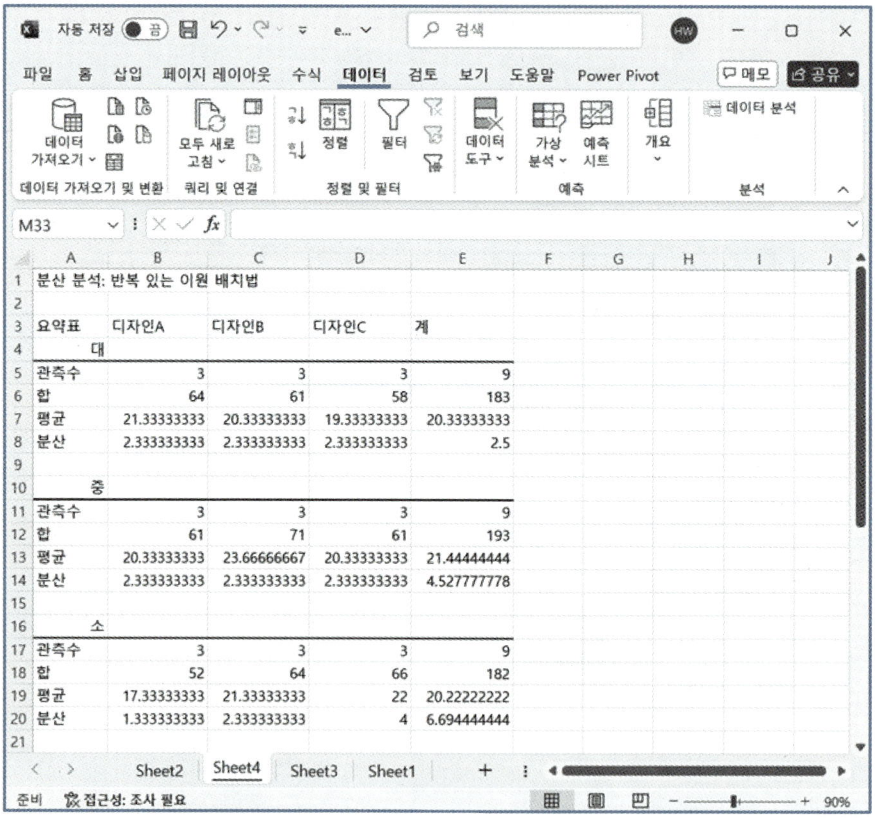

분산 분석: 반복 있는 이원 배치법

요약표	디자인A	디자인B	디자인C	계
대				
관측수	3	3	3	9
합	64	61	58	183
평균	21.33333333	20.33333333	19.33333333	20.33333333
분산	2.333333333	2.333333333	2.333333333	2.5
중				
관측수	3	3	3	9
합	61	71	61	193
평균	20.33333333	23.66666667	20.33333333	21.44444444
분산	2.333333333	2.333333333	2.333333333	4.527777778
소				
관측수	3	3	3	9
합	52	64	66	182
평균	17.33333333	21.33333333	22	20.22222222
분산	1.333333333	2.333333333	4	6.694444444

그림 7.14 '반복이 있는 이원분류 분산분석'의 결과: 요약표

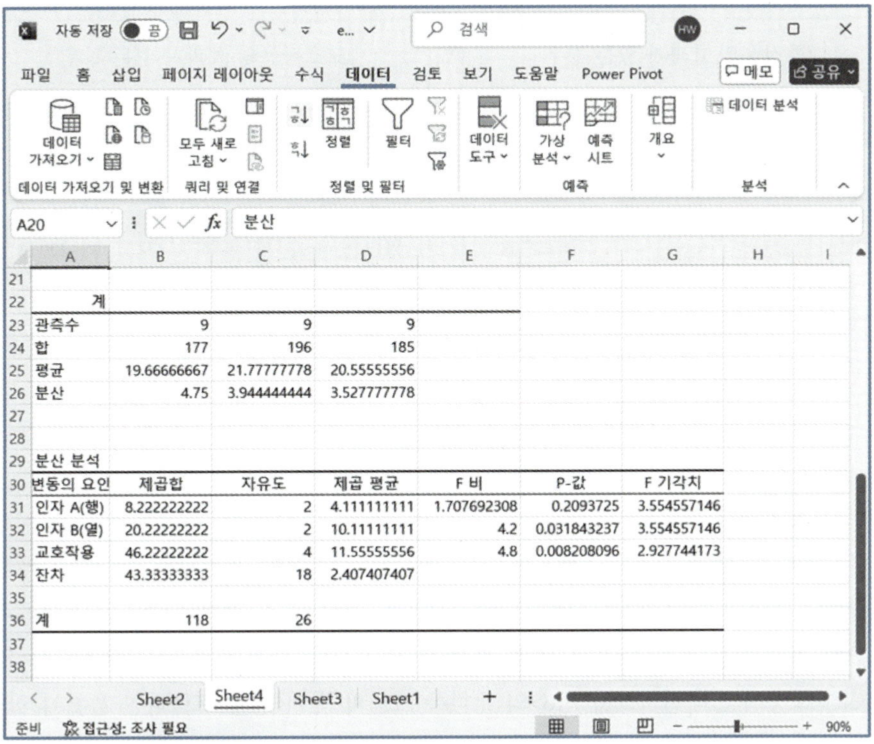

	A	B	C	D	E	F	G
22	계						
23	관측수	9	9	9			
24	합	177	196	185			
25	평균	19.66666667	21.77777778	20.55555556			
26	분산	4.75	3.944444444	3.527777778			
29	분산 분석						
30	변동의 요인	제곱합	자유도	제곱 평균	F 비	P-값	F 기각치
31	인자 A(행)	8.222222222	2	4.111111111	1.707692308	0.2093725	3.554557146
32	인자 B(열)	20.22222222	2	10.11111111	4.2	0.031843237	3.554557146
33	교호작용	46.22222222	4	11.55555556	4.8	0.008208096	2.927744173
34	잔차	43.33333333	18	2.407407407			
36	계	118	26				

그림 7.15 '반복이 있는 이원분류 분산분석'의 결과: 분산분석표

교호작용에 대한 해석

먼저 <그림 7.14>의 요약표에는 각 요인의 처리 수준에 따른 관측 수, 평균, 분산 등 기초 통계량들이 출력되어 있고, 다음 <그림 7.15>의 분산분석표에서 각 제곱합과 F값들이 출력되어 있음을 볼 수 있다.

반복이 있는 이원분류 분산분석에서는 각 처리 수준의 조합에서 생기는 교호작용의 효과를 분리하여 검정할 수 있는데, 교호작용이 있다는 것은 요인 A의 수준 변화에 따라서 요인 B의 효과가 변한다는 것을 의미한다. <그림 7.15>의 분산분석표에서 $F_{AB}=4.80$은 기각치 $F_{0.05}(4,18)=2.93$보다 크므로(이에 대응되는 $p-$값이 0.008로서 유의수준 0.05보다 작음을 확인하기를 바란다), 교호작용의 효과는 통계적으로 유의하다고 할 수 있다.

교호작용의 의미를 보다 자세히 살펴보도록 하자. 예를 들어, 앞의 <그림 7.14>의 요약표에서 각 처리 조합에 따른 평균을 살펴보면 대도시에서는 디자인 A의 판매량이 가장 많지만 중도시에서는 디자인 B가 그리고 소도시에서는 디자인 C의 판매량이 가장 많다는 것을 알 수 있다. 따라서 지역에 따라서 디자인의 효과가 변화하고 있으며, 이 경우 두 처리에 의한 교호작용이 존재한다고 할 수 있다.

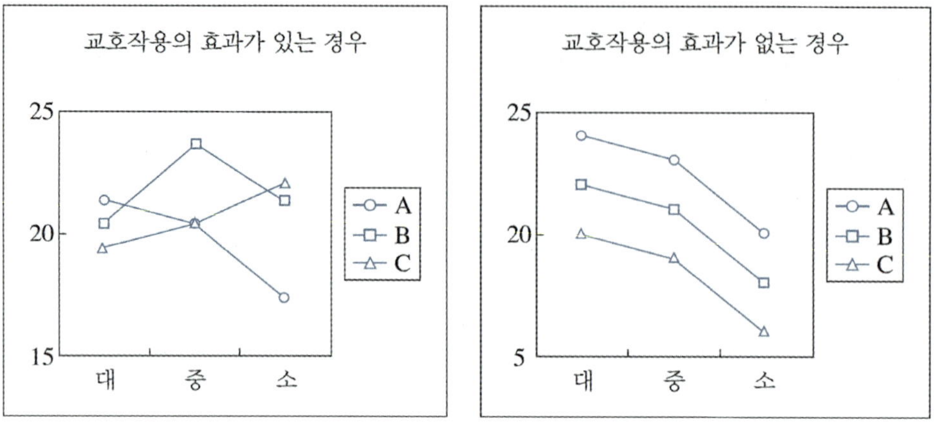

그림 7.16 '평균 프로파일' 플롯

이러한 교호작용의 효과는 다음 <그림 7.16>과 같은 평균 프로파일 플롯을 이용하면 더욱 쉽게 파악할 수 있다. <그림 7.16>의 왼쪽 그림은 이 예에 대한 평균 프로파일 플롯으로 도시구분에 따라 디자인의 효과가 달라진다는 것을 쉽게 살펴볼 수 있다. 만약 교호작용이 없다면 <그림 7.16>의 오른쪽 그림과 같이 평균 프로파일 플롯이 일정한 간격을 두고 평행선을 이루는 형태를 가지게 될 것이다.

반복이 있는 이원분류 분산분석에 있어서는 교호작용 유무에 따라 개별 요인의 효과에 대한 해석에 주의를 기울여야 한다. 이러한 내용에 대해서는 'SAS 분산분석 입문', 'SPSS 실험설계 및 분산분석' 등의 참고문헌을 참조하기를 바란다.

7.4 연습문제

7-1 어떤 회사의 이사회에서는 5종류의 기계 A, B, C, D, E 중 한 개를 구매하기로 하였다. 이를 위해 완전 숙련공을 고용하여 단위시간 동안 각 기계에 의한 생산량을 조사하여 다음과 같은 자료를 얻었다. 분산분석법을 이용하여 이들의 평균 생산량이 동일한지를 유의수준 5% 하에서 검정하여라.

기계 종류	생산량
A	67 72 75 42 53
B	72 52 63 55 48
C	60 82 65 77 75
D	48 61 57 64 50
E	64 65 70 68 53

7-2 어떤 직물의 인장강도는 가공 때의 처리액의 농도에 따라 차이가 있다고 한다. 이를 알아보기 위해 4종류의 처리액의 농도 3.0%, 3.5%, 4.0%, 4.5%에 대하여 각각 5회씩 반복하여 인장강도를 측정한 결과 다음 값을 얻었다. 분산분석표를 작성하고 농도에 따른 인장강도에 차이가 있는지를 유의수준 5% 하에서 검정하여라.

A_1	A_2	A_3	A_4
46.8	51.2	50.2	21.4
58.0	62.4	38.2	22.1
51.4	30.6	46.8	28.2
61.0	46.0	26.7	42.7
45.8	48.8	22.7	25.2

7-3 어느 생물학자는 에탄올이 수면에 미치는 영향을 알고자 비슷한 체중의 20마리의 쥐를 가지고 실험하였다. 20마리의 쥐를 무작위로 5마리씩 4그룹으로 나누고, 각 그룹의 쥐에 에탄올을 각각 1mg, 2mg, 3mg, 0mg(에탄올 포함하지 않음)을 주사하고, 24시간 동안 눈꺼풀의 깜빡거림을 특수장치를 이용하여 측정하였다. 이때 눈꺼풀의 깜빡거림 횟수가 적을수록 졸림을 뜻한다고 한다. 이때 에탄올의 양은 수면에 영향을 미친다고 할 수 있는지 유의수준 5% 하에서 검정하여라.

0mg	86 79 73 72 89
1mg	57 70 57 55 54
2mg	50 43 47 49 42
3mg	30 38 27 38 38

7-4 어느 농장에서 서식하고 있는 딱정투구벌레에 대한 연구를 하던 도중 벌레들이 선호하는 색상이 있는지를 알아보기 위해 다음과 같은 실험하였다. 네 가지 색상의 판자를 각각 여섯 개씩 준비하여, 그 위에 끈끈이를 바르고 여섯 지점에 각 네 가지 판자를 일주일 동안 설치하여 잡힌 벌레의 수를 관측하였다.

레몬색	45 59 48 46 38 47
흰색	21 12 14 17 13 17
녹색	37 32 15 25 39 41
파란색	16 11 20 21 14 7

자료에 의하면 딱정투구벌레가 색상을 선호하는 정도가 다르다고 말할 수 있는지를 유의수준 5% 하에서 검정하여라.

7-5 일원배치법에 따른 불완전한 분산분석표가 다음과 같이 주어져 있다.

요인	자유도	제곱합	평균제곱합	F–값
처리	4	24.7		
오차				
전체	34	62.4		

(가) 위의 분산분석표를 완성하여라.

(나) 실험에 사용된 표본의 수는 얼마인가?

(다) 모평균에 차이가 있는지를 유의수준 5%에서 검정하여라.

7-6 정규분포 $N(\mu_1, \sigma^2)$로부터 크기 8의 표본을 취하여 관측치(처리 I)를 얻었고, 또 다른 정규분포 $N(\mu_2, \sigma^2)$로부터 크기 8인 표본을 취하여 관측치(처리 II)를 얻었다. 이때 두 정규분포의 모분산은 동일하며 또한 두 개의 표본은 서로 독립이라고 가정할 때 이들 표본에 의한 일원배치표는 다음과 같다.

처리	관측치	합	평균
처리 I	31 20 18 17 9 8 10 7	120	15
처리 II	18 17 14 11 10 7 5 6	88	11

위의 일원배치표를 이용하여 귀무가설 $H_0 : \mu_1 = \mu_2$와 이에 대응하는 대립가설 $H_1 : \mu_1 \neq \mu_2$에 대하여 유의수준 5% 하에서 t-검정한 결과와 분산분석한 결과를 비교하여라.

7-7 어느 제조회사는 복잡한 생산품을 조립하는 4가지 방법 중에서 가장 시간이 적게 소요되는 방법이 있는지를 알고 싶어한다. 16명의 종업원을 무작위로 4명씩 4개의 집단으로 나누어서 5번의 실험을 하였다. 다음 자료는 실험마다 4명의 소요 시간의 합이다. 이 자료에 의하여 각 방법에 차이가 있는지를 유의수준 5% 하에서 검정하여라. 단, 종업원들의 생산능력은 동일한 방법으로는 같다고 가정한다.

방법	소요 시간(단위: 분)				
A	55	49	42	21	22
B	61	113	30	89	63
C	42	97	81	95	92
D	168	137	169	85	154

7-8 다음의 자료는 다이어트 음식 3종류의 콜레스테롤 함량을 4개의 다른 실험실에서 측정한 결과이다. 분산분석표를 작성하고 다이어트 음식과 실험실에 따라 콜레스테롤 함량에 차이가 있는지를 유의수준 5% 하에서 검정하여라.

	음식 I	음식 II	음식 III
A 실험실	3.4	2.6	2.8
B 실험실	3.0	2.7	3.1
C 실험실	3.3	3.0	3.4
D 실험실	3.5	3.1	3.7

7-9 세 종류의 기계와 세 사람의 기능공이 제품의 품질에 미치는 영향을 조사하기 위하여 다음과 같은 자료를 얻었다. 분산분석표를 작성하고 기계와 기능공에 따라 제품의 품질에 차이가 있는지를 유의수준 5% 하에서 검정하여라.

	기능공 I	기능공 II	기능공 III
기계 A	11	15	20
기계 B	14	23	16
기계 C	11	14	15

7-10 합성섬유의 장력강도가 면(cotton)의 함유량에 따라 어떻게 다른 지를 알아보기 위해 실험을 한 결과 다음과 같은 자료를 얻었다. 면의 함유량에 따라 평균 장력강도에 차이가 있다고 할 수 있는가? 필요한 분석을 수행하여라.

15%	20%	25%	30%	35%
7	12	14	19	7
7	17	18	25	10
15	12	18	22	11
11	18	19	19	15
9	18	19	23	11

7-11 여섯 종류의 사료를 쥐에게 먹였을 때 쥐의 체중증가에 어떤 영향을 주는지를 알아보기 위해 단백질의 요소에 대한 세 수준(A: 쇠고기, 곡류, 돼지고기)과 단백질의 수준에 대한 두 수준(B: 높음, 낮음)을 고려한 후 실험하였다. 다음의 자료는 실험을 통해서 얻은 쥐의 체중 증가량을 기록한 결과이다. 요인 A, B 및 교호작용의 효과가 있는지를 분석하여라.

단백질의 요소(A)	단백질 수준(B)	
	B1(높음	B2(낮음)
A1(쇠고기)	73, 102, 118, 104, 81 107, 100, 87, 117, 111	90, 76, 90, 64, 86 51, 72, 90, 95, 78
A2(곡류)	98, 74, 56, 111, 95 88, 82, 77, 86, 92	107, 95, 97, 80, 98 74, 74, 67, 89, 58
A3(돼지고기)	94, 79, 96, 98, 102 102, 108, 91, 120, 105	49, 82, 73, 86, 81 97, 106, 70, 61, 82

제 8 장

상관분석과 회귀분석

여러 변수에 대해 얻은 자료를 분석하는 경우 주요 관심 대상 중의 하나는 변수 간의 상호 연관성 및 인과관계를 분석하는 것이다. 이 장에서는 두 개 또는 여러 변수 사이의 관계를 분석하는 방법으로 상관분석(correlation analysis)과 회귀분석(regression analysis)을 설명하고자 한다. 상관분석에서는 두 변수 사이의 선형적 연관성을 측정하는 상관계수(correlation coefficient)에 대해 알아보고, 회귀분석에서는 한 변수가 다른 변수들에 의해 어떻게 설명 또는 예측되는지를 분석하는 과정을 설명할 것이다.

8.1 상관분석

가구당 실질소득과 저축률, 섭취한 알코올의 양과 맥박수, 지능지수와 학업성적 등과 같이 서로 관련을 맺고 있는 두 변수에 대한 관찰값들이 쌍으로 주어졌을 때, 연구자는 두 변수 간의 관계에 관심을 두게 된다. 이 절에서는 연속형 변수 간의 연관성을 측정하는 데 사용되는 상관계수에 대해서 살펴보도록 하자.

8.1.1 모공분산과 모상관계수

평균이 μ_x와 μ_y이고 분산이 σ_x^2와 σ_y^2인 두 확률변수 X와 Y가 있다고 하자. 만약 X의 값이 μ_x보다 클 때는 Y의 값도 μ_y보다 크고, X의 값이 μ_x보다 작을 때는 Y의 값도 μ_y보다 작은 경향이 있다면 $(X-\mu_x)(Y-\mu_y)$는 양의 값을 가질 가능성이 많게 된다. **공분산**(共分散, covariance)

$$\sigma_{xy} = Cov(X, Y) = E[(X-\mu_x)(Y-\mu_y)] \tag{8.1}$$

은 $(X-\mu_x)(Y-\mu_y)$의 기댓값으로 확률변수 X의 증가에 따른 확률변수 Y의 증가 또는 감소의 경향을 나타내는 척도이다. 즉, σ_{xy}가 큰 양의 값을 가진다면 X가 증가할 때 Y도 증가하는 경향이 크다는 것을 나타내고, σ_{xy}가 큰 음의 값을 가진다면 X가 증가할 때 Y는 감소하는 경향이 크다는 것을 나타낸다. 만약, σ_{xy}가 0에 가깝다면 두 확률변수 X와 Y의 증감은 서로 체계적인 경향이 없다는 것을 의미한다.

그러나 이와 같은 공분산은 변수를 측정하는 단위에 의존하며 그 값의 범위가 제한되어 있지 않으므로, 측정 단위와는 무관하며 범위가 제한되어 있는 연관성의 척도를 고려할 필요가 있다.

공분산 σ_{xy}를 각 확률변수의 표준편차(standard deviation)로 나누면 다음과 같은 **상관계수**(相關係數, correlation coefficient)

$$\rho_{xy} = Corr(X, Y) = \frac{\sigma_{xy}}{\sigma_x \sigma_y} \tag{8.2}$$

를 얻게 되는데, 이는 X와 Y의 선형성의 정도를 나타내는 측도로서 측정 단위에 무관하며 그 값은 −1과 1 사이에 있게 된다($-1 \le \rho_{xy} \le 1$).

8.1.2 상관계수의 개념

상관계수의 부호는 두 변수 사이의 증감 관계를 나타낸다. 다음 <그림 8.1>의 왼쪽은 상관계수의 부호가 양(+)인 경우를 나타내며, 오른쪽은 상관계수의 부호가 음(−)인 경우를 나타낸다.

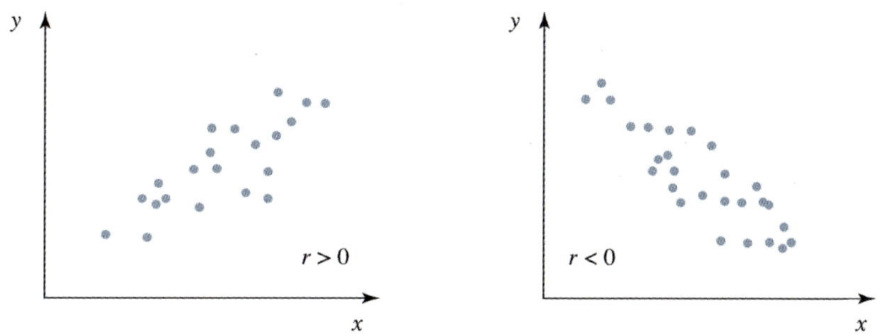

그림 8.1 상관계수의 부호

즉, 상관계수의 부호가 양(+)일 때에는 변수 X의 값이 증가함에 따라 변수 Y의 값도 증가하는 경향을 나타내며, 부호가 음(−)인 경우에는 변수 X의 값이 증가함에 따라 변수 Y의 값이 감소하는 경향을 나타낸다. <그림 8.1>과 같은 그림을 **산점도**(散點圖, scatter plot)라 부르는데, 이는 자료의 양상을 시각적으로 살펴보는데 매우 유용하다.

또한, 상관계수 절댓값의 크기는 직선의 주변에 자료가 어느 정도 집중되어 있는지를 나타낸다. 다음 <그림 8.2>의 왼쪽은 상관계수 절댓값의 크기가 0.8로 직선의 주변에 자료가 집중되는 정도가 80%임을 의미하고, 오른쪽은 상관계수 절댓값의 크기가 1로 직선의 주변에 자료가 집중되는 정도가 100%임(직선 위에 자료들이 모두 놓여 있음)을 의미한다.

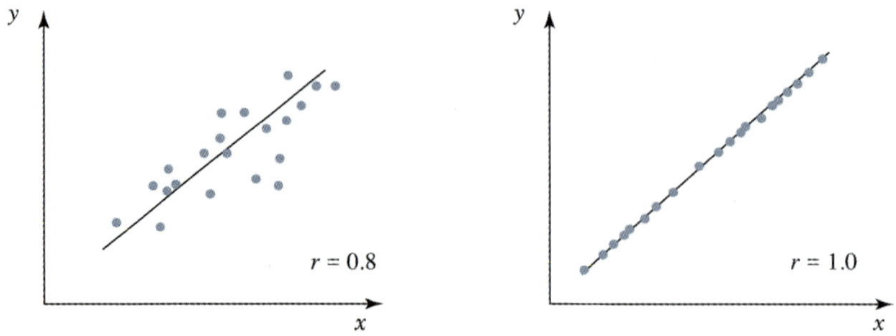

그림 8.2 상관계수의 크기

한편, 상관계수가 0이라고 해서 무조건 두 변수 간에 어떠한 관계도 없다고 할 수는 없다. 예를 들어, 다음 <그림 8.3>은 상관계수가 모두 0인 형태로서, 그림의 왼쪽은 두 변수 간에 특정한 관계가 없음을 알 수 있으나 그림의 오른쪽은 두 변수 간에 선형 관계는 없지만 2차 곡선의 관계가 있음을 알 수 있다. 그러므로 상관계수는 두 변수 간의 선형 집중도의 측도라는 특성이 있으므로 그 해석을 선형의 범주 내로 제한해야 하고, 상관계수의 절댓값이 크다고 해서 두 변수 사이에 밀접한 인과관계가 있다고 생각해서도 안 된다.

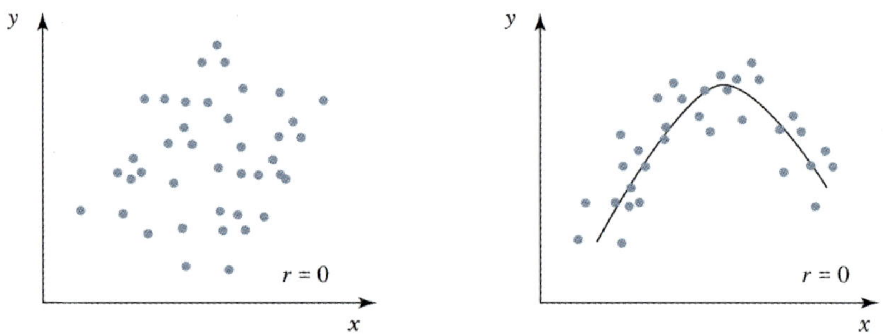

그림 8.3 상관계수가 0인 경우의 예

8.1.3 상관계수의 추정과 검정

X와 Y에 대해서 n개의 쌍으로 관찰된 표본 $(x_1, y_1), (x_2, y_2), \cdots, (x_n, y_n)$을 얻었을 때, 다음과 같은 **표본공분산** s_{xy}와 **표본상관계수** r_{xy}

$$s_{xy} = \frac{1}{n-1}\sum_{i=1}^{n}(x_i - \overline{x})(y_i - \overline{y}), \tag{8.3}$$

$$r_{xy} = \frac{s_{xy}}{s_x s_y} = \frac{\sum_{i=1}^{n}(x_i - \overline{x})(y_i - \overline{y})}{\sqrt{\sum_{i=1}^{n}(x_i - \overline{x})^2 \sum_{i=1}^{n}(y_i - \overline{y})^2}} \tag{8.4}$$

는 모공분산 σ_{xy}와 모상관계수 ρ_{xy}의 추정치로 사용되며, 표본상관계수 r_{xy}는 **피어슨의 적률상관계수**(product-moment correlation coefficient)라고도 불린다.

이와 같은 표본상관계수 r을 이용하여 모상관계수 ρ에 대한 가설검정을 수행할 수 있다. 먼저, 귀무가설 $H_0 : \rho = 0$에 대한 검정통계량은

$$T = \sqrt{n-2}\frac{r}{\sqrt{1-r^2}} \tag{8.5}$$

로서 이는 귀무가설 하에서 자유도 $n-2$인 t-분포를 따른다.

모상관계수에 대한 검정법

• **검정통계량**

$$T = \sqrt{n-2}\frac{r}{\sqrt{1-r^2}}$$

귀무가설과 대립가설	기각역
(a) $H_0 : \rho \le 0 \quad vs \quad H_1 : \rho > 0$	$T \ge t_\alpha(n-2)$
(b) $H_0 : \rho \ge 0 \quad vs \quad H_1 : \rho < 0$	$T \le -t_\alpha(n-2)$
(c) $H_0 : \rho = 0 \quad vs \quad H_1 : \rho \ne 0$	$\lvert T\rvert \ge t_{\alpha/2}(n-2)$

한편, 이보다 조금 더 일반적인 귀무가설 $H_0 : \rho = \rho_0$(여기서 ρ_0가 0일 필요는 없다)에 대한 검정은 다음과 같은 휘셔(Fisher)의 z-변환

$$z = \left[\log_e(1+r) - \log_e(1-r)\right]/2 \tag{8.6}$$

을 이용할 수 있는데, 이때 통계량 z는 평균이 $\left[\log_e(1+\rho) - \log_e(1-\rho)\right]/2$이고 분산이 $1/\sqrt{n-3}$인 정규분포에 근사적으로 따른다.

• EXCEL을 이용한 상관분석

예 8.1 다음 <그림 8.4>는 17명의 사람으로부터 나이, 월평균 실질소득, 월평균 지출액을 조사한 자료이다. 이 자료에 대해 상관계수를 구하고, 가설 $H_0 : \rho = 0 \ vs \ H_1 : \rho \neq 0$에 대해 유의수준 5% 하에서 검정하여라.

분석 절차

① 워크시트에 자료를 입력한다(그림 8.4).

② 풀다운 메뉴에서 **'데이터→데이터 분석'**을 선택한 후, **'통계 데이터 분석'** 대화상자(그림 8.5)에서 **'상관분석'**을 선택하고 **'확인'**을 클릭한다.

③ **'상관분석'** 대화상자(그림 8.6)에서 **'입력 범위(I)'**($A$1:$C$18)를 지정하고, **'데이터 방향'**(열(C))을 선택한다. 또한 입력자료의 첫 번째 행에 처리의 이름들을 입력하였으므로 **'첫째 행 이름표 사용(L)'**에 체크(☑)하고, **'출력 옵션'**(새로운 워크시트(P))을 지정한 후 **'확인'**을 클릭한다.

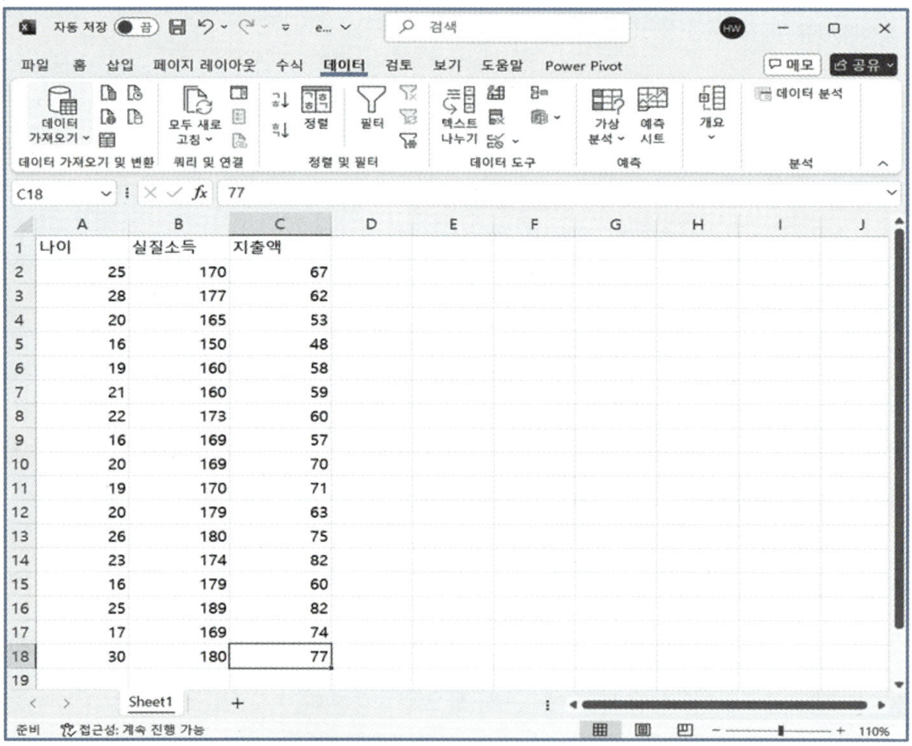

나이	실질소득	지출액
25	170	67
28	177	62
20	165	53
16	150	48
19	160	58
21	160	59
22	173	60
16	169	57
20	169	70
19	170	71
20	179	63
26	180	75
23	174	82
16	179	60
25	189	82
17	169	74
30	180	77

그림 8.4 '소득과 지출액' 자료의 입력

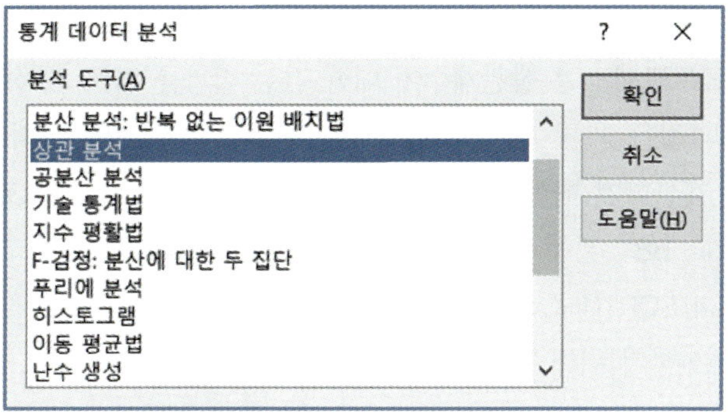

그림 8.5 '통계 데이터 분석' 대화상자

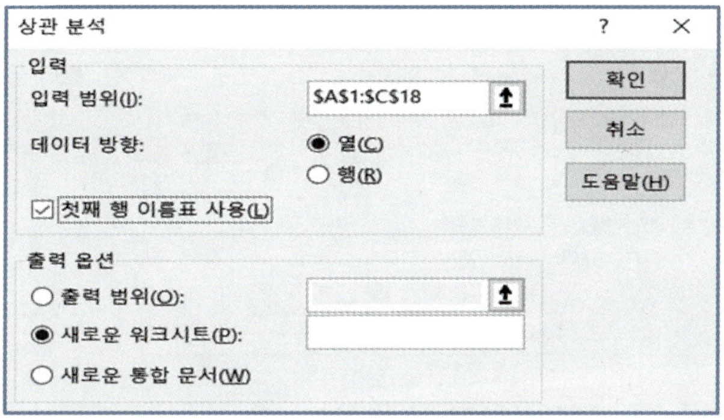

그림 8.6 '상관분석' 대화상자

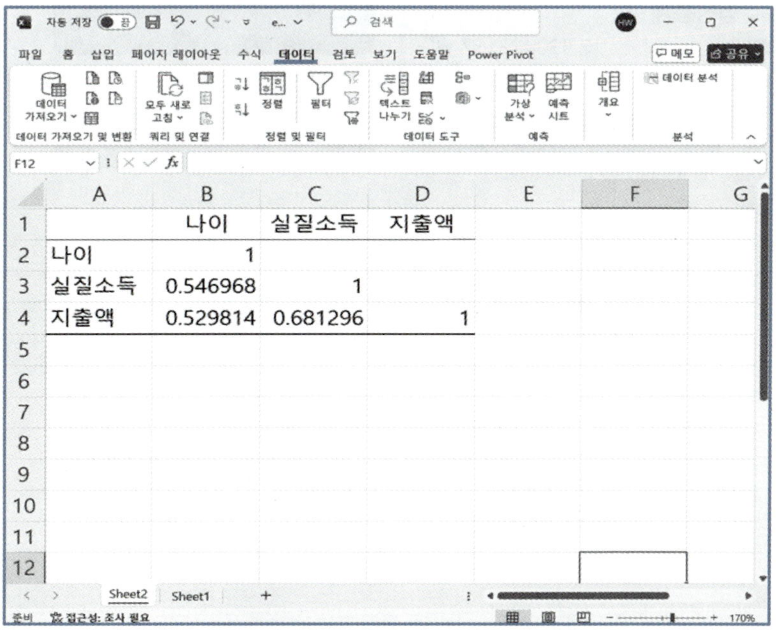

그림 8.7 '상관분석'의 결과: 상관계수

④ 이상과 같은 과정을 거치면 <그림8.7>과 같이 세 변수 간의 상관계수를 얻을 수 있다. 그러나 EXCEL에서는 상관계수에 대한 검정 결과를 바로 제공하지 않기 때문에 다음과 같은 과정을 거쳐 검정통계량 및 p−값을 계산해야 한다.

⑤ 검정통계량을 계산하기 위해 'B7' 셀에 '=SQRT(15)*(B3/SQRT(1−B3^2))'을 입력한다. 이와 유사하게 'B8' 셀에 '=SQRT(15)*(B4/SQRT(1−B4^2))'을 그리고 'C8' 셀에 '=SQRT(15)*(C4/SQRT(1−C4^2))'을 입력한다(그림 8.8).

⑥ 기각치 값을 계산하기 위해 'B10' 셀에 '=T.INV(0.975,15)'을 입력하고, p−값을 계산하기 위해 'B12' 셀에 '=T.DIST.2T(B7,15)'을 입력한다. 이와 유사하게 'B13' 셀에 '=T.DIST.2T(B8,15)'을 그리고 'C13' 셀에 '=T.DIST.2T(C8,15)'을 입력한다(그림 8.9).

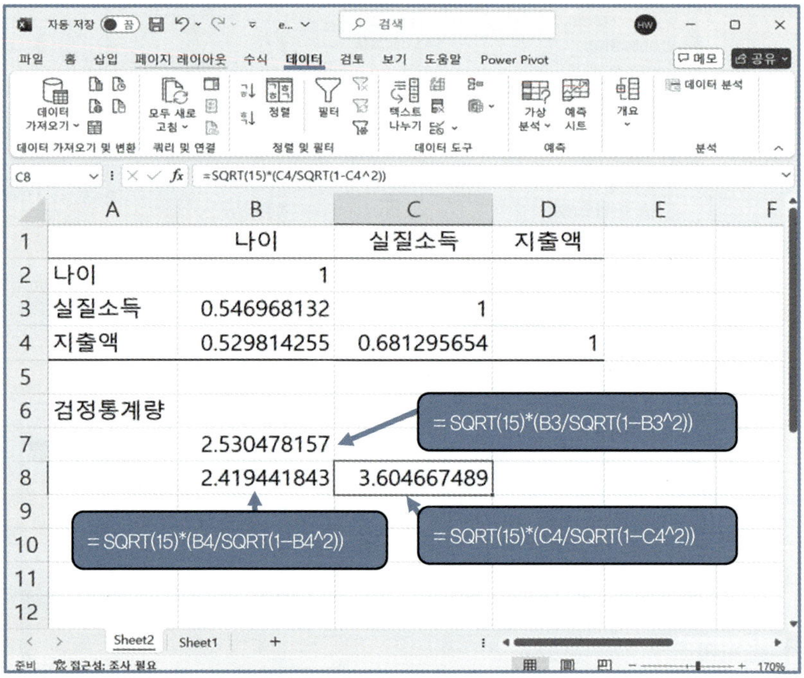

그림 8.8 함수 입력 예: 검정통계량의 계산

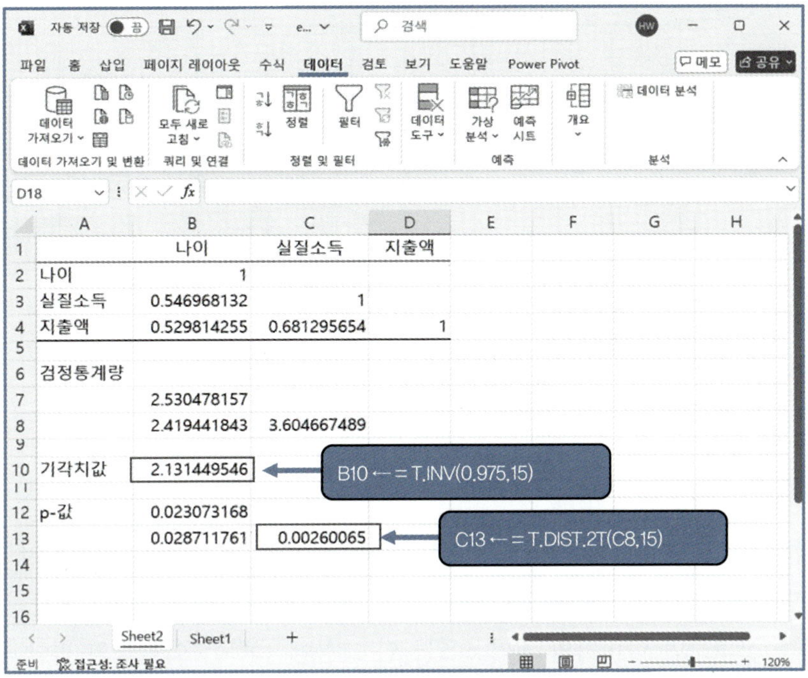

그림 8.9 '상관분석'의 결과: 상관계수, 검정통계량, 기각치, p−값

결과 해석

다음 <그림 8.9>에 상관행렬에서 세 변수 간의 상관계수를 볼 수 있는데, 예를 들어 변수 '나이'와 '실질소득'의 상관계수는 0.547이다. 한편 부록의 부표 4로부터 기각치는 $t_{0.025}(15) = 2.131$임을 알 수 있고(EXCEL에서 T.INV 함수를 이용하여 구할 수도 있다), <그림 8.9>에서 계산된 검정통계량의 값이 모두 기각치보다 크므로 모든 모상관계수가 유의하다고 할 수 있다(<그림 8.9>에서 계산된 p−값이 모두 유의수준 0.05보다 작음을 확인하기를 바란다).

8.2 단순회귀분석

다음 <그림 8.10>은 아버지의 키 그룹별로 대응되는 아들 그룹의 평균 키를 표시하고, 이들 사이의 관계를 잘 나타낼 수 있는 직선을 그려 넣은 것이다.

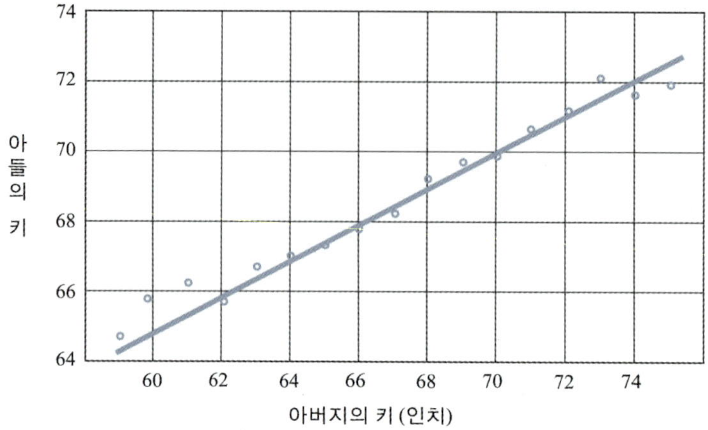

그림 8.10 아버지와 아들의 키

이러한 생각은 영국의 유전학자 갈톤(F. Galton, 1989)에 의해서 이루어진 것으로, 그는 사람의 키에 관한 유전연구를 통해 회귀(回歸, regression)라는 생각을 발전시켰다. 이 그림을 살펴보면 아버지의 키가 60인치인 그룹에 속하는 아들들의 평균 키는 약 65인치로서 아버지들의 평균 키보다 약간 크고, 아버지의 키가 74인치인 그룹에 속하는 아들들의 평균 키는 약 71인치로서 아버지들의 평균 키보다 약간 작아진다는 것을 알 수 있다. 따라서 아들들의 키는 그들의 평균 키에 되돌아가려는 경향이 있음을 발견할 수 있게 되는데, 갈톤은 이와 같은 함수관계를 회귀(regression)라는 용어로 표현하였다. 앞 절에서 설명한 상관(correlation)이라는 용어도 갈톤이 처음 사용한 통계학 용어이다.

한편 피어슨(K. Pearson, 1903)은 아버지의 키(x)와 아들의 키(y)에 관한 기록을 수집하여 y=33.73+0.516x와 같이 일차함수 관계식을 얻었다. 물론 이러한 회귀방정식이 한 아버지의 키를 알 때 그 아들의 키를 완벽하게 예측할 수 있다는 것을 의미하지는 않는다. 그러나 부자간의 키 사이에는 서로 밀접한 관계가 있는 것만은 틀림이 없고, 아버지의 키로부터 아들의 키를 추측하려는 것이 무모하다고 할 수만은 없을 것이다.

회귀분석이란 한 변수가 다른 변수들에 의해서 어떻게 설명(explanation) 또는 예측(prediction)되는지를 알아보기 위한 통계적 방법이다. 이때 예측되는 변수를 **종속변수**(從屬變數, dependent variable) 또는 **반응변수**(反應變數, response variable)라 하고, 종속변수를 예측하는 데 사용되는 변수들을 **독립변수**(獨立變數, dependent variable) 또는 **설명변수**(說明變數, explanatory variable)라 한다.

회귀분석에서는 일반적으로 선형방정식에 의해서 종속변수와 독립변수들의 관계를 표현하는데, 이를 **선형회귀**(線形回歸, linear regression)분석이라 한다. 또한 독립변수가 하나인 경우를 **단순회귀**(單純回歸, simple regression)분석이라 하고, 이에 비해 독립변수가 여러 개인 경우를 **다중회귀**(多重回歸, multiple regression)분석이라 한다. 이 절에서는 먼저 가장 간단한 단순선형회귀분석에 대해서 알아보도록 하자.

8.2.1 단순회귀모형

단순회귀모형은 다음 식과 같이

$$y = \alpha + \beta x + \epsilon. \tag{8.6}$$

종속변수 y를 독립변수 x의 일차함수식으로 설명하려는 것이다. 여기서 α와 β는 자료로부터 추정되어야 할 미지의 모수로서 **회귀계수**(regression coefficient)들이며, ϵ은 **오차항**(error term)으로써 독립변수 x로는 설명할 수 없는 종속변수 y의 변이 및 선형회귀모형의 함수적 형태에서 기인하는 오류 등을 포함한다. 일반적으로 오차항 ϵ은 기댓값 0과 분산 σ^2을 가지며 정규분포(normal distribution)를 따르는 것으로 가정된다.

8.2.2 최소제곱추정

단순선형회귀모형의 회귀계수 α와 β를 추정하기 위해서 일반적으로 오차들의 제곱합이 최소가 되도록 회귀계수를 추정하는 **최소제곱법**(least square method)을 사용한다. 즉, n개의 관찰 개체로부터 표본 (x_i,y_i), $i=1,\cdots,n$을 얻었을 때 α와 β의 최소제곱추정치는 다음과 같은 **오차제곱합**

$$\sum_{i=1}^{n}\epsilon_i^2 = \sum_{i=1}^{n}(y_i - \alpha - \beta x_i)^2 \tag{8.7}$$

을 최소화하는 것이다. 회귀계수 α와 β의 최소제곱추정치 $\hat{\alpha}$와 $\hat{\beta}$는 다음과 같은 수식으로 계산될 수 있다.

$$\hat{\beta}= \sum_{i=1}^{n}(x_i - \overline{x})(y_i - \overline{y}) / \sum_{i=1}^{n}(x_i - \overline{x})^2, \tag{8.8}$$

$$\hat{\alpha}= \overline{y} - \hat{\beta}\overline{x}. \tag{8.9}$$

8.2.3 회귀계수에 대한 검정

단순선형회귀모형에서는 특히 기울기 β에 큰 관심을 두게 되는데, 이는 독립변수 x가 1단위 증가할 때 종속변수 y가 변화하는 양을 나타낸다. 따라서 회귀계수가 양의 값으로 추정되었다는 것은 독립변수의 값이 증가하면 종속변수의 값이 증가한다는 의미이고, 반대로 회귀계수가 음일 때에는 독립변수의 값이 증가하면 종속변수의 값이 오히려 감소한다는 의미가 있다.

그러나 회귀계수 β에 관한 이러한 해석은 '독립변수 x가 종속변수 y에 유의한 영향을 주고 있다'라는 가설이 받아들여지지 않으면 아무런 의미가 없게 된다. 따라서 $H_0 : \beta = 0$이라는 가설을 검정하는 문제는 결과의 해석에 앞서 종속변수에 대한 독립변수의 유의성을 검토하는 데 필요한 단계이다. 기울기 β에 대한 이와 같은 가설을 검정하기 위한 검정통계량은

$$T = \frac{\hat{\beta}}{\sqrt{\hat{\sigma}^2 / \sum_{i=1}^{n}(x_i - \bar{x})^2}} \tag{8.10}$$

로서 이는 귀무가설이 사실일 때 자유도 $n-2$인 t–분포를 따른다. 여기서 $\hat{\sigma}^2 = MSE$는 오차분산 σ^2의 추정치이다(다음 8.3절 참조).

회귀직선의 기울기 β에 대한 검정법

- **검정통계량**

$$T = \frac{\hat{\beta} - \beta_0}{\sqrt{\hat{\sigma}^2 / \sum_{i=1}^{n}(x_i - \bar{x})^2}} \quad \left(\text{단, } \hat{\sigma} = \sum_{i=1}^{n}(y_i - \hat{y_i})^2/(n-2)\right)$$

귀무가설과 대립가설	기각역
(a) $H_0 : \beta \le \beta_0 \quad vs \quad H_1 : \beta > \beta_0$	$T \ge t_\alpha(n-2)$
(b) $H_0 : \beta \ge \beta_0 \quad vs \quad H_1 : \beta < \beta_0$	$T \le -t_\alpha(n-2)$
(c) $H_0 : \beta = \beta_0 \quad vs \quad H_1 \beta \ne \beta_0$	$\lvert T \rvert \ge t_{\alpha/2}(n-2)$

한편, 회귀직선의 기울기 β에 대한 $100(1-\alpha)$ 신뢰구간은 다음과 같다.

$$\left(\hat{\beta} \pm t_{\alpha/2}(n-2)\frac{\hat{\sigma}}{\sqrt{\sum_{i=1}^{n}(x_i - \bar{x})^2}}\right). \tag{8.11}$$

• EXCEL을 이용하여 산점도와 추세선 그리기

예 8.2a 다음 <그림 8.11>의 자료는 유사한 제품을 생산하는 12개 기업의 지난 1년간 광고비(x)와 매출액(y)을 조사하여 얻은 것이다. **차트 마법사**를 이용하여 산점도와 추세선을 그려보아라.

분석 절차

① 워크시트에 자료를 입력하고, **'데이터 범위'**($A$1:$B$13)를 선택한다(그림 8.11).

② **'삽입→차트 메뉴'**에서 **'분산형'**을 선택한다(그림 8.12).

③ 그려진 산점도를 클릭하고, 오른쪽 상단에서(+)를 클릭하면, 챠트 요소 메뉴에서 **'추세선'** 메뉴를 선택한다(그림8.13).

④ **'추세선'** 기타 옵션을 클릭하면 **'추세선 서식'**이 나오며, **'선형(L)**과 **'수식을 차트에 표시'**를 체크(☑)하고 '확인'을 클릭한다(그림 8.14).

⑤ 그려진 산점도와 추세선을 예쁘게 변경한다. **'차트제목'**도 변경 가능(그림 8.15).

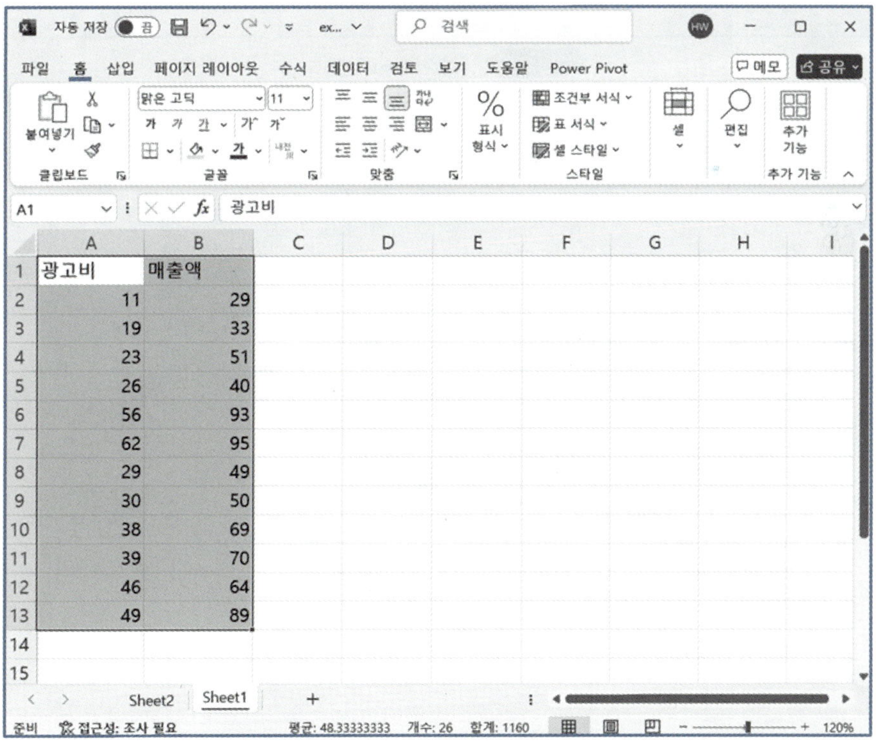

그림 8.11 워크시트 자료에서 '데이터 범위' 지정

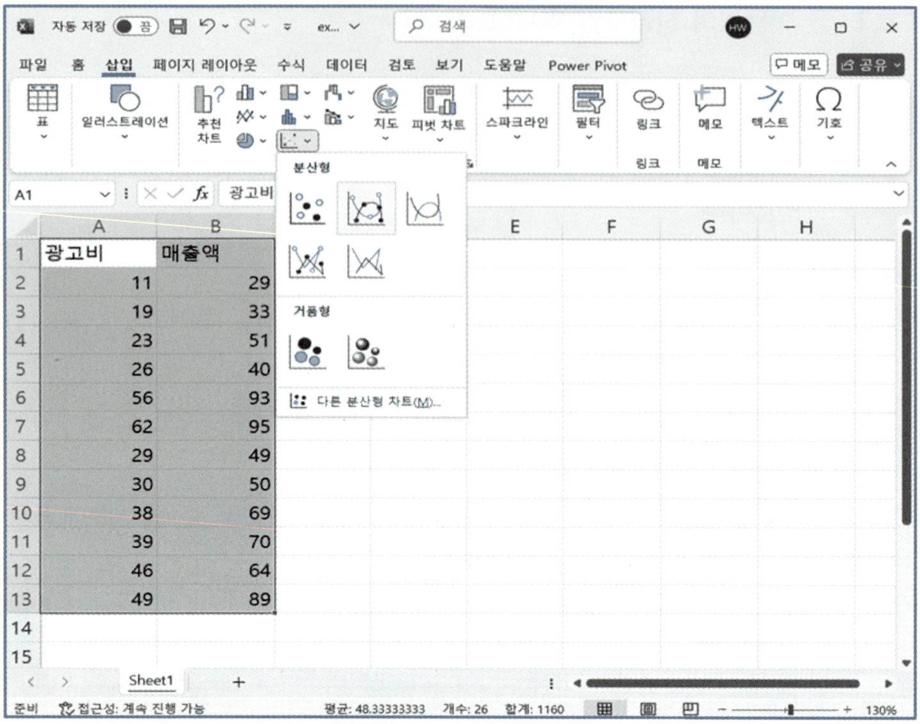

그림 8.12 '삽입 → 차트' 메뉴

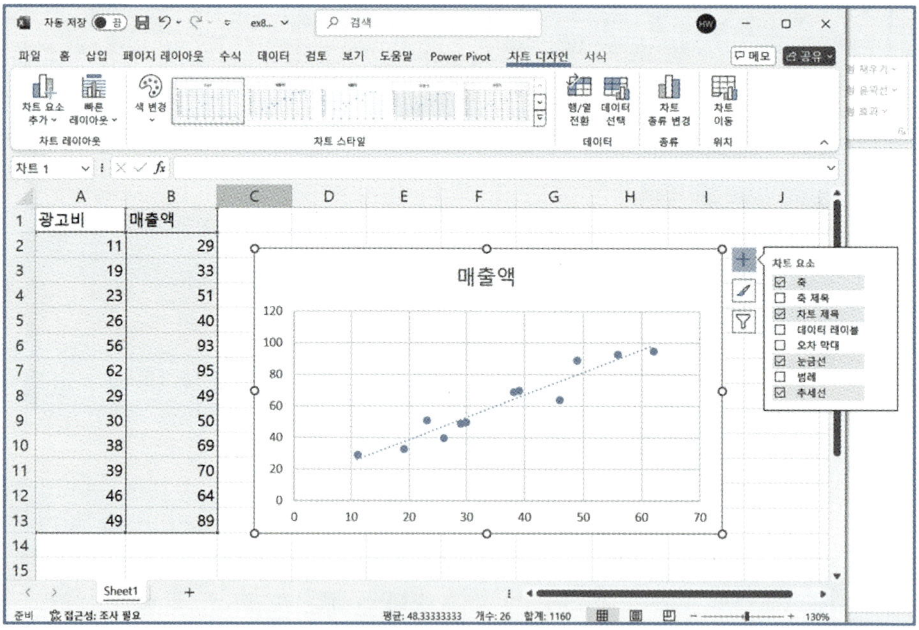

그림 8.13 '추세선' 메뉴

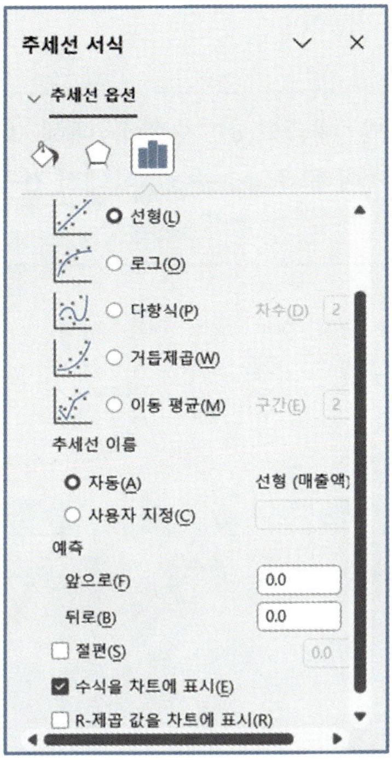

그림 8.14 '추세선 서식' 대화상자

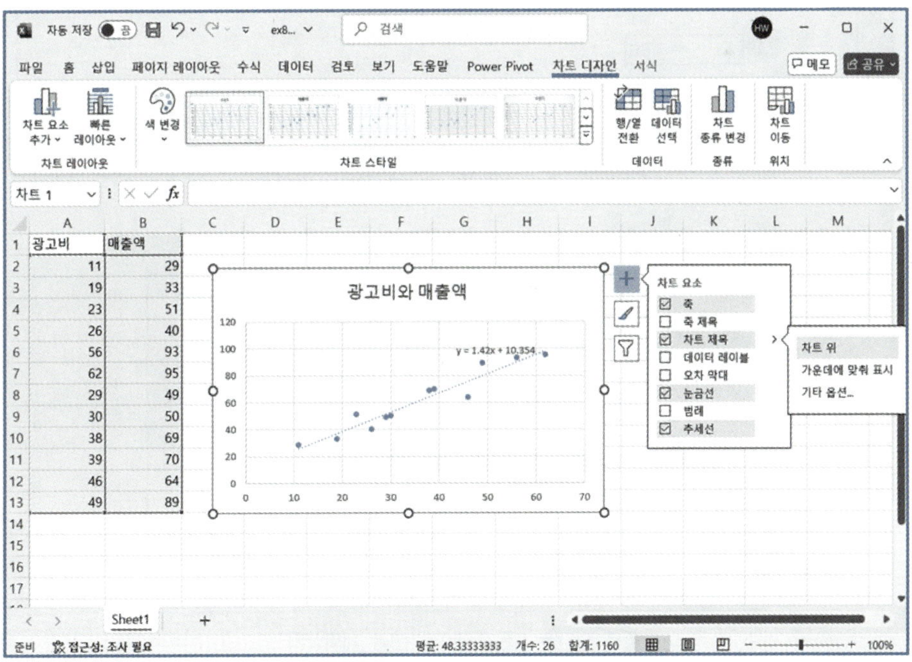

그림 8.15 '차트제목 서식' 메뉴

• EXCEL을 이용한 단순회귀분석

예 8.2b 앞의 광고비(x)와 매출액(y) 자료에 대해 회귀분석을 수행하고, 가설 $H_0 : \beta = 0 \quad vs \quad H_1 : \beta \neq 0$ 대해 유의수준 5% 하에서 검정하라.

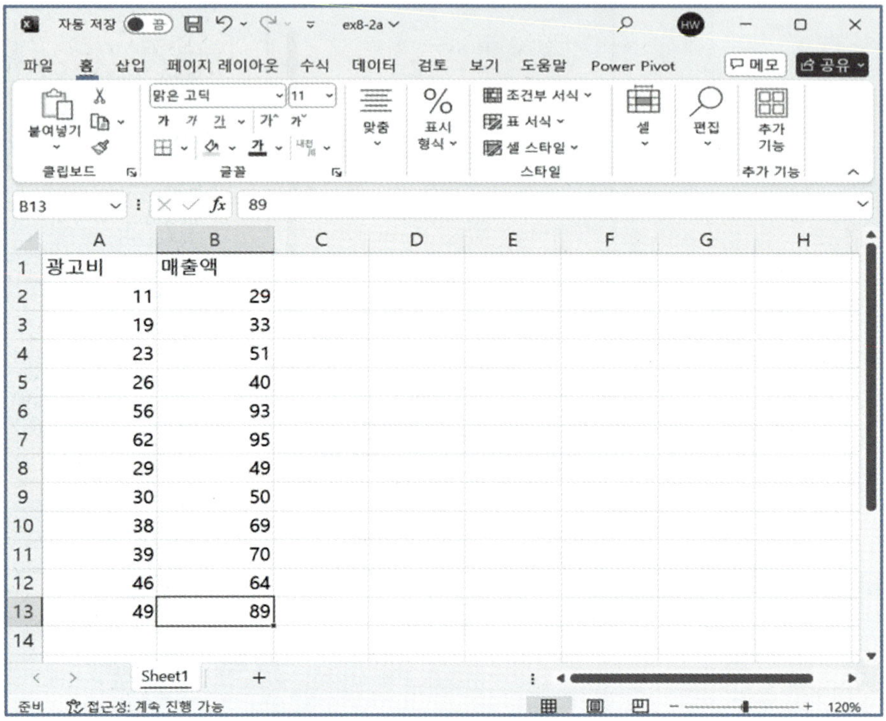

그림 8.16 '광고비와 매출액' 자료의 입력

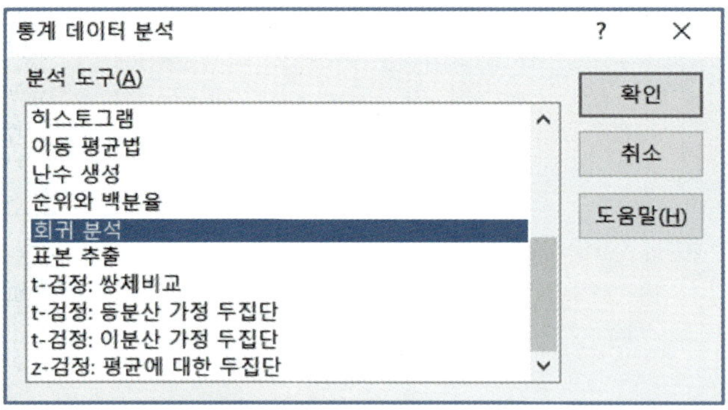

그림 8.17 '통계 데이터 분석' 대화상자

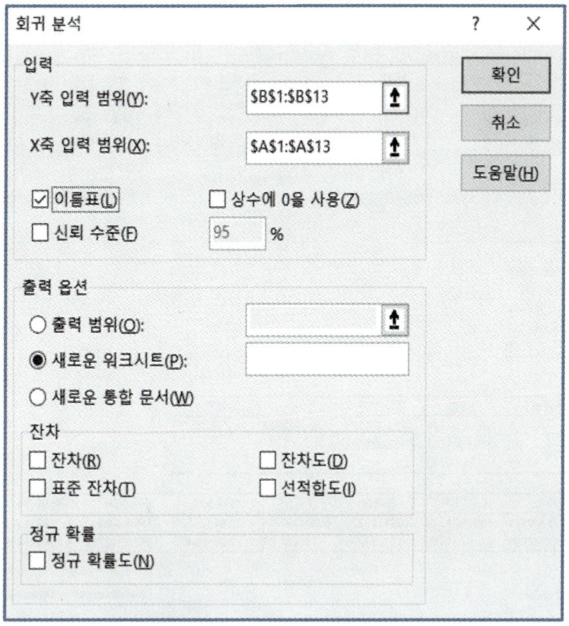

그림 8.18 '회귀분석' 대화상자

분석 절차

① 워크시트에 자료를 입력하고, 풀다운 메뉴에서 **'데이터 → 데이터 분석'**을 선택한다(그림 8.16).

② **'통계 데이터 분석'** 대화상자(그림 8.17)에서 **'회귀분석'**을 선택하고 **'확인'**을 클릭한다.

③ **'회귀분석'** 대화상자(그림 8.18)에서 **'Y축 입력 범위(Y)'**($B$1:$B$13)와 **'X축 입력범위(X)'**($A$1:$A$13)를 지정한다. **'이름표(L)'**에 체크(☑)하고, **'출력 옵션'**(새로운 워크시트(P)) 등을 지정한 후 **'확인'**을 클릭한다.

이상과 같은 과정을 수행하면 <그림 8.19>과 같이 단순회귀분석에 대한 분석 결과를 얻을 수 있다.

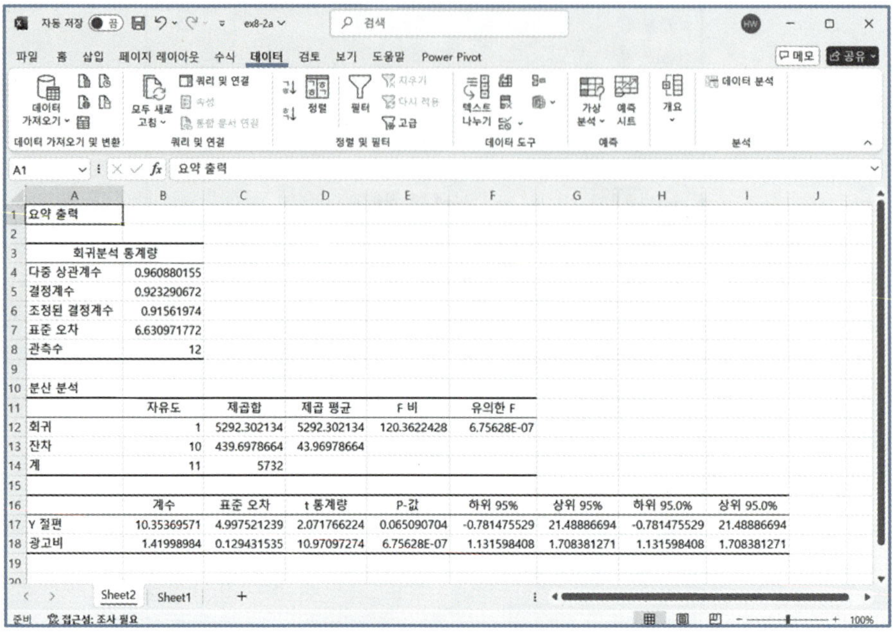

요약 출력

회귀분석 통계량	
다중 상관계수	0.960880155
결정계수	0.923290672
조정된 결정계수	0.91561974
표준 오차	6.630971772
관측수	12

분산 분석

	자유도	제곱합	제곱 평균	F 비	유의한 F
회귀	1	5292.302134	5292.302134	120.3622428	6.75628E-07
잔차	10	439.6978664	43.96978664		
계	11	5732			

	계수	표준 오차	t 통계량	P-값	하위 95%	상위 95%	하위 95.0%	상위 95.0%
Y 절편	10.35369571	4.997521239	2.071766224	0.065090704	-0.781475529	21.48886694	-0.781475529	21.48886694
광고비	1.41998984	0.129431535	10.97097274	6.75628E-07	1.131598408	1.708381271	1.131598408	1.708381271

그림 8.19 '회귀분석' 결과

결과 해석

<그림 8.19>에서 모수 α와 β에 대한 추정치는 각각 $\hat{\alpha}= 10.35$와 $\hat{\beta}= 1.42$임을 알 수 있고, 따라서 추정된 회귀식을 $\hat{y}= 10.35 + 1.42x$와 같이 쓸 수 있다. 여기서 $\hat{\beta}= 1.42$는 '광고비(x)가 1 단위 증가하면 매출액(y)이 1.42 단위 정도 증가한다'라는 것을 의미한다.

한편, 기울기 β에 대한 $t-$통계량의 값은 T=10.97이고 부록의 부표 4로부터 기각치는 $t_{0.025}(10) = 2.228$임을 알 수 있는데, 따라서 귀무가설 $H_0 : \beta = 0$을 기각하여 '광고비(x)가 매출액(y)에 유의한 영향을 준다'라고 추론할 수 있다(<그림 8.19>에서 $p-$값이 0.0001로서 유의수준 0.05보다 작음을 확인하기를 바란다).

8.2.4 종속변수에 대한 예측

추정된 회귀직선을 이용한 관측치에 대한 예측은 두 가지 형태로 나눌 수 있다. 하나는 독립변수의 특정한 값이 주어졌을 때 종속변수 y의 평균값 $E(y)$를 예측하는 것이며, 또 다른 하나는 독립변수의 특정한 값에 대한 개별적인 y값을 예측하는 것이다.

• y의 평균값에 대한 예측 및 신뢰구간

독립변수 $x = x_0$의 특정한 값일 경우 y의 평균값 $E(y|x_0) = \alpha + \beta x_0$는 $\hat{y} = \hat{\alpha} + \hat{\beta} x_0$로 추정된다. 이때 $E(y|x_0)$에 대한 $100(1-\alpha)$ **신뢰구간**(confidence interval)은 다음과 같이 구할 수 있다.

$$(\hat{\alpha} + \hat{\beta} x_0) \pm t_{\alpha/2}(n-2)\sqrt{\hat{\sigma}^2\left(\frac{1}{n} + \frac{(x_0 - \overline{x})^2}{\sum_{i=1}^{n}(x_i - \overline{x})^2}\right)}. \tag{8.12}$$

위의 신뢰구간을 구하는 식을 살펴보면, 신뢰구간의 폭은 $x_0 = \overline{x}$일 때 가장 짧고 x_0가 $\overline{x}$에서 멀어질수록 길어짐을 알 수 있다.

• y의 개별 관측치에 대한 예측 및 예측구간

앞에서 구한 신뢰구간은 y의 평균값에 대한 문제이다. 예를 들어 x가 신장이고, y가 몸무게인 경우의 문제를 생각해 보자. 앞에서 설명한 경우는 $x_0 = 180$일 때 신장이 180인 사람의 평균 몸무게의 신뢰구간을 구한 것이다. 그러나 어떤 사람의 신장이 180인 경우 그 사람의 몸무게를 예측하는 경우는 어떻게 구할 것인가? 이와 같이 개별 관측치에 대한 신뢰구간을 **예측구간**(prediction interval)이라고 한다. 개별 관측치에 대한 $100(1-\alpha)\%$ 예측구간은 다음과 같다.

$$(\hat{\alpha} + \hat{\beta} x_0) \pm t_{\alpha/2}(n-2)\sqrt{\hat{\sigma}^2\left(1 + \frac{1}{n} + \frac{(x_0 - \overline{x})^2}{\sum_{i=1}^{n}(x_i - \overline{x})^2}\right)}. \tag{8.13}$$

8.2.5 잔차분석

잔차 $e_i = y_i - \hat{y}_i$는 실제 관측치 y_i와 추정된 회귀직선에 의한 적합값 $\hat{y}_i$의 차이로 추정된 회귀직선으로 설명될 수 없는 부분을 나타낸다. 이러한 잔차는 오차의 실현치로 생각할 수 있으므로 이것을 이용하여 오차항 ϵ_i에 대한 가정의 충족 여부를 검토할 수 있다. 즉, 잔차분석(residual analysis)을 통해 오차항의 정규성, 등분산성, 독립성 등의 가정을 검토할 수 있다.

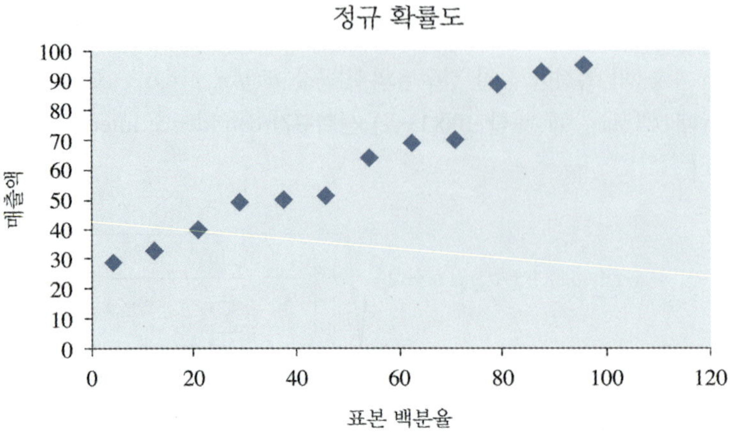

그림 8.20 정규확률 그림

• 정규성(Normality)의 검토

잔차에 대한 정규성을 검토하는 방법의 하나는 **정규확률 그림**(normal probability plot: P-P plot)을 그려보는 것이다(Excel '회귀분석' 대화상자(그림 8.18)에서 **'정규확률도(N)'**에 체크하면 <그림 8.20>에서와 같은 정규확률 그림을 얻을 수 있다). 정규확률 그림에서 관측치가 일직선을 이루고 있으면 정규성이 충족된다고 볼 수 있다. 그러나 정규확률 그림이 정규성을 평가하는 하나의 방편이지만 그 효율성은 다소 의문시된다. 따라서 통상적인 회귀분석에 있어서 잔차의 히스토그램이나 점도표를 그려보아 정규성 문제를 검토하기도 한다. 만약 정규성의 가정을 충족하지 못한다면 변수변환을 이용하여 해결하기도 한다.

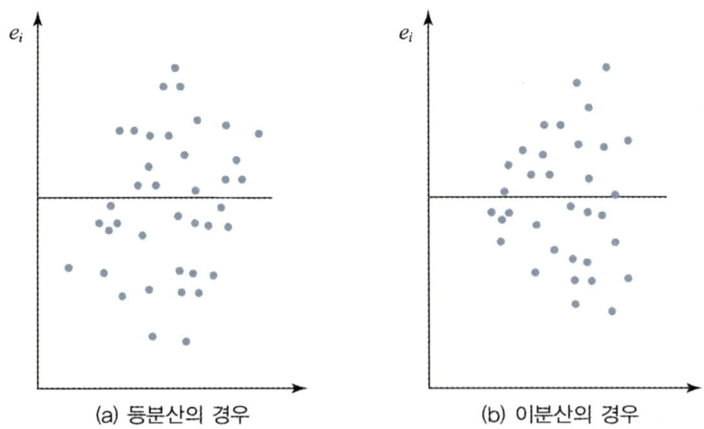

그림 8.21 잔차플롯

- 등분산성(Homogeneity)의 검토

잔차 또는 표준화잔차(standardized residual)를 수직 좌표축에, 적합값 $\hat{y}$ 또는 독립변수를 수평 좌표축에 두고 산점도를 그려봄으로써 등분산성 가정의 충족 여부를 알 수 있다(Excel '회귀분석' 대화상자(그림 8.18)에서 **'잔차도(D)'**에 체크하면 잔차플롯을 얻을 수 있다). 앞의 <그림 8.21>의 왼쪽 그림의 경우와 같이 잔차가 랜덤하게 흩어져 있으면 등분산성의 가정이 만족 된다고 볼 수 있으나, 오른쪽 그림의 경우와 같이 나팔 형태의 경향을 보인다면 등분산성의 가정이 깨졌다고 할 수 있다. 등분산성의 가정이 위배되면 일반적으로 변수변환이나 가중회귀(weighted least squares)방법 등을 이용한다.

- 독립성(Independence)의 검토

오차에 대한 독립성은 Durbin-Watson 검정으로 검토할 수 있는데, 이때 검정통계량은 다음과 같다.

$$DW = \sum_{i=2}^{n}(e_i - e_{i-1})^2 / \sum_{i=1}^{n} e_i^2 \tag{8.14}$$

일반적으로 DW의 값이 2에 가까우면 인접한 오차항들은 독립성을 만족하고 0에 가까우면 양의 자기상관(positively autocorrelated)이 있으며, 4에 가까우면 음의 자기상관(negatively autocorrelated)이 있음을 의미한다. 이는 흔히 시간에 따라 관측된 시계열자료에서 자기상관의 존재에 기인한다.

8.3 다중회귀분석

사회적 또는 자연적 현상을 설명하는 데 있어서 종속변수 y의 변화가 하나의 독립변수만으로 충분히 설명되는 경우는 거의 없다고 할 수 있다. 따라서 독립변수를 적절히 여러 개 선택하여 이들의 함수로서 종속변수를 설명한다면 더욱 정확한 예측을 할 수 있을 것이다.

종속변수 y와 p개의 독립변수 $x_1,\ x_2, \cdots, x_p$가 있을 때, **다중선형회귀모형**은 다음과 같이 표현된다.

$$y = \alpha + \beta_1 x_1 + \beta_2 x_2 + \cdots + \beta_p x_p + \epsilon \tag{8.15}$$

여기서 α, β_1, $\beta_2, \cdots$, β_p는 추정되어야 할 $p+1$개의 회귀계수이며, ϵ은 기댓값 0, 분산 σ^2을 갖는 오차항이다.

다중회귀모형에서도 회귀계수들의 추정치 $a, b_1, b_2, \cdots, b_p$는 오차제곱합을 최소로 하는 최소제곱법으로 구할 수 있고, 또한 각 회귀계수에 대한 검정도 단순선형회귀모형에서와 유사하게 t 통계량을 이용하여 수행할 수 있다.

8.3.1 분산분석표와 F-검정

회귀분석에서도 앞장의 분산분석에서와 유사하게 **분산분석표**(ANOVA table)를 작성할 수 있다. 즉, 전체제곱합을 다음과 같이 분할할 수 있는데,

$$\sum_{i=1}^{n}(y_i-\bar{y})^2 = \sum_{i=1}^{n}(\hat{y}_i-\bar{y})^2 + \sum_{i=1}^{n}(y_i-\hat{y}_i)^2 \tag{8.16}$$
$$\text{TSS} \quad = \quad \text{SSR} \quad + \quad \text{SSE}$$

여기서 좌변을 **전체제곱합**(TSS, Total Sum of Squares)이라 하며, 우변의 첫째 항을 **회귀제곱합**(SSR, Sum of Squares due to Regression) 또는 **모형제곱합**(SSM, Sum of Squares due to Model), 우변의 둘째 항을 **잔차제곱합**(SSE, Sumof Squares due to Error)이라고 한다. 이때 각 제곱합의 **자유도**는 $n-1$(전체제곱합), p(회귀제곱합), $n-p-1$(잔차제곱합)이고, 각 제곱합을 자유도로 나눈 것을 **평균제곱합**(Mean of Squares)이라고 한다.

표 8.1 분산분석표: 다중회귀분석

요인	자유도	제곱합	평균제곱합	F-통계량
회귀	p	SSR	$MSR = SSR/p$	$F = MSR/MSE$
잔차	$n-p-1$	SSE	$MSE = SSE/(n-p-1)$	
전체	$n-1$	TSS		

다중회귀분석에서는 p개의 독립변수 x_1, $x_2, \cdots, x_p$가 종속변수 y를 설명하는 데 있어서 통계적으로 유의하게 영향을 주는지 검정할 필요가 있는데, 이는 귀무가설 $H_0 : \beta_1 = \beta_2 = \cdots = \beta_p = 0$을 검정하는 문제가 된다. 이 가설을 검정하기 위한 검정통계량은

$$F = \frac{SSR/p}{SSE/(n-p-1)} \tag{8.17}$$

로 귀무가설 하에서 자유도 $(p,\ n-p-1)$인 F-분포에 따른다.

다중회귀분석에서 가설 $H_0 : \beta_1 = \beta_2 = \cdots = \beta_{p=0}$에 대한 검정법

- **검정통계량**

$$F = \frac{MSR}{MSE} = \frac{SSR/p}{SSE/(n-p-1)}$$

- **기각역**

$$F > F_{\alpha}(p,\ n-p-1)$$

8.3.2 결정계수(R-Square)

회귀식의 적합도(goodness of fit)를 측정하는 한 가지 측도는 전체제곱합 중에서 회귀제곱합이 차지하는 비율, 즉 총 변이를 회귀식이 얼마나 설명하는가를 나타내는 **결정계수**(決定係數, coefficient of determination; R^2)이다. 결정계수는 다음과 같이 정의되며

$$R^2 = \frac{SSR}{TSS} = 1 - \frac{SSE}{TSS} \tag{8.18}$$

이 값이 1에 가까울수록 추정된 회귀식이 자료를 잘 설명하고 있다고 할 수 있다 $(0 \le R^2 \le 1)$. 단순회귀분석의 경우 결정계수는 독립변수 x와 종속변수 y의 상관계수의 제곱과 같다.

• EXCEL을 이용한 다중회귀분석

예 8.3 다음 <그림 8.22>는 10개의 가구에 대해 가구당 내구재에 대한 지출액(y, 단위: 10만 원) 과 가구당 월평균 수입(x_1, 단위: 백만 원) 및 가구원 수(x_2)를 조사한 것이다. 회귀분석을 수행하고, 가설 $H_0 : \beta_1 = \beta_2 = 0$에 대해 유의수준 5% 하에서 검정하라.

분석 절차

① 워크시트에 자료를 입력하고(그림 8.22), 풀다운 메뉴에서 **'데이터 → 데이터 분석'**을 선택한다.

② **'통계 데이터 분석'** 대화상자(그림8.23)에서 **'회귀분석'**을 선택하고 **'확인'**을 클릭한다.

③ **'회귀분석'** 대화상자(그림 8.24)에서 **'Y축 입력 범위(Y)'**($A$1:$A$11)와 **'X축 입력범위(X)'**($B$1:$C$11)를 지정한다. **'이름표(L)'**에 체크(☑)하고, **'출력 옵션'** 새로운 워크시트(P)) 등을 지정한 후 **'확인'**을 클릭한다.

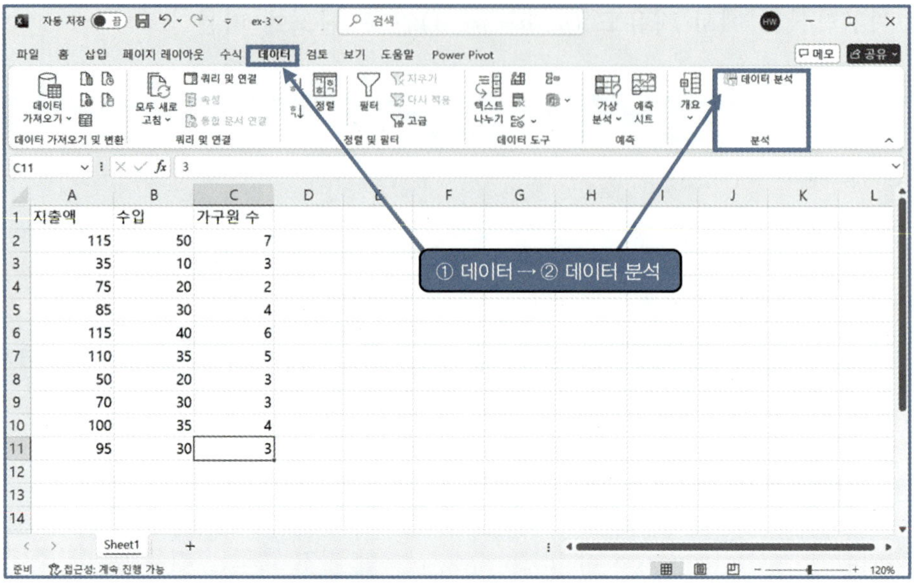

그림 8.22 '수입과 지출액' 자료의 입력

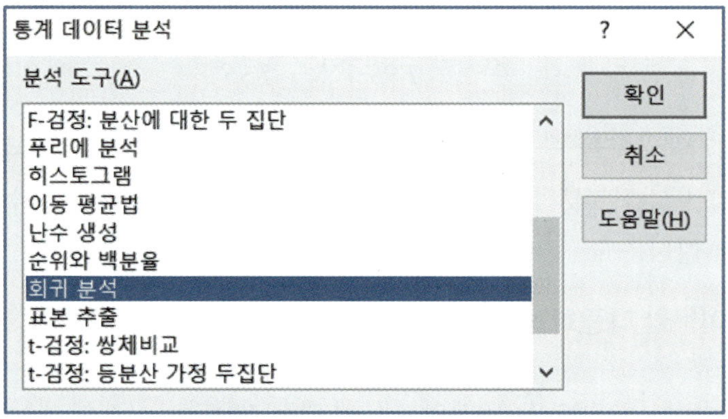

그림 8.23 '통계 데이터 분석' 대화상자

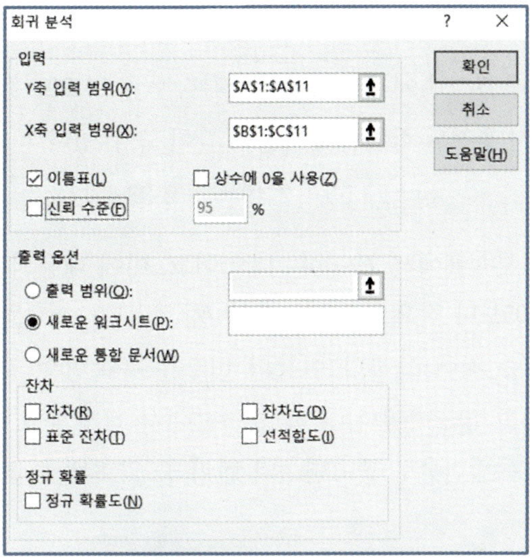

그림 8.24 '회귀분석' 대화상자

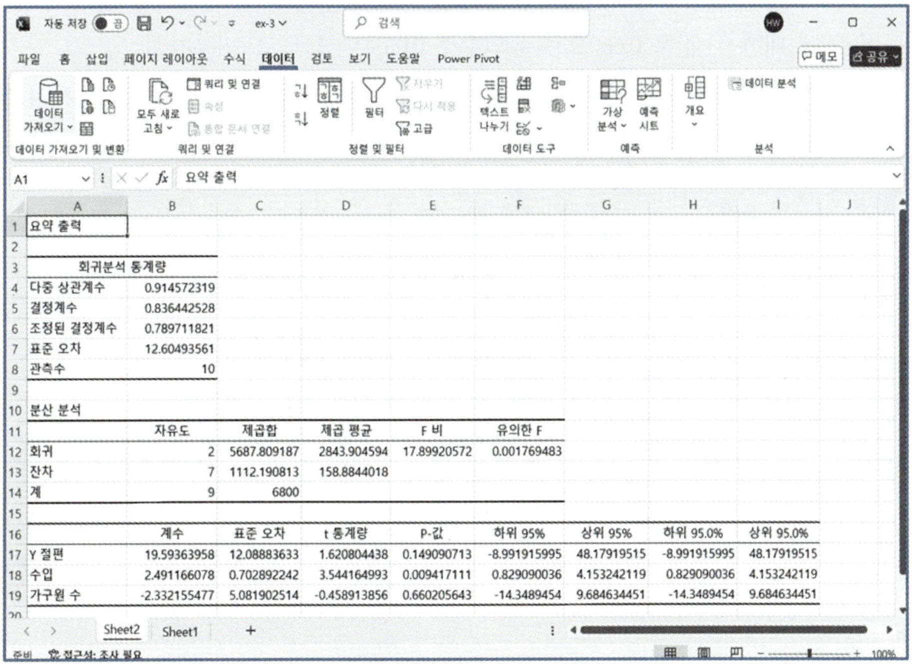

요약 출력

회귀분석 통계량	
다중 상관계수	0.914572319
결정계수	0.836442528
조정된 결정계수	0.789711821
표준 오차	12.60493561
관측수	10

분산 분석

	자유도	제곱합	제곱 평균	F 비	유의한 F
회귀	2	5687.809187	2843.904594	17.89920572	0.001769483
잔차	7	1112.190813	158.8844018		
계	9	6800			

	계수	표준 오차	t 통계량	P-값	하위 95%	상위 95%	하위 95.0%	상위 95.0%
Y 절편	19.59363958	12.08883633	1.620804438	0.149090713	-8.991915995	48.17919515	-8.991915995	48.17919515
수입	2.491166078	0.702892242	3.544164993	0.009417111	0.829090036	4.153242119	0.829090036	4.153242119
가구원 수	-2.332155477	5.081902514	-0.458913856	0.660205643	-14.3489454	9.684634451	-14.3489454	9.684634451

그림 8.25 '회귀분석'의 결과

결과 해석

<그림 8.25>에서 모수 α, β_1, β_2에 대한 추정치가 각각 $\hat{\alpha}=19.59$, $\hat{\beta_1}=2.49$, $\hat{\beta_2}=-2.33$임을 알 수 있고, 따라서 추정된 회귀식을 다음과 같이 쓸 수 있다.

$$\hat{y}=19.59+2.49x_1-2.33x_2$$

<그림 8.25>의 분산분석표에서 F-값은 17.90이고, 이에 대응되는 p-값(유의한 F)은 0.001로서 유의수준 0.05보다 작으므로 귀무가설 $H_0 : \beta_1=\beta_2=0$을 기각하여 '두 독립변수 수입과 가구원 수중 적어도 하나 이상의 변수는 종속변수 지출액을 설명하는 데 유의하게 기여한다'라고 할 수 있다. 또한 요약표에서 결정계수 $R^2=0.84$임을 알 수 있고, 따라서 두 개의 독립변수로 종속변수의 변이 중 약 84%를 설명할 수 있다는 것을 알 수 있다.

한편 각 회귀계수에 대한 t-통계량 및 p-값을 살펴보면 변수 '수입'에 대한 p값은 0.009로서 유의수준 0.05보다 작으므로, 귀무가설 $H_0 : \beta_1=0$를 기각하여 '독립변수 수입은 종속변수 지출액을 설명하는 데 유의하게 기여한다'라고 할 수 있다. 그러나 변수 '가구원 수'에 대한 p-값은 0.660으로 유의수준 0.05보다 크므로, 귀무가설 $H_0 : \beta_2=0$를 기각할 수 없고, 따라서 '독립변수 가구원 수는 종속변수 지출액을 설명하는데 유의하게 기여하지 않음'을 알 수 있다.

8.4 연습문제

8-1 다음의 자료는 어떤 약품의 투여량(㎎)과 투여된 실험 대상이 어떤 청각신호에 반응하는 데 걸리는 시간(초)을 기록한 자료이다.

투여량	1	3	4	7	9	12	13	14
반응시간	3.5	2.4	2.1	1.3	1.2	2.2	2.6	4.2

(가) 표본상관계수 r을 계산하여라.

(나) 위의 자료에 대한 산점도를 그려보고, r이 두 변수 사이의 관계에 대한 적절한 측도인지를 토의하여라.

8-2 다음 자료는 저 콜레스테롤 식단의 효과를 분석하기 위하여 임의로 추출된 15명의 지원자에게 4주간 이 식단을 제공한 후 그들의 콜레스테롤 감소량(y)과 나이(x)를 기록한 자료이다.

나이	감소량	나이	감소량	나이	감소량
45	30	37	55	22	28
43	52	34	25	58	44
46	45	30	30	60	61
49	38	31	40	52	58
50	62	27	45	26	17

(가) 위 자료를 이용하여 산점도와 표본상관계수 r을 구하여라.

(나) 위 자료에서 27세에서 37세 사이의 5명을 제외한 나머지 10명의 자료를 이용하여 산점도와 표본상관계수 r을 구하여라.

(다) (가)와 (나)에서 각각 구한 표본상관계수를 비교, 설명하여라.

8-3 어떤 복합비료의 양 x가 농작물의 수확량 y와 어떠한 관계가 있는지를 보기 위하여 다음과 같은 자료를 얻었다.

$$n = 15,\ \ \overline{x} = 10.8\ \ \overline{y} = 122.7$$

$$\sum(x_i - \overline{x})^2 = 70.6, \sum(y_i - \overline{y})^2 = 98.5, \sum(x_i - \overline{x})(y_1 - \overline{y}) = 68.3.$$

(가) 최소제곱법에 의한 회귀방정식을 구하여라.

(나) 오차제곱합을 구하고 σ^2을 추정하여라.

(다) x가 한 단위 증가할 때 $E(Y)$의 증가분이 1.5단위 미만이라는 주장을 할 수 있는가를 유의수준 5% 하에서 검정하여라.

(라) $x = 12$에서 수확량의 기댓값에 대한 95% 신뢰구간을 구하여라.

8-4 다음 자료는 10명의 학생의 IQ와 1학년 평균 평점표이다.

IQ	100	120	110	105	85	95	130	100	105	90
평균 평점	3.0	3.8	3.1	2.9	2.6	2.9	3.6	2.8	3.1	2.4

(가) 이 자료를 이용하여 회귀직선을 구하여라.

(나) 회귀직선의 기울기에 대하여 95% 신뢰구간을 구하여라.

(다) IQ가 125인 학생의 평균 평점의 95% 예측구간을 구하여라.

(라) 상관계수 r을 구하고 이를 설명하여라.

(마) 결정계수 R^2을 구하고 이를 설명하여라.

8-5 다음의 자료는 쌍둥이인 남자 어른 9쌍의 키(m)를 조사한 결과이다.

형(x)	1.89	1.77	1.71	1.74	1.92	1.83	1.77	1.77	1.77
아우(y)	1.83	1.77	1.67	1.80	1.86	1.77	1.74	1.80	1.74

(가) 산점도를 작성하여 선형관계가 있음을 확인하여라.

(나) 아우의 키를 종속변수로 하여 회귀직선을 구하여라.

(다) 분산의 추정치 s^2을 구하여라.

(라) 형의 키가 1.68m일 때 동생의 키에 대한 95%의 예측구간을 구하여라.

(마) 형의 키와 아우의 키에 관한 상관계수 r을 구하여라.

8-6 다음 사례는 미국의 대입학력고사(SAT: scholastic aptitude test) 관련 자료에서 나온 것이다. 측정된 변수는 대입 지망자의 어학 능력점수(VER), 수리 능력점수(MATH) 및 평균 학점(GPA)의 3개이다. GPA를 종속변수로 하고 VER 과 MATH를 독립변수로 하여 회귀분석을 실시하여라.

번호	1	2	3	4	5	6	7	8	9	10
	11	12	13	14	15	16	17	18	19	20
VER	623	593	584	669	578	520	578	695	613	726
	490	537	558	578	646	557	597	669	519	653
MATH	509	611	738	701	635	583	614	634	693	800
	701	681	602	665	573	674	602	653	529	668
GPA	2.6	2.8	3.0	2.9	2.9	2.8	3.0	3.0	2.3	3.9
	1.2	2.1	2.3	3.0	2.0	3.2	2.4	2.0	3.0	2.8

8-7 어떤 학생이 최근 26년간의 국민총생산에 대한 자료를 단순선형회귀모형에 적합시켜 회귀직선 $\hat{y}=264.3+18.77x$를 얻었다고 한다. 여기에서 x는 연도를 코드화한 값이다. 다음의 결과로부터 선형회귀모형의 가정 중에서 심각하게 어긋나는 것을 지적하여라.

연도	1	2	3	4	5	6	7	8	9	10
y	309.9	323.7	324.1	355.3	383.4	395.1	412.8	407.0	438.0	446.1
$\hat{y}$	283.1	302.9	320.6	339.4	358.2	376.9	395.7	414.5	433.2	452.0
잔차	26.8	21.8	3.5	15.9	25.2	18.2	17.1	−7.5	4.8	−5.9
연도	11	12	13	14	15	16	17	18	19	20
y	452.5	447.3	475.9	487.7	497.2	529.8	551.0	581.1	617.8	658.1
$\hat{y}$	470.8	489.5	508.3	527.1	545.8	564.6	583.4	602.1	620.9	639.7
잔차	−18.3	−42.2	−32.4	−39.4	−48.6	−34.8	−32.4	−21.0	−3.1	18.4
연도	21	22	23	24	25	26				
y	675.2	706.6	725.6	722.5	745.4	790.7				
$\hat{y}$	658.4	677.2	696.0	714.7	733.5	752.3				
잔차	16.8	29.4	29.6	7.8	11.9	38.4				

8-8 다음은 눈 속에 포함된 수분 함유량(x)과 용수량(y)을 조사한 자료이다.

x	y	x	y	x	y
23.1	10.5	37.9	22.8	39.5	23.1
32.8	16.7	30.5	14.1	24.2	12.4
31.8	18.2	25.1	12.9	52.5	24.9
32.0	17.0	12.4	8.8	21.1	10.5
30.4	16.3	35.1	17.4	27.6	16.1
24.0	10.5	31.5	14.9		

(가) 선형적인 연관관계가 있는지 산점도를 통해서 확인하여라.

(나) 표본상관계수 r을 구하여라.

(다) 모상관계수에 관한 귀무가설 $H_0 : \rho = 0$에 대해 검정하여라.

8-9 어떤 종류의 암컷 개미가 일 년 동안 낳는 알의 수(x)와 더듬이의 초당 진동수(y) 사이의 관계를 연구하기 위해 그 개미집단으로부터 5마리를 무작위 추출하여 다음과 같은 자료를 얻었다.

개미 번호	1	2	3	4	5
x	1	2	3	4	5
y	4	1	0	1	4

이 자료를 2차원 좌표 (x, y)상에 표현해 보면 $y=(x-3)^2$의 관계가 있으며, 두 변수 간의 공분산을 계산하면 $s_{xy}=0$임을 알 수 있다.

(가) 이 사실로부터 피어슨의 상관계수 r의 값을 유추하고, 이 값이 가지는 의미를 해석하여라.

(나) 귀무가설 $H_0 : \rho = 0$에 대한 검정 결과를 쓰고 서술된 주장을 정당화하여라.

8-10 음주 운전자의 혈액 중 알코올 농도를 측정하기 위해 교통경찰관이 사용하는 디지털 측정기의 신뢰성을 알아보려고 한다. 15명의 음주 운전자에 대해 혈액채취(y)와 디지털 측정기(x)에 의해 각각 알코올 농도를 측정하여 다음과 같은 자료를 얻었다. x에 의한 y의 회귀직선식을 구하고 잔차분석을 실시하여라.

x	y	x	y	x	y
0.150	1.154	0.090	0.082	0.110	0.078
0.100	0.085	0.090	0.072	0.120	0.097
0.900	0.079	0.090	0.080	0.100	0.088
0.140	0.144	0.095	0.090	0.060	0.053
0.080	0.078	0.040	0.050	0.080	0.072

8-11 환경변화가 혈압에 미치는 장기적인 변화를 연구하기 위하여 안데스산맥의 고지대에서 도시로 이주해 온 인디오들로부터 여러 특성을 측정하였다. 다음의 자료는 그 중 최고혈압(y)과 신체적 특성들인 나이(x_1), 이주 후 경과 기간(x_2, 단위: 년), 몸무게(x_3, 단위: kg), 복부 피부 두께(x_4, 단위: mm) 등에 관한 결과이다. 다중회귀분석을 수행하여라.

X1	X2	X3	X4	Y	X1	X2	X3	X4	Y
21	1	71	12.7	170	38	18	59.5	7.7	114
22	6	56.5	8	120	38	11	61.0	4.0	136
24	5	56.0	4.3	125	38	11	57.0	3.0	126
24	1	61.0	4.3	148	39	21	57.5	5.0	124
25	1	65.0	20.7	140	39	24	74.0	15.7	128
27	19	62.0	5.7	106	39	14	72.0	13.3	134
28	5	53.0	8.0	120	41	25	62.5	8.0	112
28	25	53.0	0.0	108	41	32	68.0	11.3	128
31	6	65.0	10.0	124	41	5	63.4	13.7	134
32	13	57.0	6.0	134	42	12	68.0	10.7	128
33	13	66.5	8.3	116	43	25	69.0	6.0	140
33	10	59.1	10.3	114	43	26	73.0	5.7	138
34	15	64.0	7.0	130	43	10	64.0	7.0	118
35	18	69.5	7.0	118	44	19	65.0	7.7	110
35	2	64.0	6.7	138	44	18	71.0	4.3	142
36	12	56.5	11.7	134	45	10	60.2	3.3	134
36	15	57.0	6.0	120	47	1	55.0	4.0	116
37	16	55.0	7.0	120	50	43	70.0	11.7	132
37	17	57.0	11.7	114	54	40	87.0	11.3	152
38	10	58.0	13.0	124					

제 9 장

범주형 자료분석

성, 지역, 직업, 종교 등과 같이 어떤 변수가 이산적인 범주(範疇, category)를 값으로 갖는 변수를 **범주형 변수**(categorical variable)라고 하는데, 이러한 범주형 변수에 대해서는 연속형 변수와는 다르게 처리해 주어야 한다. 즉 연속형 변수에 대해서는 일반적으로 평균이나 분산에 기초하여 분석이 수행되지만, 범주형 변수에 대해서는 주로 빈도에 기초하여 분석이 수행된다.

이 장에서는 범주형 자료분석에 널리 이용되는 다항분포와 카이제곱 검정을 소개하고, 또한 범주형 자료가 각 변수의 값에 따라 통계표의 형태로 정리되어 있는 분할표(혹은 교차표)에 대한 기초적인 분석을 소개하도록 하겠다.

9.1 다항분포

한 번의 시행에서 나타날 수 있는 결과가 둘 중의 하나인 시행을 베르누이 시행이라고 한다는 것을 4장에서 설명한 바 있다. 이에 반하여 한 번의 시행에서 나타날 수 있는 결과가 여러 가지 중의 하나인 시행을 **다항시행**(多項試行, multinomial trial)이라고 한다.

한 번의 다항시행에서 k개의 서로 배반인 사건(또는 범주) 중 i번째 사건이 일어날 확률을 p_i라고 할 때, n번의 서로 독립인 다항시행을 통하여 i번째 사건이 일어날 횟수를 N_i라고 하면, 확률변수 $(N_1, N_2, \cdots, N_k)$는 다음과 같은 **다항분포**(多項分布, multinomial distribution) Multi$(n, p_1, p_2, \cdots, p_k)$를 따르게 된다.

$$P(N_1 = n_1,\ N_2 = n_2, \cdots, N_k = n_k) = \frac{n!}{n_1! n_2! \cdots n_k!} p_1^{n_1} p_2^{n_2} \cdots p_k^{n_k} \tag{9.1}$$

단, 여기서 $n_1 + n_2 + \cdots + n_k = n$이고 $p_1 + p_2 + \cdots + p_k = 1$이다.

9.2 카이제곱 적합도 검정

크기 n개의 표본을 상호배반인 k개의 범주로 분류했을 때 범주별 관측 도수(observed frequency) $n_1, n_2, \cdots, n_k$를 얻었다고 하자. 여기서 p_i를 각 개체가 범주 i에 소속할 확률이라고 할 때, 다음과 같은 귀무가설을 고려해 보자.

$$H_0 : p_1 = p_{10},\ p_2 = p_{20},\ \cdots,\ p_k = p_{k0} \tag{9.2}$$

이때 관측 도수 $(n_1, n_2, \cdots, n_k)$가 앞에서 설명한 다항분포를 따른다는 사실에 기초하면, 검정통계량

$$\chi^2 = \sum_{i=1}^{k} \frac{(n_i - np_{i0})^2}{np_{i0}} = \sum_{i=1}^{k} \frac{(n_i - E_i)^2}{E_i} \tag{9.3}$$

은 귀무가설 하에서 자유도 $k-1$인 카이제곱분포(Chi-square distribution)를 따른다(증명 과정에 대한 설명은 이 책의 수준을 넘으므로 생략한다). 여기서 $E_i = np_{i0}$는 귀무가설 하에서 i번째 범주에 대한 기대도수(expected frequency)가 된다.

이와 같은 사실은 여러 가지 형태의 **적합도 검정**(適合度檢定, goodness of fit test)에 이용될 수 있는데, 이 절에서는 두 개의 예를 통해 적합도 검정을 해보자.

다항모집단에 대한 적합도 검정($H_0 : p_1 = p_{10},\ p_2 = p_{20},\ \cdots,\ p_k = p_{k0}$)

- **검정통계량**

$$\chi^2 = \sum_{i=1}^{k} \frac{(n_i - np_{i0})^2}{np_{i0}} = \sum_{i=1}^{k} \frac{(n_i - E_i)^2}{E_i} \text{(단, } E_i = np_{i0}\text{)}$$

- **기각역**

$$\chi^2 > \chi^2_{\alpha}(k-1)$$

• EXCEL을 이용한 카이제곱 적합도 검정

예 9.1 세 가지 서로 다른 포장 방법에 대한 소비자의 선호도가 같은지 다른지를 알아보기 위해 90명의 소비자를 무작위 추출하여 선호하는 포장 형태를 조사한 결과가 다음과 같다. 세 가지 포장 방법에 대한 소비자의 선호도 비율이 동일한지(즉, $H_0 : p_1 = p_2 = p_3 = 1/3$))을 유의수준 5% 하에서 검정하여라.

표 9.1 '선호도' 자료

포장 형태	A	B	C	합계
n	23	36	31	90
%	25.6%	40.0%	34.4%	100%

분석 절차

① 워크시트의 C2~C4 셀에 관측 도수를 입력하고, C7~C9 셀에 각각 '=90*(1/3)'을 입력하여 기대도수를 계산한다(그림 9.1).

② 워크시트의 C12~C14 셀에 각각 다음과 같이 수식을 입력하여 셀 카이제곱값을 계산한다(그림 9.2).

C12 ← =(C2−C7) ^2/C7

C13 ← =(C3−C8) ^2/C8

C14 ← =(C4−C9) ^2/C9

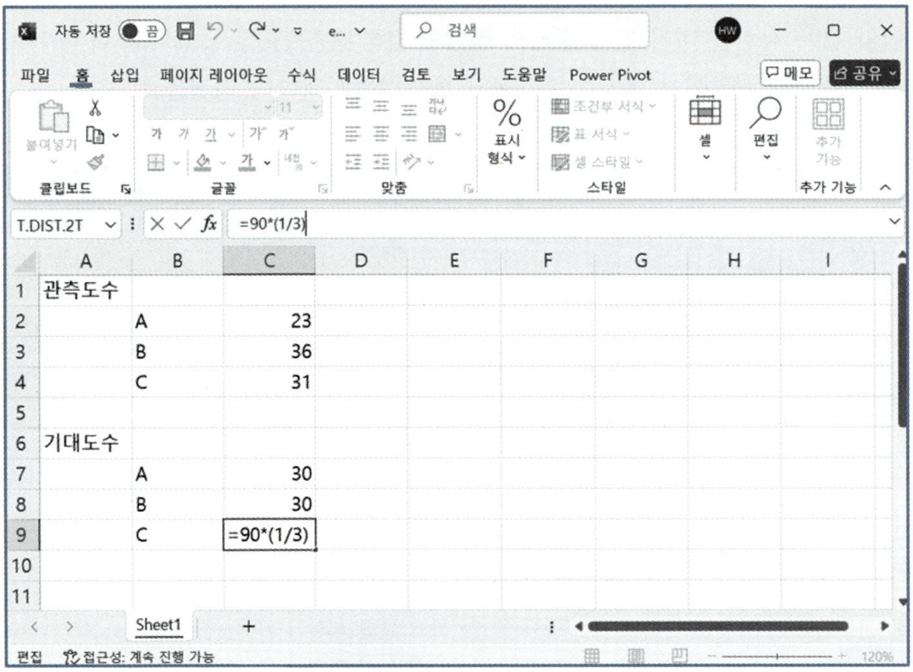

그림 9.1 기대도수의 계산

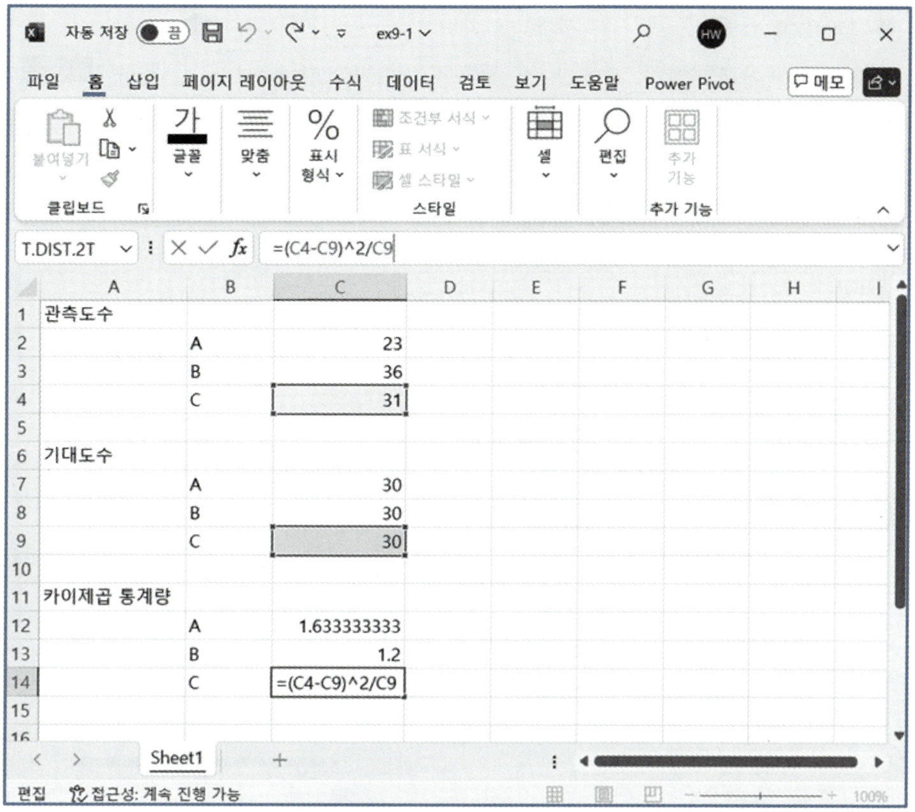

그림 9.2 셀 카이제곱값의 계산

③ 워크시트의 C15~C17 셀에 각각 다음과 같이 수식을 입력하여 카이제곱값, 기각치, $p-$값을 계산한다(그림 9.3).

C15 ← =SUM(C12:C14)

C16 ← =CHIISQ.NV(0.95,2)

C17 ← =CHISQ.DIST.RT(C15,2)

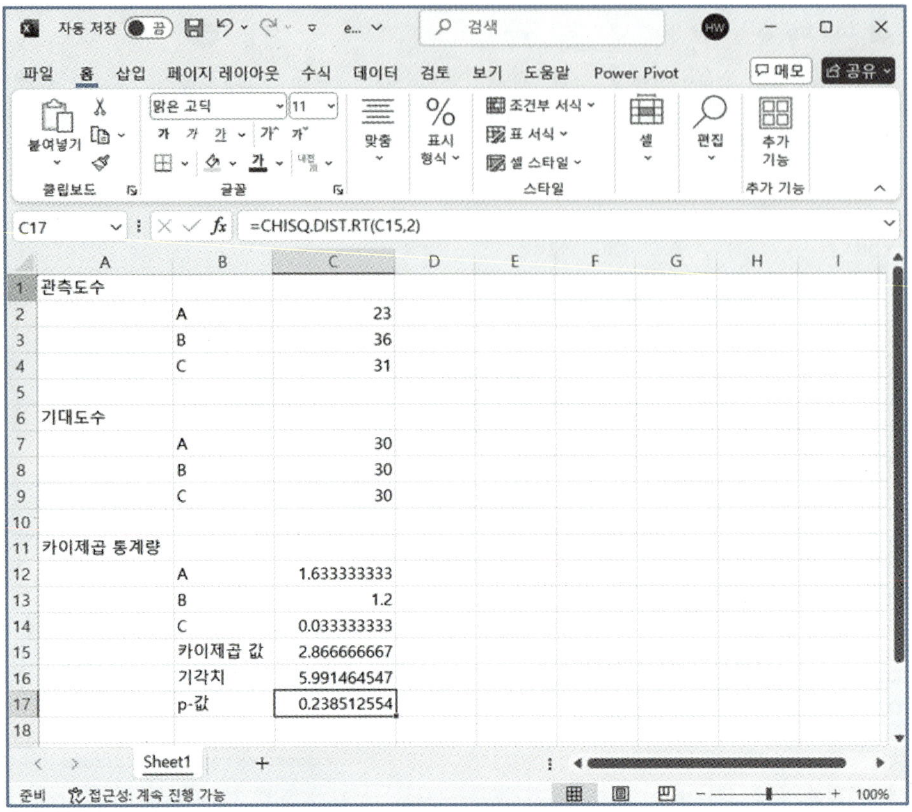

그림 9.3 카이제곱값, 기각치, p−값의 계산

결과 해석

앞의 <그림 9.3>에서 계산된 카이제곱값은 2.87로서 이는 기각치 $\chi^2_{0.05}(2)$=5.99보다 작으므로(즉, 계산된 p−값이 0.239로서 유의수준 0.05보다 크므로), 귀무가설 $H_0 : p_1 = p_2 = p_3 = 1/3$을 기각할 수 없다. 따라서 포장 형태에 다른 선호도에 차이가 있다고 말할 수 없다.

예 9.2 완두콩의 교배 실험을 통해서 총 556개의 완두콩 중 둥근 노란 완두콩(A) 315개, 둥근 녹색 완두콩(B) 108개, 모난 노란 완두콩(C) 101개, 모난 녹색 완두콩(D) 32개를 얻었다. 멘델의 법칙에 의하면 네 종류의 완두콩이 나타날 비가 9:3:3:1이고, 교배 실험을 통해서 얻은 완두콩들의 비율이 멘델의 법칙에 따르는지를 알아보고자 한다(이 경우 귀무가설은 $H_0 : p_1 = 9/16,\ \ p_2 = 3/16,\ p_3 = 3/16, p_4 = 1/16$이 된다).

분석 절차

① 워크시트의 C2, C3, C4, C5 셀에 관측 도수를 입력하고, C8, C9, C10, C11 셀에 각각 '=556*(9/16)', '=556*(3/16)', '=556*(3/16)', '=556*(1/16)'을 입력하여 기대도수를 계산한다(그림9.4).

② 앞의 예에서와 유사하게 워크시트의 C14~C17 셀에 각각 다음과 같이 수식을 입력하여 셀 카이제곱값을 계산한다.

C13 ← =(C2−C8) ^2/C8

C14 ← =(C3−C9) ^2/C9

C15 ← =(C4−C10) ^2/C10

C16 ← =(C5−C11) ^2/C11

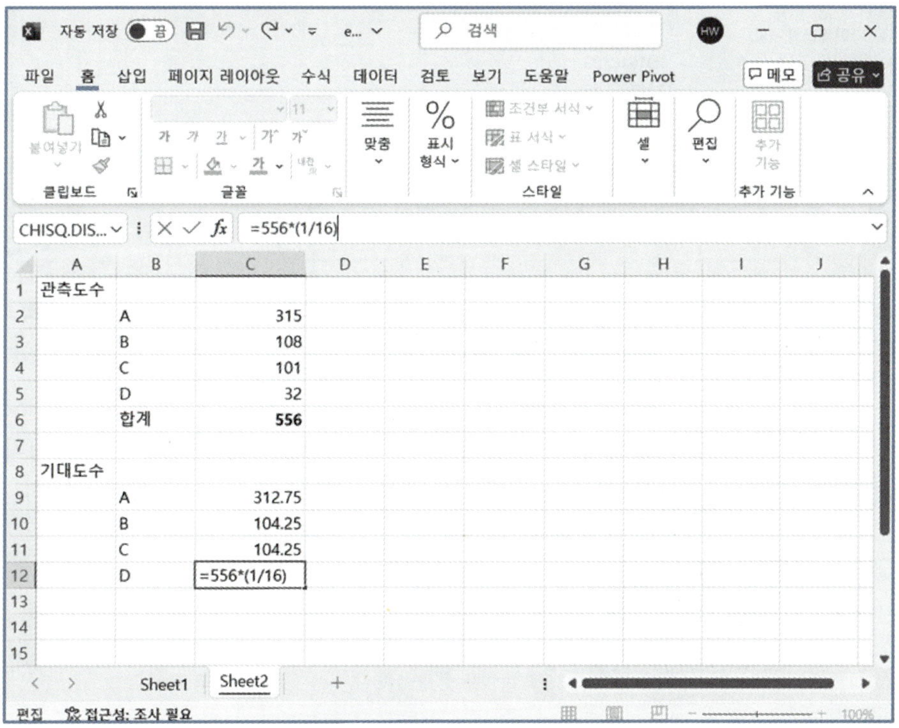

그림 9.4 기대도수의 계산

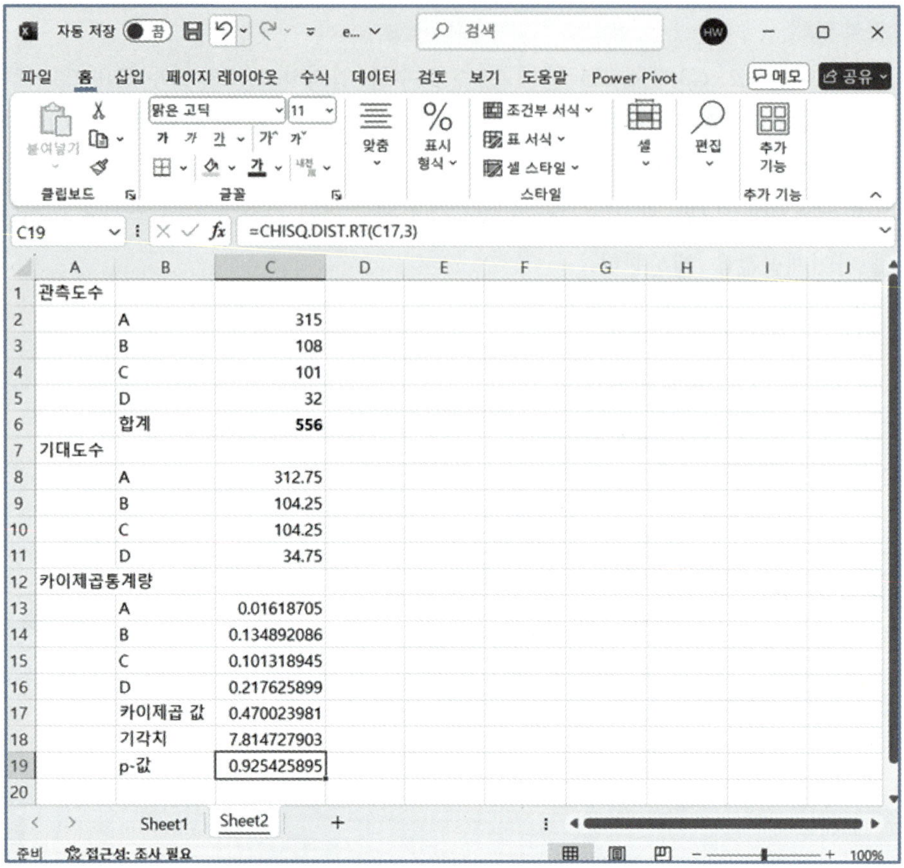

	A	B	C
1	관측도수		
2		A	315
3		B	108
4		C	101
5		D	32
6		합계	**556**
7	기대도수		
8		A	312.75
9		B	104.25
10		C	104.25
11		D	34.75
12	카이제곱통계량		
13		A	0.01618705
14		B	0.134892086
15		C	0.101318945
16		D	0.217625899
17		카이제곱 값	0.470023981
18		기각치	7.814727903
19		p-값	0.925425895
20			

그림 9.5 카이제곱값, 기각치, p-값의 계산

③ 워크시트의 C17~C19 셀에 각각 다음과 같이 수식을 입력하여 카이제곱값, 기각치, p-값을 계산한다(그림9.5).

C17 ← =SUM(C13:C16)

C18 ← =CHISQ.INV(0.95,3)

C19 ← =CHISQ.DIST.RT(C17,3)

결과 해석

<그림 9.5>에서 계산된 카이제곱값은 0.47로서 이는 기각치 $\chi^2_{0.05}(3)$=7.81보다 작으므로 (즉, 계산된 p-값이 0.925로서 유의수준 0.05보다 크므로), 귀무가설을 채택하여 관측된 완두콩들의 비율은 멘델의 법칙을 따른다고 할 수 있다.

9.3 분할표 자료에 대한 독립성 검정

어떠한 자료가 두 개의 기준에 의해 분류되는 경우 이들 두 가지 분류 기준이 서로 관련이 있는지, 아니면 독립인지를 알고자 하는 경우가 많다. 즉 범주형 자료에서 두 개의 범주형 변수 간에 연관성(association)이 존재하는지, 아니면 서로 독립인지를 알고자 하는 경우 **독립성 검정**(獨立性檢定, test of independence)이 적용된다. 예를 들어 '연령대'(20대, 30대, 40대)에 따라 '선호하는 음료수'가 다른지를 알고자 할 경우, 무작위로 뽑힌 n명의 대상에 대해서 연령대를 알아보고 동시에 이들이 어느 음료수를 선호하는지를 알아본다. 그렇게 되면 n명의 대상은 다음의 <표 9.2>와 같이 3×4=12의 범주로 나누어지며 각각의 범주에 해당하는 표본의 도수를 알게 된다.

표 9.2 청량음료 자료

연령	청량음료				
	coke	pepsi	fanta	others	행 합계
20대	10	14	4	12	40
30대	13	9	10	8	40
40대	12	8	10	10	40

두 범주형 변수에 대해서 관측 도수를 요약한 이와 같이 형태의 표를 **교차표**(交叉表, cross table) 또는 **분할표**(分割表, contingency table)라고 하는데, 두 개의 범주형 변수 A와 B에 대한 분할표에서 변수 A가 r개의 범주 그리고 변수 B가 c개의 범주를 가지고 있다면 $r \times c$ 분할표는 다음 <표 9.3>과 같은 형태로 표현할 수 있다.

표 9.3 $r \times c$ 분할표

변수 A	변수 B					행 합계
	1	⋯	j	⋯	c	
1	n_{11}	⋯	n_{1j}	⋯	n_{1c}	$n_{1.}$
⋮	⋮	⋯	⋮	⋯	⋮	⋮
i	n_{i1}	⋯	n_{ij}	⋯	n_{ic}	$n_{i.}$
⋮	⋮	⋯	⋮	⋯	⋮	⋮
r	n_{r1}	⋯	n_{rj}	⋯	n_{rc}	$n_{r.}$
열 합계	$n_{.1}$	⋯	$n_{.j}$	⋯	$n_{.c}$	n

이러한 분할표에 대해 독립성 검정은 두 변수 A와 B가 확률적으로 독립이어서 아무런 연관관계가 없는지를 검정하는 것이다. 즉 p_{ij}를 어떤 개체가 A의 i번째 범주와 B의 j번째 범주에 속할 확률, $p_{i.}$을 A의 i번째 범주에 속할 확률, $p_{.j}$를 B의 j번째 범주에 속할 확률이라고 할 때 독립성 검정에 대한 귀무가설은 다음과 같다.

$$H_0 : p_{ij} = p_{i.}p_{.j} \ , \quad i = 1, \cdots, r \ ; \ j = 1, \cdots, c. \tag{9.4}$$

앞 절에서 설명한 적합도 검정에서와 마찬가지로 이와 같은 독립성 검정의 문제는 관측 도수와 귀무가설 하에서의 기대 도수의 차이에 기초한 카이제곱 통계량을 사용할 수 있다. 이때 귀무가설 하에서의 기대도수 E_{ij}는 다음과 같고

$$E_{ij} = np_{ij} = n\frac{n_{i.}}{n}\frac{n_{.j}}{n} = \frac{n_{i.}n_{.j}}{n} \tag{9.5}$$

카이제곱 검정통계량은

$$\chi^2 = \sum_{i=1}^{r}\sum_{j=1}^{c}\frac{(n_{ij} - E_{ij})^2}{E_{ij}} \tag{9.6}$$

인데, 이는 귀무가설 하에서 자유도 $(r-1)(c-1)$인 카이제곱분포를 따른다.

분할표 자료에 대한 독립성 검정($H_0 : p_{ij} = p_{i.}p_{.j}, \quad i = 1, \cdots, r \ ; \ j = 1, \cdots, c$)

- **검정통계량**

$$\chi^2 = \sum_{i=1}^{r}\sum_{j=1}^{c}\frac{(n_i - E_{ij})^2}{E_{ij}} (\text{단, } E_{ij} = \frac{n_{i.}n_{.j}}{n})$$

- **기각역**

$$\chi^2 > \chi^2_\alpha((r-1)(c-1))$$

- EXCEL을 이용한 카이제곱 독립성 검정

예 9.3 <표 9.2>의 '청량음료' 자료에 대해 연령대에 따라서 선호하는 음료수의 분포가 다른지를 유의수준 5% 하에서 검정하여라.

분석 절차 및 결과 해석

① 워크시트에 관측 도수를 분할표의 형태로 입력하고, SUM 함수를 이용하여 주변 합계를 계산한다(그림 9.6). 또한 기대도수를 계산하기 위하여 <그림 9.6>과 같이 함수를 입력한다. 계산된 기대도수는 <그림 9.7> 나타나 있다.

② 카이제곱 통계량에 대한 p−값을 계산하기 위하여 B15 셀에

```
=CHISQ.TEST(B3:E5,B11:E13)
```

을 입력한다. 계산된 p−값은 <그림 9.8>에 나타나 있다.

③ <그림 9.7>을 살펴보면 관측 도수와 기대도수가 전반적으로 크게 다르지 않고, 계산된 p−값이 0.401로서 유의수준 0.05보다 크다. 따라서 귀무가설을 채택하여, '연령대에 따라서 선호하는 음료수의 분포가 다르지 않다'라고 할 수 있다.

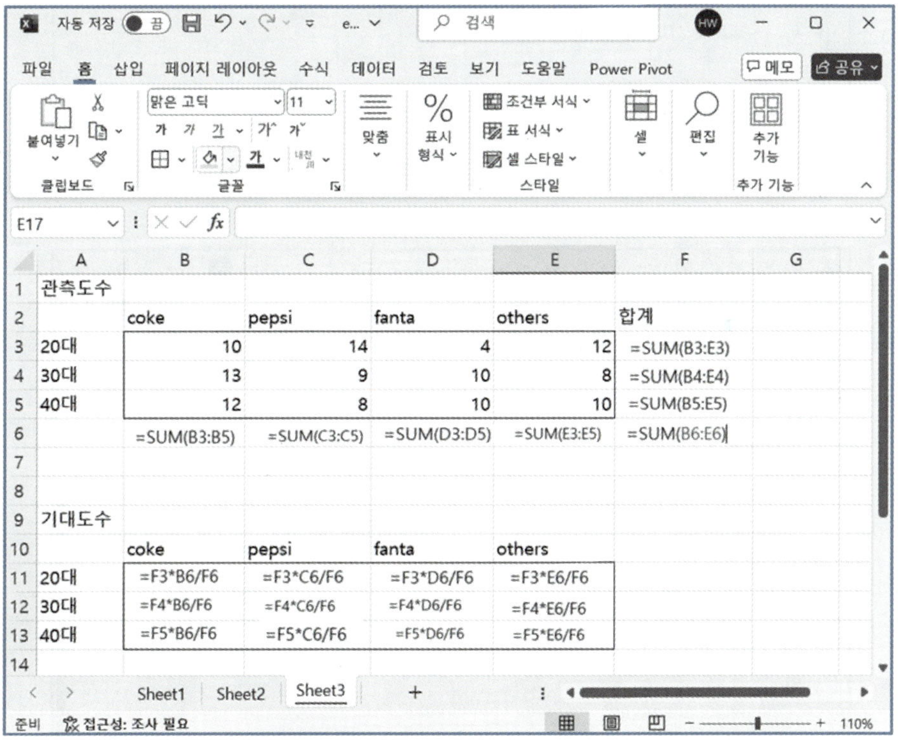

그림 9.6 주변 합계와 기대도수의 계산

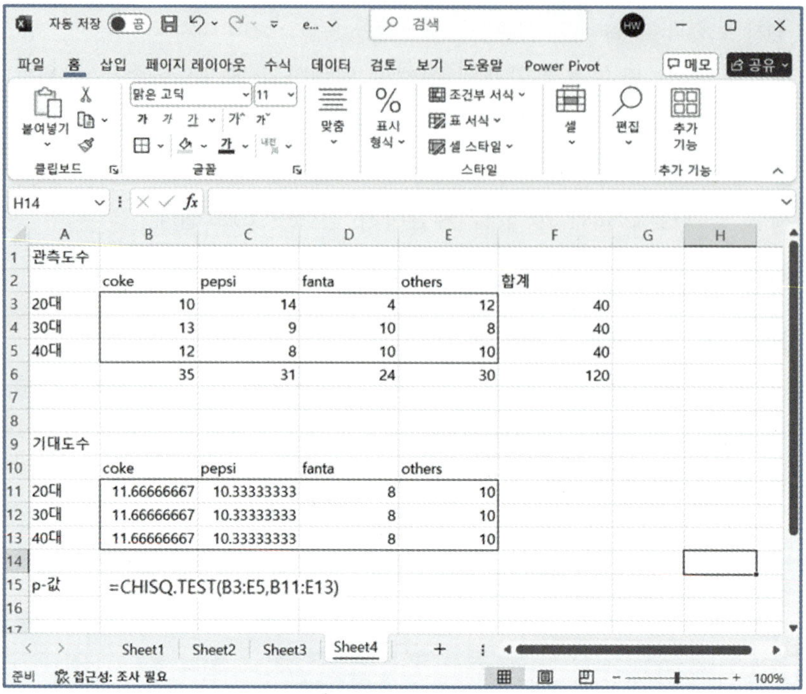

그림 9.7 p–값의 계산

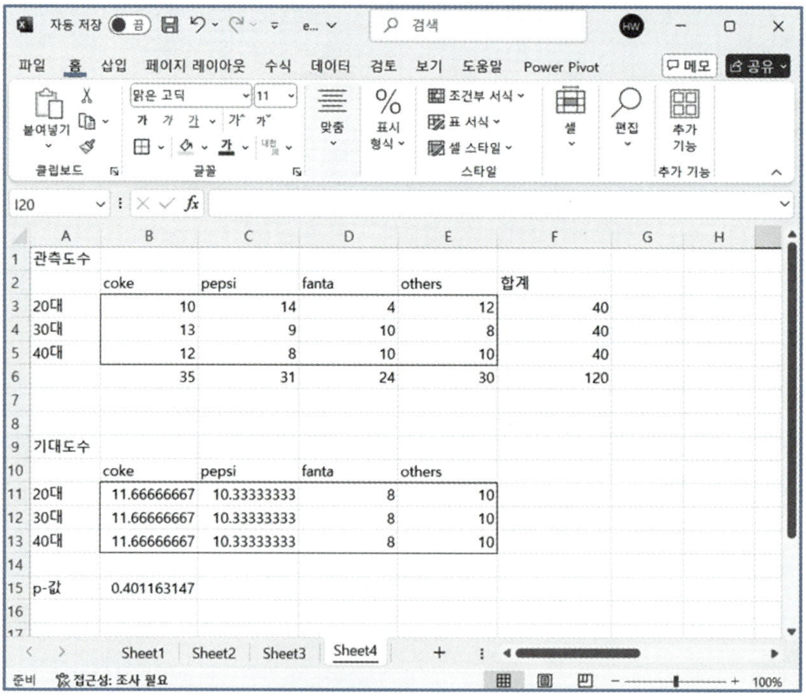

그림 9.8 계산된 p–값

9.4 연습문제

9-1 가정용 세탁기의 색상에 대한 주부들의 선호도를 조사하기 위하여 어느 세탁기 회사에서 최근 260명의 구매자가 구매한 세탁기의 색상을 정리해 보니 다음과 같았다.

세탁기 색상	흰색	상아색	올리브색	회색	합계
관측 도수	69	75	67	49	260

세탁기 색상에 대한 주부들의 선호도에 차이가 있는지를 유의수준 5% 하에서 검정하여라.

9-2 대기오염이 채소 종류에 따라 영향을 미치는 정도가 차이가 나는지 검정하고자 양상추 40, 시금치 40, 토마토 40개를 조사한 결과 다음과 같은 자료를 얻었다. 귀무가설과 대립가설을 서술하고 유의수준 5% 하에서 검정하여라.

	심각	보통	합계
양상추	32	8	40
시금치	28	12	40
토마토	19	21	40

9-3 어느 공항의 주차장에는 5개의 출입구가 있다. 일정 시간 동안에 각 입구를 통해 주차장에 들어온 자동차의 수는 다음과 같다.

주차장 입구	입구 A	입구 B	입구 C	입구 D	입구 E
자동차 수	238	216	302	294	199

주차장에 들어온 자동차의 수는 주차장 출입구의 위치와는 관계없이 동일한지를 유의수준 5% 하에서 검정하여라.

9-4 학업성적과 학생의 성별이 어떤 관계가 있는지 알아보기 위하여 대학생 200명을 무작위 추출하여 조사한 결과 다음과 같은 자료를 얻었다. 학업성적과 학생의 성별이 어떤 관계가 있는지 유의수준 5% 하에서 검정하여라.

	A	B	C	D	합계
여학생	19	44	13	3	79
남학생	19	58	31	13	121
합계	38	102	44	16	200

9-5 다음은 지역에 따른 소득수준에 어떠한 차이가 존재하는지를 알아보기 위하여 도시와 농촌에서 800명의 표본을 무작위 추출하여 조사한 자료이다. 적당한 가설을 설정하고 유의수준 5% 하에서 검정하여라.

	소득수준				
	상	중상	중하	하	합계
도시	76	53	59	48	236
농촌	124	147	141	152	564
합계	200	200	200	200	800

부록 1

Excel 통계함수 목록

A

- **AVEDEV**(x_1, x_2, ...)

  주어진 자료에 대해 절대편차의 평균을 계산한다. 즉, $\sum|x_i - \overline{x}|/n$을 계산한다.

- **AVERAGE**(x_1, x_2, ...)

  주어진 자료에 대해 산술평균을 계산한다. 즉, $\sum x_i/n$ 을 계산한다.

- **AVERAGEA**(value1, value2, ...)

  주어진 자료가 텍스트나 논리값을 포함하고 있을 때 산술평균을 계산한다.

B

- **BETA.DIST**(x, alpha, beta, A, B)

  누적 베타분포에 대한 확률값을 계산한다. 즉, $P(X \le x)$를 계산한다.

- **BETA.INV**(p, alpha, beta, A, B)

  누적 베타분포에 대해 확률값의 역함수 값을 계산한다. 즉, $P(X \le x) = p$를 만족하는 x를 계산한다.

- **BINOM.DIST**(x, n, p, cumulative)

  이항분포에 대한 확률값을 계산한다. 여기서 cumulative는 논리값으로 TRUE이면 누적 확률값(즉, $\sum_{k=0}^{x} B(k;n,p)$)을 계산하고, FALSE이면 확률밀도함수의 값(즉, $B(x;n,p) = {}_nC_x p^x (1-p)^{(n-x)}$)을 계산한다(부록의 부표 1 참조).

C

- **CHISQ.DIST**(x, degrees_freedom)

  카이제곱분포에 대한 단측검정 확률값을 계산한다. 즉, $p(\chi^2 > x)$를 계산한다(4.5절 및 부록의 부표 5 참조).

- **CHISQ.INV**(p, degrees_freedom)

  카이제곱분포에 대해 단측검정 확률의 역함수 값을 계산한다. 즉, $p(\chi^2 > x) = p$를 만족하는 x를 계산한다(부록의 부표 5 참조).

- **CHISQ.TEST**(actual_range, expected_range)

  주어진 관측 도수 영역과 기대도수 영역에 대해 카이제곱 검정에 대한 p–값을 계산한다 (9장 참조).

- **CONFIDENCE**(α, σ, n)
  모평균에 대한 구간추정에서 오차한계(즉, $z_{\alpha/2}\quad \sigma/\sqrt{n}$)를 계산한다(5.2절 참조).
- **CORREL**(array1, array2)
  주어진 두 영역 사이의 모상관계수를 계산한다(8.1절 참조).
- **COUNT**(value1, value2,...)
  주어진 자료값들 중에서 숫자 자료값의 개수를 계산한다.
- **COUNTA**(value1, value2,...)
  주어진 자료값들 중에서 공백이 아닌 자료값의 개수를 계산한다.
- **COUNTBLANK**(range)
  주어진 영역 중에서 공백인 자료값의 개수를 계산한다.
- **COUNTIF**(range, criteria)
  주어진 영역 중에서 조건(criteria)에 부합하는 자료값의 개수를 계산한다.
- **COVARIANCE.P**(array1, array2)
  주어진 두 영역 사이의 모공분산을 계산한다(8.1절 참조).

D

- **DEVSQ**(x_1, x_2, ...)
  편차제곱합을 계산한다. 즉, $\sum_{i=1}^{n}(x_1-\bar{x})^2$을 계산한다.

E

- **EXPON.DIST**(x, λ, cumulative)
  지수분포에 대한 확률값을 계산한다. 여기서 cumulative는 논리값으로 TRUE이면 누적 확률값(즉, $F(x,\lambda)=P(X\le x)=1-e^{-\lambda x}$)계산하고, FALSE이면 확률밀도함수의 값(즉, $f(x,\lambda)=\lambda e^{-\lambda x}$)을 계산한다.

F

- **F.DIST**(x, degrees_freedom1, degrees_freedom2)
  F-분포에 대한 단측검정 확률값을 계산한다. 즉, $P(F>x)$늘 계산한다.
- **F.INV**(p, degrees_freedom1, degrees_freedom2)
  F-분포에 대해 단측검정 확률의 역함수 값을 계산한다. 즉, $P(F>x)=P$를 만족하는 x를 계산한다(4.5절 및 부록의 부표 6 참조).

- **FISHER**(x)

  Fisher-변환 값을 계산한다. 즉, $z=(1/2)\ln((1+x)/(1-x))$를 계산한다.

- **FISHERINV**(y)

  Fisher-변환의 역변환 값을 계산한다. 즉, $(e^{2y}-1)/(e^{2y}+1)$를 계산한다.

- **FORECAST**(x, known_y's, known_x's)

  단순 회귀분석에 의한 예측값을 계산한다. 즉, $\hat{y}=\hat{\alpha}+\hat{\beta}x$를 계산한다(8.2절 참조).

- **FREQUENCY**(data_array, bins_array)

  자료영역(data array)에 대해 주어진 구간(bins array)에 따른 빈도수를 계산한다.

- **F.TEST**(array1, array2)

  주어진 두 영역에 대해 분산의 동일성에 대한 F-검정의 단측 p-값을 계산한다(6.4절 참조).

G

- **GAMMA.DIST**(x, alpha, beta, cumulative)

  감마분포에 대한 확률값을 계산한다. 여기서 cumulative는 논리값으로 TRUE이면 누적 확률값(즉, $F(x)=P(X\le x)$)을 계산하고, FALSE이면 확률밀도함수의 값(즉, $f(x)$)을 계산한다.

- **GAMMA.INV**(p, alpha, beta)

  누적 감마분포에 대해 확률값의 역함수 값을 계산한다. 즉, $P(X\le x)=p$를 만족하는 x를 계산한다.

- **GAMMALN**(x)

  감마함수 $\Gamma(x)$에 대한 자연로그 값을 계산한다. 즉, $\ln(\Gamma(x))=\ln(\int_0^\infty e^{-u}u^{x-1}du)$를 계산한다.

- **GEOMEAN**(x_1, x_2, ...)

  주어진 자료에 대해 기하평균을 계산한다. 즉, $G=\sqrt[n]{x_1x_2\cdots x_n}$을 계산한다.

- **GROWTH**(known_y's, known_x's, x, const)

  지수형 비선형모형 $y=b\times m^x$에 의한 예측값을 계산한다. 여기서 const는 논리값으로 TRUE이면 b를 주어진 자료로부터 추정하고, FALSE이면 b=1이 된다.

H

- **HARMEAN**(x_1, x_2, ...)

  조화평균을 계산한다. 즉, $H = n / \sum(1/x_i)$를 계산한다.

- **HYPGEOM.DIST**(x, n, A, N)

  초기하분포의 확률값을 계산한다(4장 참조).

I

- **INTERCEPT**(known_y's, known_x's)

  선형 회귀분석에서 절편항을 계산한다(8.2절 참조).

K

- **KURT**(x_1, x_2, ...)

  첨도를 계산한다(3.3절 참조).

L

- **LARGE**(array, k)

  주어진 자료에서 k번째 큰 값을 계산한다(3.3절 참조).

- **LINEST**(known_y's, known_x's, const, stats)

  회귀분석에서 절편항($\hat{\alpha}$)과 기울기($\hat{\beta}$)를 계산한다(8장 참조). 여기서 const는 논리값으로 TRUE이면 절편항을 주어진 자료로부터 추정하고, FALSE이면 $\hat{\alpha}$이 된다. 또한 stats는 논리값으로 TRUE이면 추가적인 통계량들을 계산한다.

- **LOGEST**(known_y's, known_x's, const, stats)

  지수형 비선형모형 $y = b \times m^x$에 대해 b와 m을 계산한다. 여기서 const는 논리값으로 TRUE이면 b를 주어진 자료로부터 추정하고, FALSE이면 b=1이 된다. 또한 stats는 논리값으로 TRUE이면 추가적인 통계량들을 계산한다.

- **LOGNORM.INV**(p, μ, σ)

  누적 로그 정규분포에 대해 확률값의 역함수 값을 계산한다. 즉, $P(X \leq x) = p$를 만족하는 x를 계산한다.

- **LOGNORM.DIST**(p, μ, σ)

  누적 로그 정규분포의 확률값을 계산한다.

M

- **MAX**$(x_1, x_2, \ldots,)$

  주어진 자료에서 최대값을 계산한다(3.3절 참조).

- **MAXA**$(x_1, x_2, \ldots,)$

  주어진 자료가 텍스트나 논리값을 포함하고 있을 때 최대값을 계산한다.

- **MEDIAN**$(x_1, x_2, \ldots,)$

  주어진 자료에서 중간값을 계산한다(3.3절 참조).

- **MIN**$(x_1, x_2, \ldots,)$

  주어진 자료에서 최소값을 계산한다(3.3절 참조).

- **MINA**$(x_1, x_2, \ldots,)$

  주어진 자료가 텍스트나 논리값을 포함하고 있을 때 최소값을 계산한다.

- **MODE**$(x_1, x_2, \ldots,)$

  주어진 자료에서 최빈값을 계산한다(3.3절 참조).

N

- **NEGBINOM.DIST**(f, s, p)

  음이항분포의 확률값을 계산한다.

- **NORM.DIST**(x, μ, σ, cumulative)

  정규분포의 확률값을 계산한다. 여기서 cumulative는 논리값으로 TRUE이면 누적 확률값(즉, $F(x)=P(X \le x)$)을 계산하고, FALSE이면 확률밀도함수의 값(즉, $f(x)$)을 계산한다(4.4절 참조).

- **NORM.INV**(p, μ, σ)

  누적 정규분포에 대해 확률값의 역함수 값을 계산한다. 즉, $P(X \le x)=p$를 만족하는 x를 계산한다.

- **NORM.S.DIST**(z)

  누적 표준정규분포의 확률값을 계산한다(4.4절 및 부록의 부표 3 참조).

- **NORM.S.INV**(p)

  누적 표준정규분포에 대해 확률값의 역함수 값을 계산한다. 즉, $P(Z \le x)=p$를 만족하는 z를 계산한다.

P

- **PEARSON**(array1, array2)
  주어진 자료에 대해 피어슨 상관계수 값을 계산한다(8.1절 참조).
- **PERCENTILE**(array, k)
  주어진 자료에 대해 k번째 백분위수를 계산한다(3.3절 참조).
- **PERCENTRANK**(array, x, significance)
  주어진 자료에 대해 백분율 순위를 계산한다. 여기서 significance는 유효 자릿수를 나타낸다.
- **PERMUT**(n, k)
  순열의 수를 계산한다. 즉, $P_{k,n} = n!/(n-k)!$을 계산한다.
- **POISSON.DIST**(x, μ, cumulative)
  포아송분포의 확률값을 계산한다. 여기서 cumulative는 논리값으로 TRUE이면 누적 확률값(즉, $\sum_{k=0}^{x} P(k;\mu)$)을 계산하고, FALSE이면 확률밀도함수의 값(즉, $P(x;\mu)$)을 계산한다(4.3절 및 부록의 부표 2 참조).
- **PROB**(x_range, p_range, lower_limit, upper_limit)
  주어진 자료에 대해 두 한계값 사이에 값이 들어갈 확률을 계산한다.

Q

- **QUARTILE**(array, q)
  주어진 자료에 대해 q번째 사분위 수를 계산한다(3.3절 참조).

R

- **RANK**(number, ref, order)
  주어진 자료에 대해 number의 순위를 계산한다. 여기서 order가 0이거나 생략되면 내림차순 순위가 계산되고 0이 아니면 오름차순 순위가 계산된다.
- **RSQ**(known_y's, known_x's)
  결정계수 R^2을 계산한다(8.3절 참조).

S

- **SKEW**($x_1, x_2, ...,$)

  왜도를 계산한다(3.3절 참조).
- **SLOPE**(known_y's, known_x's)

  회귀직선의 기울기를 계산한다(8.2절 참조).
- **SMALL**(array, k)

  주어진 자료에서 k번째 작은 값을 계산한다(3.3절 참조).
- **STANDARDIZE**(x, μ, σ)

  표준화 변수를 계산한다. 즉, $z = (x - \mu)/\sigma$를 계산한다(4.4절 참조).
- **STDEV**($x_1, x_2, ...,$)

  주어진 자료에 대해 표본표준편차를 계산한다(3.3절 참조).
- **STDEVA**($x_1, x_2, ...,$)

  주어진 자료에 대해 표본표준편차를 계산한다(텍스트나 논리값 포함).
- **STDEV.P**($x_1, x_2, ...,$)

  주어진 자료에 대해 모표준편차를 계산한다.
- **STDEV.S**($x_1, x_2, ...,$)

  주어진 자료에 대해 표본표준편차를 계산한다.
- **STDEVPA**($x_1, x_2, ...,$)

  주어진 자료에 대해 모표준편차를 계산한다(텍스트나 논리값 포함).
- **STEYX**(known_y's, known_x's)

  회귀분석에서 종속변수 y의 표준오차를 계산한다(8.2절 참조).

T

- **T.DIST**(x, df, tails)

  t–분포의 확률값을 계산한다. 여기서 tails가 1이면 단측 확률값을 그리고 2이면 양측 확률값을 계산한다(4.5절 참조).
- **T.INV**(p, df)

  t–분포에 대해 양측 확률값의 역함수 값을 계산한다. 즉, $P(|T| \geq x) = p$를 만족하는 t를 계산한다. 따라서 단측 확률값의 역함수 값을 계산하고자 하는 경우 TINV(2*p, df)와 같이 사용할 수 있다(4.5절 및 부록의 부표 4 참조).

- **TREND**(known_y's, known_x's, x, const)

  회귀분석에 의한 예측값을 계산한다(외측). 즉, $\hat{y}=\hat{\alpha}+\hat{\beta}x$를 계산한다(8.2절 참조). 여기서 const는 논리값으로 TRUE이면 절편항을 주어진 자료로부터 추정하고, FALSE이면 $\hat{\alpha}=0$이 된다.

- **TRIMMEAN**(array, percent)

  주어진 자료에서 양 끝의 일정 비율을 제외하고 평균을 계산한다(절사평균 계산).

- **T.TEST**(array1, array2, tails, type)

  이 표본 t-검정을 수행한다. 여기서 tails가 1이면 단측 확률값을 그리고 2이면 양측 확률값을 계산한다. 또한 type이 1이면 짝지은 t-검정, 2이면 등분산 가정 t-검정, 3이면 이분산 가정 t-검정을 수행한다(6.1절 및 6.2절 참조).

V

- **VAR**($x_1, x_2, \ldots,$)

  주어진 자료에 대해 표본 분산을 계산한다(3.3절 참조).

- **VARA**($x_1, x_2, \ldots,$)

  주어진 자료에 대해 표본 분산을 계산한다(텍스트와 논리값 포함).

- **VAR.P**($x_1, x_2, \ldots,$)

  주어진 자료에 대해 모분산을 계산한다.

- **VARPA**($x_1, x_2, \ldots,$)

  주어진 자료에 대해 모분산을 계산한다(텍스트와 논리값 포함).

W

- **WEIBULL.DIST**(x, alpha, beta, cumulative)

  와이블 분포에 대한 확률값을 계산한다. 여기서 cumulative는 논리값으로 TRUE이면 누적 확률값을 계산하고, FALSE이면 확률밀도함수의 값을 계산한다.

Z

- **Z.TEST**(array, x, σ)

  Z-검정의 p-값을 계산한다.

부록 2

통계분포표

부표 1 이항분포

$$P(X \le x) = \sum_{k=0}^{x} \binom{n}{k} p^{k} (1-p)^{n-k}$$

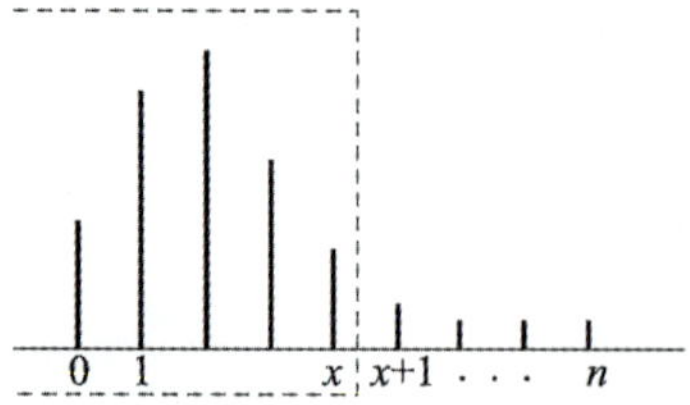

(a) $n = 5$

x \ p	0.01	0.05	0.1	0.2	0.3	0.4	0.5	0.6	0.7	0.8	0.9	0.95	0.99
0	0.951	0.774	0.590	0.328	0.168	0.078	0.031	0.010	0.002	0.000	0.000	0.000	0.000
1	0.999	0.977	0.919	0.737	0.528	0.337	0.188	0.087	0.031	0.007	0.000	0.000	0.000
2	1.000	0.999	0.991	0.942	0.837	0.683	0.500	0.317	0.163	0.058	0.009	0.001	0.000
3	1.000	1.000	1.000	0.993	0.969	0.913	0.813	0.663	0.472	0.263	0.081	0.023	0.001
4	1.000	1.000	1.000	1.000	0.998	0.990	0.969	0.922	0.832	0.672	0.410	0.226	0.049

(b) $n = 10$

x \ p	0.01	0.05	0.1	0.2	0.3	0.4	0.5	0.6	0.7	0.8	0.9	0.95	0.99
0	0.904	0.599	0.349	0.107	0.028	0.006	0.001	0.000	0.000	0.000	0.000	0.000	0.000
1	0.996	0.914	0.736	0.376	0.149	0.046	0.011	0.002	0.000	0.000	0.000	0.000	0.000
2	1.000	0.988	0.930	0.678	0.383	0.167	0.055	0.012	0.002	0.000	0.000	0.000	0.000
3	1.000	0.999	0.987	0.879	0.650	0.382	0.172	0.055	0.011	0.001	0.000	0.000	0.000
4	1.000	1.000	0.998	0.967	0.850	0.633	0.377	0.166	0.047	0.006	0.000	0.000	0.000
5	1.000	1.000	1.000	0.994	0.953	0.834	0.623	0.367	0.150	0.033	0.002	0.000	0.000
6	1.000	1.000	1.000	0.999	0.989	0.945	0.828	0.618	0.350	0.121	0.013	0.001	0.000
7	1.000	1.000	1.000	1.000	0.998	0.988	0.945	0.833	0.617	0.322	0.070	0.012	0.000
8	1.000	1.000	1.000	1.000	1.000	0.998	0.989	0.954	0.851	0.624	0.264	0.086	0.004
9	1.000	1.000	1.000	1.000	1.000	1.000	0.999	0.994	0.972	0.893	0.651	0.401	0.096

(c) $n = 15$

x \ p	0.01	0.05	0.1	0.2	0.3	0.4	0.5	0.6	0.7	0.8	0.9	0.95	0.99
0	0.860	0.463	0.206	0.035	0.005	0.000	0.000	0.000	0.000	0.000	0.000	0.000	0.000
1	0.990	0.829	0.549	0.167	0.035	0.005	0.000	0.000	0.000	0.000	0.000	0.000	0.000
2	1.000	0.964	0.816	0.398	0.127	0.027	0.004	0.000	0.000	0.000	0.000	0.000	0.000
3	1.000	0.995	0.944	0.648	0.297	0.091	0.018	0.002	0.000	0.000	0.000	0.000	0.000
4	1.000	0.999	0.987	0.836	0.515	0.217	0.059	0.009	0.001	0.000	0.000	0.000	0.000
5	1.000	1.000	0.998	0.939	0.722	0.403	0.151	0.034	0.004	0.000	0.000	0.000	0.000
6	1.000	1.000	1.000	0.982	0.869	0.610	0.304	0.095	0.015	0.001	0.000	0.000	0.000
7	1.000	1.000	1.000	0.996	0.950	0.787	0.500	0.213	0.050	0.004	0.000	0.000	0.000
8	1.000	1.000	1.000	0.999	0.985	0.905	0.696	0.390	0.131	0.018	0.000	0.000	0.000
9	1.000	1.000	1.000	1.000	0.996	0.966	0.849	0.597	0.278	0.061	0.002	0.000	0.000
10	1.000	1.000	1.000	1.000	0.999	0.991	0.941	0.783	0.485	0.164	0.013	0.001	0.000
11	1.000	1.000	1.000	1.000	1.000	0.998	0.982	0.909	0.703	0.352	0.056	0.005	0.000
12	1.000	1.000	1.000	1.000	1.000	1.000	0.996	0.973	0.873	0.602	0.184	0.036	0.000
13	1.000	1.000	1.000	1.000	1.000	1.000	1.000	0.995	0.965	0.833	0.451	0.171	0.010
14	1.000	1.000	1.000	1.000	1.000	1.000	1.000	1.000	0.995	0.965	0.794	0.537	0.140

(d) $n = 20$

x \ p	0.01	0.05	0.1	0.2	0.3	0.4	0.5	0.6	0.7	0.8	0.9	0.95	0.99
0	0.818	0.358	0.122	0.012	0.001	0.000	0.000	0.000	0.000	0.000	0.000	0.000	0.000
1	0.983	0.736	0.392	0.069	0.008	0.001	0.000	0.000	0.000	0.000	0.000	0.000	0.000
2	0.999	0.925	0.677	0.206	0.035	0.004	0.000	0.000	0.000	0.000	0.000	0.000	0.000
3	1.000	0.984	0.867	0.411	0.107	0.016	0.001	0.000	0.000	0.000	0.000	0.000	0.000
4	1.000	0.997	0.957	0.630	0.238	0.051	0.006	0.000	0.000	0.000	0.000	0.000	0.000
5	1.000	1.000	0.989	0.804	0.416	0.126	0.021	0.002	0.000	0.000	0.000	0.000	0.000
6	1.000	1.000	0.998	0.913	0.608	0.250	0.058	0.006	0.000	0.000	0.000	0.000	0.000
7	1.000	1.000	1.000	0.968	0.772	0.416	0.132	0.021	0.001	0.000	0.000	0.000	0.000
8	1.000	1.000	1.000	0.990	0.887	0.596	0.252	0.057	0.005	0.000	0.000	0.000	0.000
9	1.000	1.000	1.000	0.997	0.952	0.755	0.412	0.128	0.017	0.001	0.000	0.000	0.000
10	1.000	1.000	1.000	0.999	0.983	0.872	0.588	0.245	0.048	0.003	0.000	0.000	0.000
11	1.000	1.000	1.000	1.000	0.995	0.943	0.748	0.404	0.113	0.010	0.000	0.000	0.000
12	1.000	1.000	1.000	1.000	0.999	0.979	0.868	0.584	0.228	0.032	0.000	0.000	0.000
13	1.000	1.000	1.000	1.000	1.000	0.994	0.942	0.750	0.392	0.087	0.002	0.000	0.000
14	1.000	1.000	1.000	1.000	1.000	0.998	0.979	0.874	0.584	0.196	0.011	0.000	0.000
15	1.000	1.000	1.000	1.000	1.000	1.000	0.994	0.949	0.762	0.370	0.043	0.003	0.000
16	1.000	1.000	1.000	1.000	1.000	1.000	0.999	0.984	0.893	0.589	0.133	0.016	0.000
17	1.000	1.000	1.000	1.000	1.000	1.000	1.000	0.996	0.965	0.794	0.323	0.075	0.001
18	1.000	1.000	1.000	1.000	1.000	1.000	1.000	0.999	0.992	0.931	0.608	0.264	0.017
19	1.000	1.000	1.000	1.000	1.000	1.000	1.000	1.000	0.999	0.988	0.878	0.642	0.182

부표 2 포아송분포

$$P(X \le x) = \sum_{k=0}^{x} e^{-\mu} \frac{\mu^k}{k!}$$

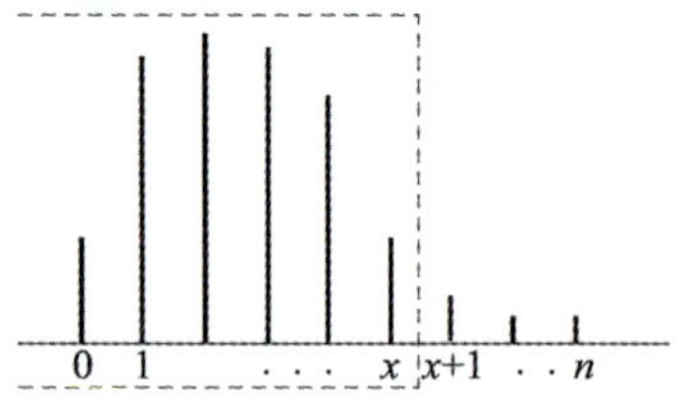

x \ μ	0.1	0.2	0.3	0.4	0.5	0.6	0.7	0.8	0.9	1.0
0	0.905	0.819	0.741	0.670	0.607	0.549	0.497	0.449	0.407	0.368
1	0.995	0.982	0.963	0.938	0.910	0.878	0.844	0.809	0.772	0.736
2	1.000	0.999	0.996	0.992	0.986	0.977	0.966	0.953	0.937	0.920
3	1.000	1.000	1.000	0.999	0.998	0.997	0.994	0.991	0.987	0.981
4	1.000	1.000	1.000	1.000	1.000	1.000	0.999	0.999	0.998	0.996
5	1.000	1.000	1.000	1.000	1.000	1.000	1.000	1.000	1.000	0.999
6	1.000	1.000	1.000	1.000	1.000	1.000	1.000	1.000	1.000	1.000

x \ μ	1.1	1.2	1.3	1.4	1.5	1.6	1.7	1.8	1.9	2.0
0	0.333	0.301	0.273	0.247	0.223	0.202	0.183	0.165	0.150	0.135
1	0.699	0.663	0.627	0.592	0.558	0.525	0.493	0.463	0.434	0.406
2	0.900	0.879	0.857	0.833	0.809	0.783	0.757	0.731	0.704	0.677
3	0.974	0.966	0.957	0.946	0.934	0.921	0.907	0.891	0.875	0.857
4	0.995	0.992	0.989	0.986	0.981	0.976	0.970	0.964	0.956	0.947
5	0.999	0.998	0.998	0.997	0.996	0.994	0.992	0.990	0.987	0.983
6	1.000	1.000	1.000	0.999	0.999	0.999	0.998	0.997	0.997	0.995
7	1.000	1.000	1.000	1.000	1.000	1.000	1.000	0.999	0.999	0.999
8	1.000	1.000	1.000	1.000	1.000	1.000	1.000	1.000	1.000	1.000

x \ μ	2.2	2.4	2.6	2.8	3.0	3.2	3.4	3.6	3.8	4.0
0	0.111	0.091	0.074	0.061	0.050	0.041	0.033	0.027	0.022	0.018
1	0.355	0.308	0.267	0.231	0.199	0.171	0.147	0.126	0.107	0.092
2	0.623	0.570	0.518	0.469	0.423	0.380	0.340	0.303	0.269	0.238
3	0.819	0.779	0.736	0.692	0.647	0.603	0.558	0.515	0.473	0.433
4	0.928	0.904	0.877	0.848	0.815	0.781	0.744	0.706	0.668	0.629
5	0.975	0.964	0.951	0.935	0.916	0.895	0.871	0.844	0.816	0.785
6	0.993	0.988	0.983	0.976	0.966	0.955	0.942	0.927	0.909	0.889
7	0.998	0.997	0.995	0.992	0.988	0.983	0.977	0.969	0.960	0.949
8	1.000	0.999	0.999	0.998	0.996	0.994	0.992	0.988	0.984	0.979
9	1.000	1.000	1.000	0.999	0.999	0.998	0.997	0.996	0.994	0.992
10	1.000	1.000	1.000	1.000	1.000	1.000	0.999	0.999	0.998	0.997
11	1.000	1.000	1.000	1.000	1.000	1.000	1.000	1.000	0.999	0.999
12	1.000	1.000	1.000	1.000	1.000	1.000	1.000	1.000	1.000	1.000

x \ μ	4.2	4.4	4.6	4.8	5.0	5.2	5.4	5.6	5.8	6.0
0	0.015	0.012	0.010	0.008	0.007	0.006	0.005	0.004	0.003	0.002
1	0.078	0.066	0.056	0.048	0.040	0.034	0.029	0.024	0.021	0.017
2	0.210	0.185	0.163	0.143	0.125	0.109	0.095	0.082	0.072	0.062
3	0.395	0.359	0.326	0.294	0.265	0.238	0.213	0.191	0.170	0.151
4	0.590	0.551	0.513	0.476	0.440	0.406	0.373	0.342	0.313	0.285
5	0.753	0.720	0.686	0.651	0.616	0.581	0.546	0.512	0.478	0.446
6	0.867	0.844	0.818	0.791	0.762	0.732	0.702	0.670	0.638	0.606
7	0.936	0.921	0.905	0.887	0.867	0.845	0.822	0.797	0.771	0.744
8	0.972	0.964	0.955	0.944	0.932	0.918	0.903	0.886	0.867	0.847
9	0.989	0.985	0.980	0.975	0.968	0.960	0.951	0.941	0.929	0.916
10	0.996	0.994	0.992	0.990	0.986	0.982	0.977	0.972	0.965	0.957
11	0.999	0.998	0.997	0.996	0.995	0.993	0.990	0.988	0.984	0.980
12	1.000	0.999	0.999	0.999	0.998	0.997	0.996	0.995	0.993	0.991
13	1.000	1.000	1.000	1.000	0.999	0.999	0.999	0.998	0.997	0.996
14	1.000	1.000	1.000	1.000	1.000	1.000	1.000	0.999	0.999	0.999
15	1.000	1.000	1.000	1.000	1.000	1.000	1.000	1.000	1.000	0.999
16	1.000	1.000	1.000	1.000	1.000	1.000	1.000	1.000	1.000	1.000

x \ μ	6.5	7	7.5	8	8.5	9	9.5	10	10.5	11
0	0.002	0.001	0.001	0.000	0.000	0.000	0.000	0.000	0.000	0.000
1	0.011	0.007	0.005	0.003	0.002	0.001	0.001	0.000	0.000	0.000
2	0.043	0.030	0.020	0.014	0.009	0.006	0.004	0.003	0.002	0.001
3	0.112	0.082	0.059	0.042	0.030	0.021	0.015	0.010	0.007	0.005
4	0.224	0.173	0.132	0.100	0.074	0.055	0.040	0.029	0.021	0.015
5	0.369	0.301	0.241	0.191	0.150	0.116	0.089	0.067	0.050	0.038
6	0.527	0.450	0.378	0.313	0.256	0.207	0.165	0.130	0.102	0.079
7	0.673	0.599	0.525	0.453	0.386	0.324	0.269	0.220	0.179	0.143
8	0.792	0.729	0.662	0.593	0.523	0.456	0.392	0.333	0.279	0.232
9	0.877	0.830	0.776	0.717	0.653	0.587	0.522	0.458	0.397	0.341
10	0.933	0.901	0.862	0.816	0.763	0.706	0.645	0.583	0.521	0.460
11	0.966	0.947	0.921	0.888	0.849	0.803	0.752	0.697	0.639	0.579
12	0.984	0.973	0.957	0.936	0.909	0.876	0.836	0.792	0.742	0.689
13	0.993	0.987	0.978	0.966	0.949	0.926	0.898	0.864	0.825	0.781
14	0.997	0.994	0.990	0.983	0.973	0.959	0.940	0.917	0.888	0.854
15	0.999	0.998	0.995	0.992	0.986	0.978	0.967	0.951	0.932	0.907
16	1.000	0.999	0.998	0.996	0.993	0.989	0.982	0.973	0.960	0.944
17	1.000	1.000	0.999	0.998	0.997	0.995	0.991	0.986	0.978	0.968
18	1.000	1.000	1.000	0.999	0.999	0.998	0.996	0.993	0.988	0.982
19	1.000	1.000	1.000	1.000	0.999	0.999	0.998	0.997	0.994	0.991
20	1.000	1.000	1.000	1.000	1.000	1.000	0.999	0.998	0.997	0.995
21	1.000	1.000	1.000	1.000	1.000	1.000	1.000	0.999	0.999	0.998
22	1.000	1.000	1.000	1.000	1.000	1.000	1.000	1.000	0.999	0.999
23	1.000	1.000	1.000	1.000	1.000	1.000	1.000	1.000	1.000	1.000

부표 3 표준정규분포

$$P(0 < Z < z) = \int_0^z \frac{1}{\sqrt{2\pi}} e^{-t^2/2}\, dt$$

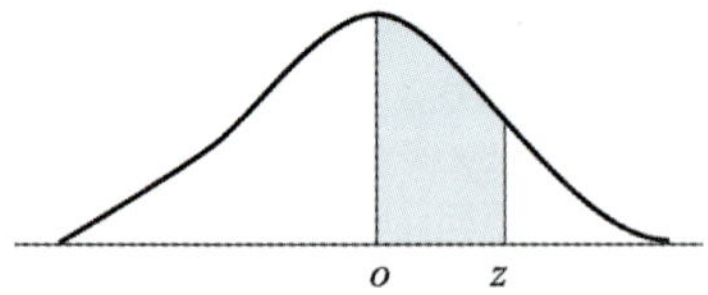

z	0.00	0.01	0.02	0.03	0.04	0.05	0.06	0.07	0.08	0.09
0.0	0.0000	0.0040	0.0080	0.0120	0.0160	0.0199	0.0239	0.0279	0.0319	0.0359
0.1	0.0398	0.0438	0.0478	0.0517	0.0557	0.0596	0.0636	0.0675	0.0714	0.0753
0.2	0.0793	0.0832	0.0871	0.0910	0.0948	0.0987	0.1026	0.1064	0.1103	0.1141
0.3	0.1179	0.1217	0.1255	0.1293	0.1331	0.1368	0.1406	0.1443	0.1480	0.1517
0.4	0.1554	0.1591	0.1628	0.1664	0.1700	0.1736	0.1772	0.1808	0.1844	0.1879
0.5	0.1915	0.1950	0.1985	0.2019	0.2054	0.2088	0.2123	0.2157	0.2190	0.2224
0.6	0.2257	0.2291	0.2324	0.2357	0.2389	0.2422	0.2454	0.2486	0.2517	0.2549
0.7	0.2580	0.2611	0.2642	0.2673	0.2704	0.2734	0.2764	0.2794	0.2823	0.2852
0.8	0.2881	0.2910	0.2939	0.2967	0.2995	0.3023	0.3051	0.3078	0.3106	0.3133
0.9	0.3159	0.3186	0.3212	0.3238	0.3264	0.3289	0.3315	0.3340	0.3365	0.3389
1.0	0.3413	0.3438	0.3461	0.3485	0.3508	0.3531	0.3554	0.3577	0.3599	0.3621
1.1	0.3643	0.3665	0.3686	0.3708	0.3729	0.3749	0.3770	0.3790	0.3810	0.3830
1.2	0.3849	0.3869	0.3888	0.3907	0.3925	0.3944	0.3962	0.3980	0.3997	0.4015
1.3	0.4032	0.4049	0.4066	0.4082	0.4099	0.4115	0.4131	0.4147	0.4162	0.4177
1.4	0.4192	0.4207	0.4222	0.4236	0.4251	0.4265	0.4279	0.4292	0.4306	0.4319
1.5	0.4332	0.4345	0.4357	0.4370	0.4382	0.4394	0.4406	0.4418	0.4429	0.4441
1.6	0.4452	0.4463	0.4474	0.4484	0.4495	0.4505	0.4515	0.4525	0.4535	0.4545
1.7	0.4554	0.4564	0.4573	0.4582	0.4591	0.4599	0.4608	0.4616	0.4625	0.4633
1.8	0.4641	0.4649	0.4656	0.4664	0.4671	0.4678	0.4686	0.4693	0.4699	0.4706
1.9	0.4713	0.4719	0.4726	0.4732	0.4738	0.4744	0.4750	0.4756	0.4761	0.4767
2.0	0.4772	0.4778	0.4783	0.4788	0.4793	0.4798	0.4803	0.4808	0.4812	0.4817
2.1	0.4821	0.4826	0.4830	0.4834	0.4838	0.4842	0.4846	0.4850	0.4854	0.4857
2.2	0.4861	0.4864	0.4868	0.4871	0.4875	0.4878	0.4881	0.4884	0.4887	0.4890
2.3	0.4893	0.4896	0.4898	0.4901	0.4904	0.4906	0.4909	0.4911	0.4913	0.4916
2.4	0.4918	0.4920	0.4922	0.4925	0.4927	0.4929	0.4931	0.4932	0.4934	0.4936
2.5	0.4938	0.4940	0.4941	0.4943	0.4945	0.4946	0.4948	0.4949	0.4951	0.4952
2.6	0.4953	0.4955	0.4956	0.4957	0.4959	0.4960	0.4961	0.4962	0.4963	0.4964
2.7	0.4965	0.4966	0.4967	0.4968	0.4969	0.4970	0.4971	0.4972	0.4973	0.4974
2.8	0.4974	0.4975	0.4976	0.4977	0.4977	0.4978	0.4979	0.4979	0.4980	0.4981
2.9	0.4981	0.4982	0.4982	0.4983	0.4984	0.4984	0.4985	0.4985	0.4986	0.4986
3.0	0.4987	0.4987	0.4987	0.4988	0.4988	0.4989	0.4989	0.4989	0.4990	0.4990

α	0.005	0.010	0.025	0.050	0.100
z_α	2.576	2.326	1.960	1.645	1.282

부표 4 t-분포

$P(t > t_\alpha) = \alpha$: t-분포의 우측 확률점

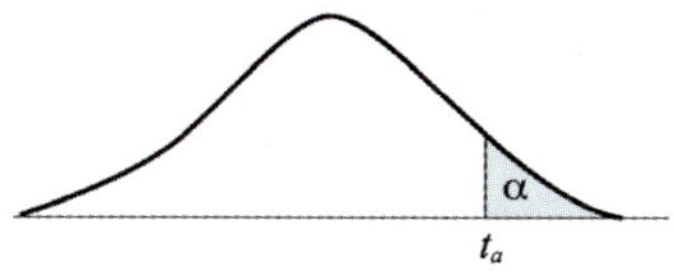

df(자유도)	$t_{0.100}$	$t_{0.050}$	$t_{0.025}$	$t_{0.010}$	$t_{0.005}$
1	3.078	6.314	12.710	31.820	63.660
2	1.886	2.920	4.303	6.965	9.925
3	1.638	2.353	3.182	4.541	5.841
4	1.533	2.132	2.776	3.747	4.604
5	1.476	2.015	2.571	3.365	4.032
6	1.440	1.943	2.447	3.143	3.707
7	1.415	1.895	2.365	2.998	3.499
8	1.397	1.860	2.306	2.896	3.355
9	1.383	1.833	2.262	2.821	3.250
10	1.372	1.812	2.228	2.764	3.169
11	1.363	1.796	2.201	2.718	3.106
12	1.356	1.782	2.179	2.681	3.055
13	1.350	1.771	2.160	2.650	3.012
14	1.345	1.761	2.145	2.624	2.977
15	1.341	1.753	2.131	2.602	2.947
16	1.337	1.746	2.120	2.583	2.921
17	1.333	1.740	2.110	2.567	2.898
18	1.330	1.734	2.101	2.552	2.878
19	1.328	1.729	2.093	2.539	2.861
20	1.325	1.725	2.086	2.528	2.845
21	1.323	1.721	2.080	2.518	2.831
22	1.321	1.717	2.074	2.508	2.819
23	1.319	1.714	2.069	2.500	2.807
24	1.318	1.711	2.064	2.492	2.797
25	1.316	1.708	2.060	2.485	2.787
26	1.315	1.706	2.056	2.479	2.779
27	1.314	1.703	2.052	2.473	2.771
28	1.313	1.701	2.048	2.467	2.763
29	1.311	1.699	2.045	2.462	2.756
∞	1.282	1.645	1.960	2.326	2.576

부표 5 카이제곱분포

$P(\chi^2 > \chi^2_\alpha) = \alpha$: 카이제곱분포의 우측 확률점

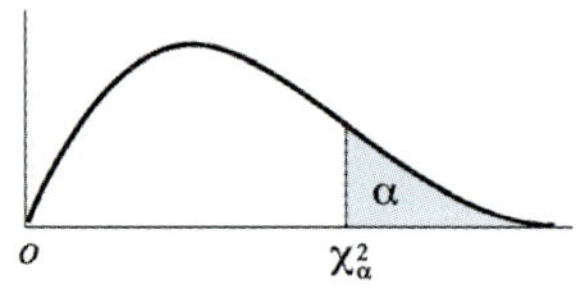

df(자유도)	$\chi^2_{0.995}$	$\chi^2_{0.990}$	$\chi^2_{0.975}$	$\chi^2_{0.950}$	$\chi^2_{0.900}$
1	0.0000	0.0002	0.0010	0.0039	0.0158
2	0.0100	0.0201	0.0506	0.1026	0.2107
3	0.0717	0.1148	0.2158	0.3518	0.5844
4	0.2070	0.2971	0.4844	0.7107	1.0636
5	0.4117	0.5543	0.8312	1.1455	1.6103
6	0.6757	0.8721	1.2373	1.6354	2.2041
7	0.9893	1.2390	1.6899	2.1673	2.8331
8	1.3444	1.6465	2.1797	2.7326	3.4895
9	1.7349	2.0879	2.7004	3.3251	4.1682
10	2.1559	2.5582	3.2470	3.9403	4.8652
11	2.6032	3.0535	3.8157	4.5748	5.5778
12	3.0738	3.5706	4.4038	5.2260	6.3038
13	3.5650	4.1069	5.0088	5.8919	7.0415
14	4.0747	4.6604	5.6287	6.5706	7.7895
15	4.6009	5.2293	6.2621	7.2609	8.5468
16	5.1422	5.8122	6.9077	7.9616	9.3122
17	5.6972	6.4078	7.5642	8.6718	10.0852
18	6.2648	7.0149	8.2307	9.3905	10.8649
19	6.8440	7.6327	8.9065	10.1170	11.6509
20	7.4338	8.2604	9.5908	10.8508	12.4426
21	8.0337	8.8972	10.2829	11.5913	13.2396
22	8.6427	9.5425	10.9823	12.3380	14.0415
23	9.2604	10.1957	11.6886	13.0905	14.8480
24	9.8862	10.8564	12.4012	13.8484	15.6587
25	10.5197	11.5240	13.1197	14.6114	16.4734
26	11.1602	12.1981	13.8439	15.3792	17.2919
27	11.8076	12.8785	14.5734	16.1514	18.1139
28	12.4613	13.5647	15.3079	16.9279	18.9392
29	13.1211	14.2565	16.0471	17.7084	19.7677
30	13.7867	14.9535	16.7908	18.4927	20.5992
40	20.7065	22.1643	24.4330	26.5093	29.0505
50	27.9907	29.7067	32.3574	34.7643	37.6886
60	35.5345	37.4849	40.4817	43.1880	46.4589
70	43.2752	45.4417	48.7576	51.7393	55.3289
80	51.1719	53.5401	57.1532	60.3915	64.2778
90	59.1963	61.7541	65.6466	69.1260	73.2911
100	67.3276	70.0648	74.2219	77.9295	82.3581

df(자유도)	$\chi^2_{0.100}$	$\chi^2_{0.050}$	$\chi^2_{0.025}$	$\chi^2_{0.010}$	$\chi^2_{0.005}$
1	2.7055	3.8415	5.0239	6.6349	7.8794
2	4.6052	5.9915	7.3778	9.2103	10.5966
3	6.2514	7.8147	9.3484	11.3449	12.8382
4	7.7794	9.4877	11.1433	13.2767	14.8603
5	9.2364	11.0705	12.8325	15.0863	16.7496
6	10.6446	12.5916	14.4494	16.8119	18.5476
7	12.0170	14.0671	16.0128	18.4753	20.2777
8	13.3616	15.5073	17.5345	20.0902	21.9550
9	14.6837	16.9190	19.0228	21.6660	23.5894
10	15.9872	18.3070	20.4832	23.2093	25.1882
11	17.2750	19.6751	21.9200	24.7250	26.7568
12	18.5493	21.0261	23.3367	26.2170	28.2995
13	19.8119	22.3620	24.7356	27.6882	29.8195
14	21.0641	23.6848	26.1189	29.1412	31.3193
15	22.3071	24.9958	27.4884	30.5779	32.8013
16	23.5418	26.2962	28.8454	31.9999	34.2672
17	24.7690	27.5871	30.1910	33.4087	35.7185
18	25.9894	28.8693	31.5264	34.8053	37.1565
19	27.2036	30.1435	32.8523	36.1909	38.5823
20	28.4120	31.4104	34.1696	37.5662	39.9968
21	29.6151	32.6706	35.4789	38.9322	41.4011
22	30.8133	33.9244	36.7807	40.2894	42.7957
23	32.0069	35.1725	38.0756	41.6384	44.1813
24	33.1962	36.4150	39.3641	42.9798	45.5585
25	34.3816	37.6525	40.6465	44.3141	46.9279
26	35.5632	38.8851	41.9232	45.6417	48.2899
27	36.7412	40.1133	43.1945	46.9629	49.6449
28	37.9159	41.3371	44.4608	48.2782	50.9934
29	39.0875	42.5570	45.7223	49.5879	52.3356
30	40.2560	43.7730	46.9792	50.8922	53.6720
40	51.8051	55.7585	59.3417	63.6907	66.7660
50	63.1671	67.5048	71.4202	76.1539	79.4900
60	74.3970	79.0819	83.2977	88.3794	91.9517
70	85.5270	90.5312	95.0232	100.4250	104.2150
80	96.5782	101.8790	106.6290	112.3290	116.3210
90	107.5650	113.1450	118.1360	124.1160	128.2990
100	118.4980	124.3420	129.5610	135.8070	140.1690

부표 6 F-분포

$P(F > F_{\alpha}) = \alpha$: F-분포의 우측 확률점

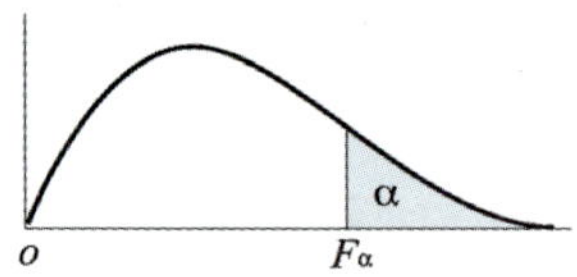

$\alpha = 0.05$

v_2 \ v_1	1	2	3	4	5	6	7	8	9
1	161.40	199.50	215.70	224.60	230.20	234.00	236.80	238.90	240.50
2	18.51	19.00	19.16	19.25	19.30	19.33	19.35	19.37	19.38
3	10.13	9.55	9.28	9.12	9.01	8.94	8.89	8.85	8.81
4	7.71	6.94	6.59	6.39	6.26	6.16	6.09	6.04	6.00
5	6.61	5.79	5.41	5.19	5.05	4.95	4.88	4.82	4.77
6	5.99	5.14	4.76	4.53	4.39	4.28	4.21	4.15	4.10
7	5.59	4.74	4.35	4.12	3.97	3.87	3.79	3.73	3.68
8	5.32	4.46	4.07	3.84	3.69	3.58	3.50	3.44	3.39
9	5.12	4.26	3.86	3.63	3.48	3.37	3.29	3.23	3.18
10	4.96	4.10	3.71	3.48	3.33	3.22	3.14	3.07	3.02
11	4.84	3.98	3.59	3.36	3.20	3.09	3.01	2.95	2.90
12	4.75	3.89	3.49	3.26	3.11	3.00	2.91	2.85	2.80
13	4.67	3.81	3.41	3.18	3.03	2.92	2.83	2.77	2.71
14	4.60	3.74	3.34	3.11	2.96	2.85	2.76	2.70	2.65
15	4.54	3.68	3.29	3.06	2.90	2.79	2.71	2.64	2.59
16	4.49	3.63	3.24	3.01	2.85	2.74	2.66	2.59	2.54
17	4.45	3.59	3.20	2.96	2.81	2.70	2.61	2.55	2.49
18	4.41	3.55	3.16	2.93	2.77	2.66	2.58	2.51	2.46
19	4.38	3.52	3.13	2.90	2.74	2.63	2.54	2.48	2.42
20	4.35	3.49	3.10	2.87	2.71	2.60	2.51	2.45	2.39
21	4.32	3.47	3.07	2.84	2.68	2.57	2.49	2.42	2.37
22	4.30	3.44	3.05	2.82	2.66	2.55	2.46	2.40	2.34
23	4.28	3.42	3.03	2.80	2.64	2.53	2.44	2.37	2.32
24	4.26	3.40	3.01	2.78	2.62	2.51	2.42	2.36	2.30
25	4.24	3.39	2.99	2.76	2.60	2.49	2.40	2.34	2.28
26	4.23	3.37	2.98	2.74	2.59	2.47	2.39	2.32	2.27
27	4.21	3.35	2.96	2.73	2.57	2.46	2.37	2.31	2.25
28	4.20	3.34	2.95	2.71	2.56	2.45	2.36	2.29	2.24
29	4.18	3.33	2.93	2.70	2.55	2.43	2.35	2.28	2.22
30	4.17	3.32	2.92	2.69	2.53	2.42	2.33	2.27	2.21
40	4.08	3.23	2.84	2.61	2.45	2.34	2.25	2.18	2.12
60	4.00	3.15	2.76	2.53	2.37	2.25	2.17	2.10	2.04
120	3.92	3.07	2.68	2.45	2.29	2.18	2.09	2.02	1.96
∞	3.84	3.00	2.60	2.37	2.21	2.10	2.01	1.94	1.88

ν_2 \ ν_1	10	12	15	20	24	30	40	60	120	∞
1	241.90	243.90	245.90	248.00	249.10	250.10	251.10	252.20	253.30	254.30
2	19.40	19.41	19.43	19.45	19.45	19.46	19.47	19.48	19.49	19.50
3	8.79	8.74	8.70	8.66	8.64	8.62	8.59	8.57	8.55	8.53
4	5.96	5.91	5.86	5.80	5.77	5.75	5.72	5.69	5.66	5.63
5	4.74	4.68	4.62	4.56	4.53	4.50	4.46	4.43	4.40	4.37
6	4.06	4.00	3.94	3.87	3.84	3.81	3.77	3.74	3.70	3.67
7	3.64	3.57	3.51	3.44	3.41	3.38	3.34	3.30	3.27	3.23
8	3.35	3.28	3.22	3.15	3.12	3.08	3.04	3.01	2.97	2.93
9	3.14	3.07	3.01	2.94	2.90	2.86	2.83	2.79	2.75	2.71
10	2.98	2.91	2.85	2.77	2.74	2.70	2.66	2.62	2.58	2.54
11	2.85	2.79	2.72	2.65	2.61	2.57	2.53	2.49	2.45	2.41
12	2.75	2.69	2.62	2.54	2.51	2.47	2.43	2.38	2.34	2.30
13	2.67	2.60	2.53	2.46	2.42	2.38	2.34	2.30	2.25	2.21
14	2.60	2.53	2.46	2.39	2.35	2.31	2.27	2.22	2.18	2.13
15	2.54	2.48	2.40	2.33	2.29	2.25	2.20	2.16	2.11	2.07
16	2.49	2.42	2.35	2.28	2.24	2.19	2.15	2.11	2.06	2.01
17	2.45	2.38	2.31	2.23	2.19	2.15	2.10	2.06	2.01	1.96
18	2.41	2.34	2.27	2.19	2.15	2.11	2.06	2.02	1.97	1.92
19	2.38	2.31	2.23	2.16	2.11	2.07	2.03	1.98	1.93	1.88
20	2.35	2.28	2.20	2.12	2.08	2.04	1.99	1.95	1.90	1.84
21	2.32	2.25	2.18	2.10	2.05	2.01	1.96	1.92	1.87	1.81
22	2.30	2.23	2.15	2.07	2.03	1.98	1.94	1.89	1.84	1.78
23	2.27	2.20	2.13	2.05	2.01	1.96	1.91	1.86	1.81	1.76
24	2.25	2.18	2.11	2.03	1.98	1.94	1.89	1.84	1.79	1.73
25	2.24	2.16	2.09	2.01	1.96	1.92	1.87	1.82	1.77	1.71
26	2.22	2.15	2.07	1.99	1.95	1.90	1.85	1.80	1.75	1.69
27	2.20	2.13	2.06	1.97	1.93	1.88	1.84	1.79	1.73	1.67
28	2.19	2.12	2.04	1.96	1.91	1.87	1.82	1.77	1.71	1.65
29	2.18	2.10	2.03	1.94	1.90	1.85	1.81	1.75	1.70	1.64
30	2.16	2.09	2.01	1.93	1.89	1.84	1.79	1.74	1.68	1.62
40	2.08	2.00	1.92	1.84	1.79	1.74	1.69	1.64	1.58	1.51
60	1.99	1.92	1.84	1.75	1.70	1.65	1.59	1.53	1.47	1.39
120	1.91	1.83	1.75	1.66	1.61	1.55	1.50	1.43	1.35	1.26
∞	1.83	1.75	1.67	1.57	1.52	1.46	1.40	1.32	1.22	1.03

$\alpha = 0.01$

v_2 \ v_1	1	2	3	4	5	6	7	8	9
1	4052.00	5000.00	5403.00	5625.00	5764.00	5859.00	5928.00	5981.00	6022.00
2	98.50	99.00	99.17	99.25	99.30	99.33	99.36	99.37	99.39
3	34.12	30.82	29.46	28.71	28.24	27.91	27.67	27.49	27.35
4	21.20	18.00	16.69	15.98	15.52	15.21	14.98	14.80	14.66
5	16.26	13.27	12.06	11.39	10.97	10.67	10.46	10.29	10.16
6	13.75	10.92	9.78	9.15	8.75	8.47	8.26	8.10	7.98
7	12.25	9.55	8.45	7.85	7.46	7.19	6.99	6.84	6.72
8	11.26	8.65	7.59	7.01	6.63	6.37	6.18	6.03	5.91
9	10.56	8.02	6.99	6.42	6.06	5.80	5.61	5.47	5.35
10	10.04	7.56	6.55	5.99	5.64	5.39	5.20	5.06	4.94
11	9.65	7.21	6.22	5.67	5.32	5.07	4.89	4.74	4.63
12	9.33	6.93	5.95	5.41	5.06	4.82	4.64	4.50	4.39
13	9.07	6.70	5.74	5.21	4.86	4.62	4.44	4.30	4.19
14	8.86	6.51	5.56	5.04	4.69	4.46	4.28	4.14	4.03
15	8.68	6.36	5.42	4.89	4.56	4.32	4.14	4.00	3.89
16	8.53	6.23	5.29	4.77	4.44	4.20	4.03	3.89	3.78
17	8.40	6.11	5.18	4.67	4.34	4.10	3.93	3.79	3.68
18	8.29	6.01	5.09	4.58	4.25	4.01	3.84	3.71	3.60
19	8.18	5.93	5.01	4.50	4.17	3.94	3.77	3.63	3.52
20	8.10	5.85	4.94	4.43	4.10	3.87	3.70	3.56	3.46
21	8.02	5.78	4.87	4.37	4.04	3.81	3.64	3.51	3.40
22	7.95	5.72	4.82	4.31	3.99	3.76	3.59	3.45	3.35
23	7.88	5.66	4.76	4.26	3.94	3.71	3.54	3.41	3.30
24	7.82	5.61	4.72	4.22	3.90	3.67	3.50	3.36	3.26
25	7.77	5.57	4.68	4.18	3.85	3.63	3.46	3.32	3.22
26	7.72	5.53	4.64	4.14	3.82	3.59	3.42	3.29	3.18
27	7.68	5.49	4.60	4.11	3.78	3.56	3.39	3.26	3.15
28	7.64	5.45	4.57	4.07	3.75	3.53	3.36	3.23	3.12
29	7.60	5.42	4.54	4.04	3.73	3.50	3.33	3.20	3.09
30	7.56	5.39	4.51	4.02	3.70	3.47	3.30	3.17	3.07
40	7.31	5.18	4.31	3.83	3.51	3.29	3.12	2.99	2.89
60	7.08	4.98	4.13	3.65	3.34	3.12	2.95	2.82	2.72
120	6.85	4.79	3.95	3.48	3.17	2.96	2.79	2.66	2.56
∞	6.64	4.61	3.78	3.32	3.02	2.80	2.64	2.51	2.41

v_2 \ v_1	10	12	15	20	24	30	40	60	120	∞
1	6056.00	6106.00	6157.00	6209.00	6235.00	6261.00	6287.00	6313.00	6339.00	6366.00
2	99.40	99.42	99.43	99.45	99.46	99.47	99.47	99.48	99.49	99.50
3	27.23	27.05	26.87	26.69	26.60	26.50	26.41	26.32	26.22	26.13
4	14.55	14.37	14.20	14.02	13.93	13.84	13.75	13.65	13.56	13.46
5	10.05	9.89	9.72	9.55	9.47	9.38	9.29	9.20	9.11	9.02
6	7.87	7.72	7.56	7.40	7.31	7.23	7.14	7.06	6.97	6.88
7	6.62	6.47	6.31	6.16	6.07	5.99	5.91	5.82	5.74	5.65
8	5.81	5.67	5.52	5.36	5.28	5.20	5.12	5.03	4.95	4.86
9	5.26	5.11	4.96	4.81	4.73	4.65	4.57	4.48	4.40	4.31
10	4.85	4.71	4.56	4.41	4.33	4.25	4.17	4.08	4.00	3.91
11	4.54	4.40	4.25	4.10	4.02	3.94	3.86	3.78	3.69	3.60
12	4.30	4.16	4.01	3.86	3.78	3.70	3.62	3.54	3.45	3.36
13	4.10	3.96	3.82	3.66	3.59	3.51	3.43	3.34	3.25	3.17
14	3.94	3.80	3.66	3.51	3.43	3.35	3.27	3.18	3.09	3.01
15	3.80	3.67	3.52	3.37	3.29	3.21	3.13	3.05	2.96	2.87
16	3.69	3.55	3.41	3.26	3.18	3.10	3.02	2.93	2.84	2.75
17	3.59	3.46	3.31	3.16	3.08	3.00	2.92	2.83	2.75	2.65
18	3.51	3.37	3.23	3.08	3.00	2.92	2.84	2.75	2.66	2.57
19	3.43	3.30	3.15	3.00	2.92	2.84	2.76	2.67	2.58	2.49
20	3.37	3.23	3.09	2.94	2.86	2.78	2.69	2.61	2.52	2.42
21	3.31	3.17	3.03	2.88	2.80	2.72	2.64	2.55	2.46	2.36
22	3.26	3.12	2.98	2.83	2.75	2.67	2.58	2.50	2.40	2.31
23	3.21	3.07	2.93	2.78	2.70	2.62	2.54	2.45	2.35	2.26
24	3.17	3.03	2.89	2.74	2.66	2.58	2.49	2.40	2.31	2.21
25	3.13	2.99	2.85	2.70	2.62	2.54	2.45	2.36	2.27	2.17
26	3.09	2.96	2.81	2.66	2.58	2.50	2.42	2.33	2.23	2.13
27	3.06	2.93	2.78	2.63	2.55	2.47	2.38	2.29	2.20	2.10
28	3.03	2.90	2.75	2.60	2.52	2.44	2.35	2.26	2.17	2.07
29	3.00	2.87	2.73	2.57	2.49	2.41	2.33	2.23	2.14	2.04
30	2.98	2.84	2.70	2.55	2.47	2.39	2.30	2.21	2.11	2.01
40	2.80	2.66	2.52	2.37	2.29	2.20	2.11	2.02	1.92	1.81
60	2.63	2.50	2.35	2.20	2.12	2.03	1.94	1.84	1.73	1.60
120	2.47	2.34	2.19	2.03	1.95	1.86	1.76	1.66	1.53	1.38
∞	2.32	2.19	2.04	1.88	1.79	1.70	1.59	1.48	1.33	1.05

_찾아보기

기타

저자 소개

한상태

고려대학교 정경대학 통계학과 (졸업)
고려대학교 대학원 통계학과 (이학박사)
현: 호서대학교 빅데이터AI학부 교수
e-mail: sthan@hoseo.edu

강현철

고려대학교 정경대학 통계학과 (졸업)
고려대학교 대학원 통계학과 (이학박사)
현: 호서대학교 빅데이터AI학부 교수
e-mail: hychkang@hoseo.edu

원형묵

육군사관학교 (졸업)
고려대학교 대학원 통계학과 (이학석사)
명지대학교 대학원 경영학과 (경영학박사)
현: 이화여자대학교 특임교수
성신여자대학교 출강
e-mail: won24915@gmail.com

EXCEL 데이터분석

저 자 한상태 · 강현철 · 원형묵
발 행 인 김지영
발 행 처 자유아카데미
주 소 경기도 파주시 회동길 37-42
파주출판도시
전 화 031-955-1321
팩 스 031-955-1322
홈페이지 www.freeaca.com
전자우편 main@freeaca.com (대표)
editor@freeaca.com (편집)
crm@freeaca.com (영업)
등 록 제406-2003-017호, 1980. 7. 12
제1판1쇄 2025년 7월 10일 발행

ISBN 979-11-5808-721-0 93310